现代
经济管理与商业模式

陈 莉 张纪平 孟 山◎主编

哈尔滨出版社
HARBIN PUBLISHING HOUSE

图书在版编目（CIP）数据

现代经济管理与商业模式 / 陈莉, 张纪平, 孟山主编. — 哈尔滨 :哈尔滨出版社, 2020.11
ISBN 978-7-5484-5348-2

Ⅰ. ①现… Ⅱ. ①陈… ②张… ③孟… Ⅲ. ①经济管理—研究②商业模式—研究 Ⅳ. ①F2②F71

中国版本图书馆CIP数据核字（2020）第109732号

书　　名：现代经济管理与商业模式
XIANDAI JINGJI GUANLI YU SHANGYE MOSHI

作　　者：陈　莉　张纪平　孟　山　主编
责任编辑：姚春青
责任审校：李　战
封面设计：左图右书

出版发行：哈尔滨出版社（Harbin Publishing House）
社　　址：哈尔滨市松北区世坤路738号9号楼　邮编：150028
经　　销：全国新华书店
印　　刷：北京军迪印刷有限责任公司
网　　址：www.hrbcbs.com　　www.mifengniao.com
E-mail：hrbcbs@yeah.net
编辑版权热线：（0451）87900271　87900272

开　　本：787mm × 1092mm　1/16　印张：18.75　字数：253千字
版　　次：2021年1月第1版
印　　次：2021年1月第1次印刷
书　　号：ISBN 978-7-5484-5348-2
定　　价：68.00元

前言

市场经济已经渗透到社会生活的各个方面，一个人不管将来从事什么工作，都离不开经济和管理，经济和管理是人类社会最基本的实践活动。经济和管理作为人类的基本活动，是社会从原始走向文明的伴生物，它始终是人类社会实践活动的结晶。

在以经济发展和人的全面发展为主题的今天，人们经常会面对各种各样的经济管理现象，而这些现象需要人们做出更合理的解释；在日常生活中，人们面对各种机会需要做出一些选择，发生不同的经济行为和管理行为；人们每一天都要对自己的时间、财物进行管理，在生活中，我们不是管理别人，就是被别人管理。这些都是日常生活中经常遇到的经济管理问题。从某种意义上讲，每个人的行为都是一种经济行为，都需要考虑选择成本和收益问题，同时也都是一种管理行为，都要对自己的行为有计划、有组织和有控制。所以，任何专业的学生都需要学习一些经济管理方面的知识，这样才能更好地为自己做出最适合的选择，并能管理好自己与他人，学会对人、财、物的规划与管理。

目前，各行各业的生存空间正在逐渐变小，我国经济发展面临着严峻的挑战。深入分析和把握当前经济和管理的发展趋势和特点，对于我们科学决策，在更广领域参与国际经济合作与竞争，把握好经济全球化带来的各种机遇具有十分重要的意义。

另外，对于现代企业而言，商业模式是其核心竞争力的观点应该没有人会质疑。商业模式本质上是实现企业价值创造的过程，只有不断为企业的利益相关者，包括客户、产业链合作伙伴、内部员工创造价值，实现多方共赢，商业模式才具有竞争优势。随着移动互联网市场的迅猛发展，企业要想成功立足，关键在于商业模式的创新。成功的商业模式不一定是技术上的创新，也可能是对企业经营某一环节的改造，或是对原有商业模式的变革和创新，甚至是对整个商业规则的颠覆。

创新对于任何一个行业、领域来说都极为重要。不仅是管理要创新，模式更要创新，只有创新才能不落后，只有创新才能够赢得发展的空间！

目录

第一章 管理概述

第一节 管理的内涵与特征

一、管理的内涵

管理是伴随着人类历史而产生、发展的，管理学作为一门独立学科却是在工业化的20世纪初才开始形成和发展起来的。关于管理的定义，较有代表性的有以下一些观点：按照《世界百科全书》的解释："管理就是对工商企业、政府机关、人民团体，以及其他各种组织的一切活动的指导。它的目的是要使每一行为或决策有助于实现既定的目标。"美国的学者唐纳利认为管理就是由一个或者更多的人来协调他人的活动，以便收到个人单独活动所不能收到的效果而进行的活动。美国的学者卡斯特认为管理就是计划、组织、控制等活动的过程。美国的学者布洛克特认为管理是筹划、组织和控制一个组织或一组人的工作。美国的学者罗宾斯认为管理是指同别人一起，或通过别人使活动完成得更有效的过程。而通常可以将管理理解为：管理是管理者或管理机构，在一定范围内，通过计划、组织、控制、领导等工作，对组织所拥有的资源进行合理配置和有效使用，以实现组织预定目标的过程。

二、管理的基本特征和职能

（一）管理的基本特征

1. 管理是一种社会现象或文化现象

管理存在的必要条件有两方面：一是必须是由两个以上的人参加

的集体活动；二是有一致认可的、自觉的目标。随着社会的进步和社会需求的提高，管理的目标、工作内容和方法都要随之而变，不存在一成不变的管理模式。

2. 管理的载体是组织

管理的目标和管理的工作存在于一定的组织之中，组成组织的内部要素有人、设备与技术、物质与资金、工艺与方法、信息与环境等。在一个组织内部，尽管这些要素的组成方式不同，但管理活动都要与这些要素发生联系，并使这些要素实现最佳配置，以发挥其最大效能。

3. 管理的主体是人

管理的主体是指具有一定管理能力、拥有相应的权威和责任、从事现实管理活动的人。管理不是个人的活动，对管理者来讲，管理是在其职权范围内协调下属人员的行为，让别人同自己一道去完成组织目标的活动。人是组织中最基本和最活跃的要素，管理工作的中心就是通过调动人的主动性、积极性和创造性，协调人与人之间的关系来实现组织既定目标。

（二）管理的职能

管理的职能是指管理工作需要发挥的作用和应当具备的功能。最早提出企业管理职能的是法国学者法约尔，他把管理的职能概括为计划、组织、指挥、协调和控制五个方面，即“五职能”划分，以后又有人主张“三职能”“四职能”或“七职能”等。其中决策、计划、组织、领导、控制这五种职能是一切管理活动中最基本的职能。

1. 决策

决策是指企业为达到整体目标，根据外部环境和内部条件，确定工作目标，拟定实现目标的方案，并做出选择和决定。决策是经营计划的依据，是决定企业生产经营成败的关键，它贯穿于整个企业“供产销”活动的全过程和各个环节。

2. 计划

计划的任务主要是制订目标及目标实现途径。具体来说，计划工作主要包括：①描述组织未来的发展目标；②有效利用组织的资源实现组织的发展目标；③决定为实现目标所要采取的行动。计划是管理的首要职能，管理活动从计划工作开始。

3. 组织

组织职能是指根据企业目标和计划，对执行计划的各种要素及其相互关系进行配置、协调和组合，使计划任务得以落实。组织既是一种结构又是一种行为，可以分为静态组织和动态组织两个方面。静态组织是对组织形态而言的，它以提高组织效率为目标，研究组织机构的设置，职责、权力的规定以及规章制度的确立。动态组织是对组织体的动作而言的，它以人际和谐为目标，研究组织行为的变化，组织机构的变革和发展。

4. 领导

领导职能是指运用指导、沟通和教育等手段，统一全体职工和各级组织的意志，调动全体职工和各级组织的积极性，推动企业活动过程按目标要求进行。领导的内容主要包括指导下属顺利地完成本职工作，与下属顺利地沟通信息，发挥下属的潜力，提高下属的素质和能力等。领导是各种职能中最富有挑战性和艺术性的职能。

5. 控制

控制工作是一个过程，包括制订标准、衡量工作绩效和纠正偏差三个要素。控制工作又是管理过程的一个组成部分，在计划工作与控制工作之间，形成了一种周而复始的循环过程。控制的内容包括重新修订目标、制订新的计划、调整组织结构、改善人员配置、改善领导方法等。控制实际上涉及管理的其他工作职能，并使得管理系统成为一个闭环系统。

第二节 管理的原理

管理原理是对管理工作的实质内容进行科学分析总结而形成的基本真理。它是对各项管理制度和方法的高度综合与概括,因而对一切管理活动具有普遍的指导意义。

一、管理原理的主要特征

(一)客观性

管理原理是对管理的实质及客观规律的表述。因此,它与管理工作中所确定的原则有严格区别,原则是根据对客观事物基本原理的认识引申而来的,是人们规定的行动准则。原则的确定固然以客观真理为依据,但是有一定的人为因素,为了加强其约束作用,一般带有指令性和法定性,是要求人们共同遵循的行为规范,人们违反规定的原则要受到群体组织的制裁。而原理则是对管理工作客观的描述,原理之"原",即"源",原本、根本的意思;原理之"理",即道理、基准、规律。违背了原理必须会遭到客观规律的惩罚,承受严重的后果,但在群体组织上不一定有某种强制反应。在日常的管理工作中,我们既要认识原理与原则的区别,又要注意两者之间的联系。在确定每项管理原则时,要以客观真理为依据,尽量使之符合相应的原理,又要以指令或法令的形式来强化原则的约束作用,加强管理原理的指导作用,从而获得满意的管理效果。①

(二)概括性

管理原理所反映的事物很广泛,涉及自然界与社会的许多领域,包括人与物的关系、物与物的关系以及人与人的关系。但它不是现象

①祁文武. 新时期企业经济管理的创新改革[J]. 现代工业经济和信息化,2019,9(08):25-26.

的罗列，不反映管理的多样性。例如，国民经济包括许多门类，每个门类又分成许多部门，每个部门又分为许多行业，每个行业又包括许多企业，每个企业又各自有其自身的特点，即使同一类型企业，它们的产品品种、企业规模、技术装备水平、人员构成、建厂历史、厂址地理位置与自然环境、社会环境等，相互之间也不可能完全一样，因而每个企业结合自身的特点具有不完全相同的管理方式和方法，即企业管理活动呈现出多样性。但是，管理原理对这些不同的企业都是适用的，具有普遍的指导意义，因此，管理原理描绘了包含各种复杂因素和复杂关系的管理活动的客观规律，或者说，是在总结大量管理活动经验的基础上，舍弃了各组织之间的差别，经过高度综合和概括而得出的具有普遍性、规律性的结论。

（三）稳定性

管理原理不是一成不变的僵死教条，它会随着社会经济和科学技术的发展而不断发展。但是，它也不是变化多端和摇摆不定的，而是相对稳定的。管理原理和一切科学原理一样，都是确定的、巩固的，具有“公理的性质”。不管事物的运动、变化和发展的速度多么快，这个确定性是相对稳定的。因此，管理原理能够被人们正确认识和利用，从而指导管理实践活动取得成效。

（四）系统性

管理原理中的系统原理、人本原理、科学原理组成了一个有机体系，它不是各种烦琐的概念和原则的简单堆砌，也不是各种互不相关的论据和论点的机械组合，而是根据管理现象本身的有机联系，形成一个相互联系、相互转化的完整统一体。管理的实质，就是在系统内部，本着以人为本的原则，通过确定责任，以达到一定的效益。

二、研究管理原理的意义

管理原理是大量管理实践经验的升华，它指导一切管理行为，即对于做好管理工作有着普遍的指导意义。

第一,掌握管理原理有助于提高管理工作的科学性,避免盲目性。管理原理是不可违背的管理的基本规律。实践反复证明,凡是遵循这些原理的管理,都是成功的管理,反之,就有可能失败。例如,我国有很多企业管理混乱,职工的积极性不能充分发挥,企业经济效益很差,其原因虽然复杂,但认真分析一下,都是与违背管理原理分不开的。认识管理原理之后,实践就有了指南,建立管理组织、进行管理决策、制订规章制度等就有了科学依据。

第二,研究管理原理有助于掌握管理的基本规律。管理工作虽然错综复杂、千头万绪、千变万化,但万变不离其宗。各类管理工作都具有共同的基本规律,管理者只要掌握了这些基本规律,面对纷繁复杂的局面就可胸有成竹,管理得井井有条。这也就是许多成熟的管理者在各种不同的管理岗位上都能取得成功的原因。在现实生活中许多管理者是通过自己的管理实践,经历漫长的积累过程,才一点一滴逐渐领悟到管理的基本规律。通过学习管理原理将能加速人们掌握管理基本规律的进程,使人们更快地形成自己的管理哲学,以应付变化的世界。

第三,对于管理原理的掌握有助于迅速找到解决管理问题的途径和手段。例如,依据组织的实际情况,建立科学合理的管理制度、方式与方法,使管理行为制度化、规范化,使管理的许多常规性工作有章可循、有规可依,这样,领导者就可从事务堆中摆脱出来,集中精力进行对例外事项的管理,即使领导者更换,系统运作仍可照常顺利进行。

三、管理原理的内容

(一)人本管理原理

在管理活动里最重要的、对管理效果起决定作用的因素是人。人本管理就是以人为本的管理。人本管理原理认为:管理的核心对象是人。这一原理要求管理者要将组织内人际关系的处理放在首位,要将管理工作的重点放在激发被管理者的积极性和创造性上,努力为被管理者自我实现需要的满足创造各种机会。人本管理原理的思想基础是认为人是具有多种需要的复杂的“社会人”。人本管理原理是现代管理原理中最重要、最基础的原理。人本管理的管理原则包括利益协调原则、行为激励原则、控制适度原则、权责对等原则和参与管理原则。

(二)系统管理原理

管理是一种综合性的系统活动,是由一系列相关活动组成的有机整体,它具有系统的特征。系统管理原理认为任何一种组织都可视为一个完整的开放的系统或为某一大系统中的子系统,在认识和处理管理问题时,应遵循系统的观点和方法,以系统论作为管理的指导思想。系统管理原理的管理原则包括统一指挥原则、分权与授权原则、等级原则、分工协作原则、整体效应原则和信息反馈原则。

(三)科学管理原理

管理的科学化、合理化就是确定工作定额、设计付酬办法,并在管理具体作业时运用管理的定量技术和方法。科学管理是指管理活动应有科学的依据,组织目标的确定、实施计划、组织、控制这一系列管理活动时都应依据科学的原理和方法。科学管理原理要求管理者应具备实事求是的管理作风,在管理过程中,注重调查研究,从客观实际出发,掌握和运用管理规律,制定和实施必要的管理规范,并积极采用先进的管理方法与管理手段,以提高管理工作的效率。科学管理原理的管理原则包括管理理论与管理实践相结合原则,定性分析与定量分析相结合原则,不断更新管理方法和管理手段原则。

第三节 管理研究的内容和研究方法

随着商品经济的发展和社会分工的深化,人类经济管理活动的内容越来越复杂、丰富,专业化程度越来越细密,部门分化越来越细;同时，各种经济管理活动之间、经济活动与其他社会活动之间也越来越相互依存、相互渗透。为了适应这种现实经济情况的发展，经济管理的研究范围也越来越扩展，研究的内容也越来越庞杂。[①]

一、管理研究的内容

（一）经济学研究的基本内容

在传统上，理论经济学通常称为一般经济理论，它分为宏观经济学与微观经济学两个分支。微观经济学研究市场经济中单个经济单位即生产者（厂商）、消费者（居民）的经济行为，而宏观经济学则以整个国民经济为对象，来研究考察国民收入、物价水平等总量的决定和变动。微观经济学和宏观经济学是密切相关的，二者是个体与整体之间的关系，是互相补充的，所以要理解宏观经济理论和政策，就必须了解微观经济理论和政策。

1.微观经济学

微观经济学是以资源利用为前提，以单个经济单位为研究对象，通过研究单个经济单位的经济行为和相应的经济变量单项数值的决定来说明价格机制如何解决社会的资源配置问题。

（1）微观经济学的特点

微观经济学的核心问题是价格机制如何解决资源配置问题，在理解微观经济学时要注意以下四个特点。

第一，研究的对象是居民与厂商的经济行为。微观经济学研究的对象主体是居民与厂商。居民又称为居民户或家庭，是经济活动中的消费者，同时也是劳动力、资本等要素的提供者。在微观经济学中，假设居民户经济行为的目标是追求效用最大化，即研究居民户在收入既定的条件下，把有限的收入用于购买什么商品，购买多少商品才能实现满足程度的最大化。厂商又称企业，是经济活动中的生产者，同时也是劳动力、资本等要素的消费者。微观经济学中，假设厂商经

①王福君，安甜甜，曲丽秋.经济管理基础知识[M].北京：北京理工大学出版社，2015.

济行为的目标是追求利润最大化，即研究厂商在成本费用既定的条件下，如何实现产量最大化，或在产量既定的条件下，如何实现成本最小化。

第二，解决的问题是资源配置。微观经济学以资源利用为前提条件，来研究居民户和厂商的资源配置问题，从而使资源配置达到最优化，给社会带来最大的福利。

第三，中心理论是价格理论。在市场经济中，价格是一只“看不见的手”，它始终在引导和支配着居民户和厂商的经济行为，生产什么，如何生产和为谁生产都由市场中的价格来决定。价格调节着整个社会的资源配置，从而使社会资源的配置达到最优化。价格理论是微观经济学的核心内容，决定价格水平的是需求和供给两个因素，需求是消费者行为理论研究的，供给是厂商行为理论研究的，二者就像剪刀的两个刀片共同决定了支点，即均衡价格。

第四，研究方法是个量分析。微观经济学研究的都是某种商品的产量、价格等个量的决定、变动和相互间的关系，而不涉及总量的研究。

(2)微观经济学的内容

微观经济学的内容包括价格理论、消费者行为理论、厂商行为理论、收入分配理论、市场失灵与政府干预等。

价格理论，也称为均衡价格理论，主要研究商品的价格是如何决定的以及价格如何调节整个经济的运行。消费者行为理论研究消费者如何把有限的收入分配到各种物品和服务的消费上，以实现效用的最大化，解决生产什么和生产多少的问题。厂商行为理论，也叫生产者行为理论，研究厂商如何把有限的稀缺资源用于各种物品或服务的生产上，从而实现利润最大化。厂商行为理论包括生产理论（研究资源要素与产量之间关系）、成本收益理论（研究成本与收益之间关系）和市场结构理论（研究不同的市场结构条件下，厂商产量和利润的决定)。收入分配理论研究生产出来的产品按照什么原则来分配,也就是研究生产要素的报酬是如何决定的,即工资、利息、地租和利润是如何决定的,解决为谁生产的问题。市场机制不是万能的,市场失灵与政府干预主要研究市场失灵产生的原因、解决办法以及政府干预的必要性。

2.宏观经济学

宏观经济学是以资源配置为前提,以整个国民经济为研究对象,通过研究经济中总体问题以及各有关经济总量的决定及其变化,来说明社会资源如何才能够得到充分利用。总体问题包括失业、通货膨胀、经济波动、经济增长等,经济总量包括国民收入、失业率、物价水平、经济增长率、利息率等的变动。

(1)宏观经济学的特点

在理解宏观经济学定义时,要注意以下各个特点。

第一,研究的对象是整个国民经济。宏观经济学研究的是整个国民经济的运行方式和规律,从总体上来分析经济问题。它不研究经济中的单个主体,即居民户和厂商的行为,而是研究由居民户和厂商组成的整体。

第二,解决的问题是资源利用。宏观经济学以资源配置为前提条件来研究资源是充分利用了还是闲置了、通货膨胀对购买力产生的影响、经济增长的途径等宏观经济问题。

第三,中心理论是国民收入理论。宏观经济学以国民收入的决定为中心来研究资源利用问题,从而分析整个国民经济的运行。宏观经济学就是运用国民收入理论来解释失业、通货膨胀、经济周期、经济增长和宏观经济政策等。

第四,研究方法是总量分析。宏观经济学研究个量的总和与平均量的决定、变动及其相互关系,并通过这些总量的变动来分析说明国民经济的运行状况以及宏观经济政策的决定理由。

(2)宏观经济学的内容

宏观经济学的内容包括国民收入理论、失业和通货膨胀理论、经济周期与经济增长理论、宏观经济政策理论。

国民收入是衡量资源利用情况和整个国民经济运行情况的基本指标。国民收入理论就是从总供给和总需求的角度来分析国民收入的决定及其变动,它包括国民收入核算体系和国民收入决定理论,是宏观经济学的中心。宏观经济学从有效需求不足的角度来分析失业,并且把失业与通货膨胀理论联系起来,分析二者的原因、相互关系以及解决途径。经济周期理论是研究国民收入的短期波动,而经济增长理论则是研究国民收入的长期增长趋势。宏观经济政策是国家干预经济的具体措施,主要包括政策目标、政策工具和政策效应。

3. 微观经济学与宏观经济学的关系

微观经济学是研究经济中居民户和厂商的经济行为,宏观经济学是研究经济运行中的总量,二者之间在研究的对象、解决的问题、中心理论和研究方法上不同。尽管微观经济学与宏观经济学有以上不同,但作为经济学的两个组成部分,它们之间并不是互相割裂,而是相互关联、互为前提、彼此补充的两个分支学科。

第一,微观经济学与宏观经济学是互相补充的。二者的最终目标都是通过对人们经济活动提供正确的指导,来实现资源的优化配置和有效利用,从而实现整个社会经济福利最大化。为了达到这一目的,既要实现资源的最优配置,又要实现资源的有效利用。微观经济学与宏观经济学分别解决资源配置与资源利用问题,正是从不同的角度来说明社会经济福利最大化的实现,所以,它们之间是相互补充的,而不是相互排斥或互不相关的。

第二,微观经济学与宏观经济学都采用了实证分析法,属于实证经济学。这就是说,它们都要说明经济现象本身的内在规律,即解决客观经济现象是什么的问题,而不涉及应该是什么的问题。经济学的科学化也就是经济学的实证化，努力使所研究的问题摆脱价值判断，只分析经济现象之间的联系，是微观经济学与宏观经济学共同的目的。所以，实证分析是微观经济学与宏观经济学的共同方法论。

第三，微观经济学与宏观经济学都以市场经济制度为背景。不同的经济在不同的经济体制条件下运行，不同经济体制条件下的经济运行有不同的规律。经济学总是以一定的经济制度为背景的，经济学总离不开一定的经济制度。微观经济学与宏观经济学都是市场经济的经济学，分析市场经济条件下经济的运行规律与调控。市场经济体制是它们共同的背景，它们都是在假定市场经济为既定的前提下来分析经济问题的。

第四，微观经济学是宏观经济学的基础，宏观经济学是微观经济学的自然扩展。整个经济状况是单个经济单位行为的总和，所以，分析单个经济单位（即居民户和厂商）行为的微观经济学就是分析整体经济的宏观经济学的基础。

（二）管理学研究的基本内容

1. 管理学的研究对象

管理学研究的对象包括生产力、生产关系、上层建筑三个方面。管理学研究的对象是管理的客观规律性，即如何按照客观自然规律和经济规律的要求，合理组织生产力，不断完善生产关系，适时调整上层建筑以适应生产力的发展，并从管理中总结、归纳、抽象和概括出科学原理，它着重研究管理的客观规律和具有共性的基本理论。具体要研究以下三个方面。

第一，合理组织生产力。主要研究如何配置组织中的人力、财力、物力等各种资源，使各要素充分发挥作用，以实现组织目标和社会目标的相互统一。因此，怎样计划安排、合理组织以及协调、控制这些资源的使用以促进生产力的发展，就是管理学研究的主要问题。

第二，完善生产关系。主要是研究如何处理组织中人与人之间的相互关系，尤其是管理者与被管理者之间的矛盾关系问题；研究如何建立和完善组织机构设立、人员安排以及各种管理体制问题；研究如何激发组织内部成员的积极性和创造性，为实现组织目标而服务。

第三，适时调整上层建筑。主要是研究如何使组织内部环境与其外部环境相适应的问题；研究如何使组织的规章制度与社会的政治、经济、法律、道德等上层建筑保持一致的问题，建立适应市场经济发展的新秩序和规章制度，从而维持正常的生产关系，促进生产力的发展。

2. 管理学研究的内容

根据管理的性质和管理学的研究对象，管理学研究的主要内容包括以下几个方面。

第一，管理理论的产生和发展。管理理论和管理思想的形成与发展，反映了管理学从实践到理论的发展过程，研究其产生和发展是为了继往开来，继承发展和建立现代的管理理论。通过对管理理论的产生和发展的研究，可以更好地理解管理学的发展历程，有助于掌握管理的基本原理。

第二，现代管理的一般原理与原则。任何一门科学都有其基本的原理，管理学也不例外。现代管理的基本原理是指带有普遍性的、最基本的管理规律，是对管理的实质及其基本运动规律的表述。诸如决策的制定、计划的编制、组织的设计、过程的控制等，这些活动都有一个基本的原理和原则，是人们进行管理活动必须遵循的基本原则。

第三，管理过程以及相应的职能。主要研究管理活动的过程和环节、管理工作的程序等问题。此外，还要研究管理活动的效益和效率与管理的职能之间的密切联系。管理职能主要是计划、组织、领导与控制，这是管理最基本的职能。

第四，管理者及其行为。管理者是管理活动的主体。管理活动成功与否，与管理者有着密切关系。管理者的素质高低、人格魅力、领导方式、领导行为、领导艺术和领导能力，对管理活动的成功与否起着决定性的作用。

第五，管理方法。管理方法是实现管理目标所不可缺少的，因而它是管理学研究的重要内容。管理的方法很多，如行政方法、经济方法、法律方法等。一般而言，凡是有助于管理目标实现的各种程序、手段、技术都可以归于管理方法的范畴。管理功能的发挥，管理目标的达到，都要运用各种有效的管理方法去实现。

第六，分类管理学理论与方法。管理学一方面是一门应用多学科的理论、方法、技术而形成的综合性交叉科学，另一方面又与实践活动紧密相连，这就造成管理学的内容十分庞杂，甚至一些长期研究管理学的学者也很难厘清管理学的内容体系。当研究某个部门的管理活动时，往往涉及企业管理、科技管理、教育管理、卫生事业管理、国际贸易管理、公共行政管理等诸多内容。

二、研究经济管理的方法

（一）研究经济管理的一般方法

1.研究经济管理的方法论基础

研究经济管理的方法论基础是指在研究经济管理现象时，是以辩证唯物主义和历史唯物主义为哲学基础，还是以唯心主义或机械唯物主义为哲学基础的问题。唯心主义或机械唯物主义往往不能尊重客观事实和经济现象的本质联系，机械地套用某种原理和方法，对实际情况调查研究不深入，在认识上有主观片面性，往往违背经济管理规律和事物的客观规律来办事。辩证唯物主义和历史唯物主义尊重客观事实和经济现象的本质联系，能够实事求是地、从矛盾的发展变化中、从事物的相互联系中研究各种经济活动和各种经济关系，能够按照事物的客观规律来进行管理活动。

2.重视案例研究和分析

在研究经济管理现象中，要选择正反两方面的案例进行剖析、讨论。案例分析法是指通过对经济管理活动的典型案例进行全面分析，从而总结出理论、经验和规律。这一方法在西方国家的经济管理教学中广为采用，无论在理论上或实践上效果都很好。这不但能帮助我们理解经济管理的现象，启发学习经济管理的兴趣和智慧，而且有利于培养并提高自己分析和解决问题的能力。在研究经济管理案例时，要活学活用，不能不顾时间、地点和条件等因素的改变而死记硬背，生搬硬套，这样会给我们的经济管理工作造成巨大的损失。

3. 向经济工作者和管理者学习经济管理知识和能力

经济和管理工作是一项科学和艺术相统一的工作。成功的经济工作者和管理者都是活学活用经济学和管理学理论的艺术家。一切希望在经济管理实践中实现自身价值的人，都应该向第一线的经济工作者和管理者学习，包括他们成功的经验和失败的教训，从他们的智慧中汲取营养。

（二）研究经济管理现象的具体方法

研究经济管理现象的具体方法是指在研究各种经济管理活动、各种经济关系、管理关系及其规律性时所采取的具体方法，如实证分析法、规范分析法和均衡分析法等，这些研究方法不同于现代经济管理中常用的经济方法、行政方法、法律方法和教育方法等。它们是研究经济现象和管理现象的方法，而不是经济管理实践中采用的方法，它们对于经济和管理的各门学科，也都具有普遍性。只是由于不同的学科在研究对象上有所差别，因而在运用这些研究方法时，也会有所侧重，有所不同。

1. 实证分析法和规范分析法

人们在研究经济和管理现象时，会有两种态度和方法：一是只考察经济现象是什么，即经济现状如何，为何会如此，其发展趋势如何，至于这种经济管理现象好不好，该不该如此，则不做评价。这种研究方法称为实证分析法。二是对经济现状及变化做出好与不好的评价，或是该与不该的判断，这种研究方法被称为规范分析法。

实证分析法和规范分析法作为两种不同的经济管理分析方法，具有三个方面的区别：一是有无价值判断。规范分析法是以一定的价值判断为基础的。而实证分析法则避开价值判断。二是二者要解决的问题不同。规范分析法要解决“应该是什么”的问题。而实证分析法要解决“是什么”的问题。三是内容是否具有客观性。规范分析法由于以一定价值判断为前提条件，不同的人得到的结论是不同的。而实证分析法的内容则具有客观性，可以用客观事实来检验其正误。

在分析经济管理现象时，实证分析法是主要的方法，当然规范分析法也是不可缺少的。二者是互相联系、互相补充的，规范分析要以实证分析为基础，而实证分析也离不开规范分析的指导。

2. 均衡分析法与边际分析法

均衡分析法是分析各种经济变量之间的关系，说明均衡的实现及其变动，是经济理论研究的一种重要方法和必要抽象。均衡分析法又可以分为局部均衡分析与一般均衡分析。局部均衡分析是指在假定其他条件不变的条件下，考察单一商品市场均衡的建立与变动。一般均衡分析是指在充分考虑所有市场的相互关系的情况下，考察各个市场之间均衡的建立与变动状况。

边际分析法是经济学的基本研究方法之一。在经济学中，边际是指每单位投入所引起的产出的变化，是增量的意思。边际分析法在经济学中有较多的应用，主要涉及边际成本和边际收益两个重要概念。边际成本是指每增加一个单位的产品所引起的成本增量；边际收益是指每增加一个单位的产品所带来的收益增量。厂商在判断一项经济活动的利弊时，不是依据它的全部成本，而是依据它所引起的边际收益与边际成本的比较。若前者大于后者，这项活动就对厂商有利，反之则不利。边际收益等于边际成本时，厂商的经济活动处于最优状态。

3. 静态分析法、比较静态分析法与动态分析法

静态分析法是指分析某一时点上的经济管理现象，是一种横断面

分析，完全抽象掉了时间因素和具体的变化过程，不涉及时间因素所引起的变动。如研究均衡价格时，不考虑时间、地点等因素，并假定影响均衡价格的其他因素，如消费者偏好、收入及相关商品的价格等静止不变，单纯分析该商品的均衡产量和均衡价格的决定。

动态分析法是考虑了时间因素，把经济管理现象当作一个变化的过程，对从原有的状态过渡到新的状态的实际变化过程进行分析的方法，是一种时间序列分析。

比较静态分析法是经济学中经常采用的分析方法，是指对个别经济现象的一次变动后，不对转变时间和变动过程本身进行分析，而只是对两个和两个以上的均衡位置进行比较的一种均衡分析方法。

4. 历史研究法和理论联系实际的方法

历史研究法就是对以往的经济、管理理论与方法以及实践进行研究，以便从中发现和概括出规律性的东西，做到“古为今用，洋为中用”。中华民族是一个具有悠久历史的伟大民族，我国历史上的经济思想、管理思想和一些经济管理经验为世界所瞩目。这些思想与经验有待于我们去总结和继承。

理论联系实际的方法有两个方面：一是把已有的经济管理理论与方法运用到实践中去，通过实践来检验这些理论与方法的正确性与可行性；二是通过经济和管理实践和试验，把实践经验加以概括和总结，使之上升为理论，去补充和修正原有的经济和管理理论。

5. 调查研究法、试验研究法和比较研究法

调查研究是在市场经济条件下进行经济管理活动的一个最基本要求，是搜集第一手材料的好办法。通过调查研究才能掌握全面的真实材料，才能弄清经济和管理中的经验、问题、发展趋势，并从大量事实中概括出规律性的东西，作为理论的依据。

试验研究法是在一定的环境条件下，经过严格的设计和组织，对研究对象进行某些试验考察，从而揭示出经济管理的规律、原则和方

法。试验研究法是一种有目的、有约束条件的研究方法，应事先做好计划和安排，方能收到良好效果。

比较研究法是研究经济管理的一个重要方法，是当今比较经济体制学、比较管理学等学科产生与发展的一个基础。通过历史的纵向比较和各个国家的横向比较，寻其异同，权衡优劣，取长补短，以探索经济管理发展的规律。这一方法为当今世界经济管理科学的发展和先进的经济管理经验、方法、理论的传播发挥着巨大的作用，推动了经济管理科学和实践的迅速发展。

6.定性分析法和定量分析法

定性分析法亦称非数量分析法，是一种在没有或不具备完整的历史资料和数据的情况下所采用的一种分析方法，主要依靠预测人员的丰富实践经验以及主观的判断和分析能力，推断出事物的性质和发展趋势，属于预测分析的一种基本方法，如专家意见法、德尔菲法等。

任何事物（包括经济现象和管理现象），不仅有其质的规定性，还有其量的规定性，量的变化突破了一定的临界点之后，就会引起质的变化。现代经济和管理离不开数量分析的方法，数量分析以及各种数学模型成为当今主要的分析方法。在研究经济管理问题时，应尽可能地进行定量分析。一门科学只有同数学相结合，才能成为较完善的精确科学。

第二章 现代商业模式概述

第一节 现代商业模式的研究背景

近年来，在很多商业模式文献的开篇甚至封面上都会见到一则管理学大师德鲁克的名言——“如今企业之间的竞争，不是产品之间的竞争，而是商业模式之间的竞争”。尽管没人注明这则名言的原始出处，但很显然，“名言”的内容体现了企业界乃至学术界的共识。在新经济条件下，商业模式创新逐渐成为企业提升竞争能力的主要手段，甚至已经成为投资家选择投资对象的首要标准。

和其他新兴学科一样，尽管商业模式理论发展迅速，但是人们对它的理解是有不少差异的。在研究商业模式问题时往往会与战略、营销、计划、组织等传统管理学概念混在一起。由此可见，商业模式理论本身并没有形成明确的概念体系与研究范式。正如美国管理咨询师琼·马格丽塔在题为《商业模式的缘由》一文中反复强调的那样“除非我们清楚地界定企业的商业模式的含义，否则这些概念仍会是迷乱的和难于应用的”。事实证明，探索和揭示现代商业模式的本质属性，寻找和建立科学的商业模式概念体系与理论范式已经成为当今管理学界十分迫切的任务。

在传统产业中，按照既有的商业模式理论，需要理解的关键模式就是相对市场占有率决定着利润。但是现在，我们看到了越来越多的与上述规则不符的矛盾之处。

比如戴尔电脑，戴尔电脑是获利最为丰厚的个人电脑制造商，不过它自己并不生产关键的产品，而是外包给其他厂商生产。虽然这会增加一两个百分点的成本，但是由于它的整体商业模式设计使它的产品在售出时省下了十个百分点的成本，它仍然有利可图。

在传统零售业中，一个简单的商业模式理论一直占据着统治地位，那就是“商业口岸永远是第一位的”。只有将商店建在靠近住宅区的地方，或者建在最好的大型购物中心当中，那才是第一位的商业模式。然而在今天，业态理论的出现使这个商业模式理论受到了挑战。定向超市、电子商务、24 小时售货亭、品牌专卖、边玩边买等模式正在冲击着传统的商业模式。

在网络经济环境下，商业创新活动日趋频繁，各种新型的商业模式纷纷涌现。这些新型的商业模式不仅包括依托互联网技术所形成的 B2C、B2B、C2C 和 O2O 的电子商务交易平台，而且包括依托消费方式、信息传递模式变革而孕育的各种新型商业模式，还包括传统工业经济背景下的企业为适应商业环境变化所出现的新商业行为。这些网络经济带来的新型商业模式，为开展网络经济背景下的商业模式创新研究提供了大量的素材。

可以明确的是，如今随着电子商务的发展，IT 技术的进步，企业借助信息技术和新的管理理念谋求竞争优势的行为越来越普遍。构建商业模式成为市场竞争中至关重要的一环。为此，对商业模式的概念和构成要素给出清晰界定，如何针对企业所在的行业特征和竞争结构构建商业模式，如何进行商业模式实施，如何对商业模式建立合理的评价体系，如何进行商业模式创新，这些因素成为制约企业能否成功应用商业模式并参与市场竞争进而获得竞争优势的关键。商业模式理论就是在这种大背景的催生下悄然产生并迅速发展起来的。①

一、互联网经济的出现

随着 21 世纪的到来，人类逐渐进入互联网经济时代，互联网因其

①危正龙，宋正权．商业模式突围[M]．北京：中国经济出版社，2014.

效率更高和体验感更强而被广泛采用，并且不断向购物、社交、教育、金融、医疗等领域渗透，在极大地方便人们生活的同时，也改变着人们的生活方式。在经济领域，互联网不仅改变交易场所、拓展交易时间、丰富交易品类、加快交易速度、减少中间环节，而且带来了商业模式的创新，在“互联网+传统产业＝新兴商业模式”范式的指导下，围绕着用户的核心需求，各种基于互联网的新兴商业模式层出不穷，如平台商业模式、生态圈商业模式、免费商业模式、跨界商业模式等。由于互联网的出现和发展点燃了商业模式创新的导火索，激活了商业模式创新的激情，拉开了商业模式创新的序幕，一大批基于互联网技术的新兴商业模式纷纷涌现，如长尾商业模式、免费商业模式、平台商业模式等。业务的变迁必然会引起财务相应的变革。根据“业务决定财务，财务反作用于业务”的逻辑，作为对业务创新抽象的范畴，商业模式创新必然会带来财务管理的变化。财务战略作为最为重要的财务管理概念之一，是对企业财务活动进行的长期性、全局性的资金筹资和使用的方略，业务变动必然会导致财务变化，财务与业务如影随形，不同的商业模式必然会导致不同的财务战略选择。

二、商品市场创新

财务管理的对象是资金运动，主要包括企业与资本市场之间的资金运动和企业与商品市场之间的资金运动。从资金运动的方向看，企业从资本市场筹资，然后投资于商品市场，通过运营获取利润，后再通过资本市场分配给投资者。成功的企业财务活动应该而且必须得到商品市场和资本市场认可，企业理财要面对资本市场和商品市场、投资者和用户。为了取得资本市场投资者的认可，企业应迎合投资者的需求，努力为投资者创造财富且进行金融工具创新，以满足投资者多元化的投资需求；为了取得商品市场用户的认可，企业应迎合用户的需求，努力进行产品创新与服务创新、技术创新以及商业模式创新，以满足用户对企业产品和服务的需求。尽管创新方式有多种，但是，经济全球化和互联网经济条件下，企业竞争已从传统的产品竞争、服务竞争过渡到了商业模式竞争。

第二节 商业模式的内涵

商业模式热潮始于20世纪末期的互联网创业潮。互联网兴起之后，涌现出许多新的经营模式，同时网络经济条件下，出现了各种不同的业务流程，不同的收入模式，不同的信息流通方式，迫使企业重新考虑竞争优势的来源、结构，这使企业商业模式受到了从创业者到投资家的广泛关注。人们逐渐认识到，企业必须选择一个适合自己的、有效的和成功的商业模式，从而保证自己的生存和发展。

一、商业模式的概念

商业模式一词译自英文词组“business model”。早在1939年，政治经济学家熊彼特就指出：“价格和产出的竞争并不重要，重要的是来自新商业、新技术、新供应源和新的公司商业模式的竞争。”并进一步利用创造性破坏的思想指出了企业商业模式及其创新在竞争中的重要作用。1957年，商业模式这一概念作为正文，最早出现在学者贝尔曼和克拉克的文章中。1960年，商业模式开始出现在文章题目和摘要中。20世纪70年代，这一概念开始出现在计算机科学期刊中，当时主要是用于为企业建设与信息系统有关的过程、任务、数据和信息交互建模。20世纪90年代中后期，随着IT技术的进步及其在企业中日益普遍的应用，商业模式的研究逐渐兴起。然而，时至今日，国内外对商业模式的研究，不论是在学术界还是商业应用领域，都尚未形成统一且成熟的理论体系，其原因在于研究者的动机、视角、背景和目的各不相同。因此，重视商业模式基本概念仍是完善其理论体系的必要前提。[①]

国内外对商业模式的概念说法不一,不过简单地讲,商业模式就是企业赚钱的方式。商业模式为企业界定了如下问题:我们向客户提供什么？谁是我们的目标客户？我们如何获得和组织资源以便服务目标客户？构建一个商业模式对于企业在激烈的市场竞争中获取竞争优势至关重要,而商业模式创新对于企业保持持续竞争优势更弥足珍贵。

(一)国外商业模式研究及概念阐述

2005年,国外学者亚历山大·奥斯特瓦德和皮尼厄在其联合发表的学术论文中,对近十年来商业模式在学术期刊中出现的频率做出统计。依据二位学者的统计,我们可以发现,2000年以后商业模式的研究迎来蓬勃发展时期。这段时期内涌现出像狄莫斯、塔普斯克特、瑞帕等一批优秀学者,他们对商业模式的研究与阐释对其发展发挥着重要作用。纵观各个学者对商业模式的解释和研究,对其定义主要由三个方面展开,即基于商业模式的要素与结构、基于商业模式的功能与属性、基于商业模式的动态演变规律。

1.基于商业模式的要素与结构

国外学者维西奥和帕斯特纳克指出,一个好的商业模式必须包含五个构成部分:核心观点、经营单元、服务项目、治理模式和系统联系。他还从绩效管理的角度强调,这五个部分组成的整体系统必须产生额外的系统价值,而不仅仅只是这五个构成部分产生的个别价值。

国外学者狄莫斯最大贡献在于运用简单罗列的方式对商业模式的构成体系进行研究,并且通过罗列说明了商业模式是一个由多方面内容构成的复合概念。他指出了商业模式应该包括三个方面的内容:一是有关产品、服务和信息流构成的体系结构,具体包括对各种商业行为人以及他们的角色的描述;二是有关各种商业角色的潜在利益的

①邱栋. 商业模式革新[M]. 北京:企业管理出版社,2018.

描述；三是关于收入来源的描述。

国外学者艾尔特和哲耳曼认为商业模式包含六个要素，分别是使命、结构、过程、收入、法律事务和技术。他们认为使命是商业模式最为关键的因素，结构决定了行业、客户和产品的重点，过程提供了商业模式的使命和结构更详细的观点，表明了价值创造过程的因素，收入是商业模式的底线，收入来源和所需投资必须从短期和中期做仔细的分析，法律事务是商业模式必须考虑的因素，技术既是驱动力也是约束力。

国外学者文卡特拉曼和亨德森认为，知识的运用对企业的商业模式具有重要的作用，并且只有当知识与其他构成部分相互配合及有效整合时才能够形成商业模式的架构。这个架构由顾客界面、资源配置和知识运用构成。

国外学者威尔和威塔尔指出，影响商业模式盈利性和生存性的关键因素有两个方面：一是客户关系、客户数据和客户交易的所有权级别；二是有关客户、产品、市场和成本的关键信息的享用权等。

国外学者切萨布鲁夫和罗森布洛姆认为，商业模式有六大要素，分别是价值主张、市场分割、价值链结构、收入来源和成本结构、价值网中的位置以及竞争战略。其中，价值主张描述客户的需求，满足客户需求的产品以及从客户角度来看产品的价值；市场分割是明确市场定位和具体的细分市场；价值链结构描述企业在价值链中的位置和价值活动情况；收入来源与成本结构描述企业的成本结构，企业如何获取收入以及目标利润情况；价值网中的位置是识别竞争者、互补者，从而提升客户价值的网络效应；竞争战略描述企业如何建立持续的竞争优势。

国外学者奥斯特瓦德认为，商业模式包括产品、客户界面、基础设施管理、财务状况四个组成要素，以及价值主张、目标顾客、分销渠道、顾客关系、价值结构、核心能力、伙伴网络、成本结构、收入模式九个子要素。

2. 基于商业模式的功能与属性

美国密歇根大学教授阿兰·阿福亚赫博士和瑞士洛桑联邦科技学院科技管理学助理教授克里斯多夫·L·图西博士在《商业模式的互联网商业模式与战略：理论和案例》一书中指出，应当把商业模式看成是公司运作的秩序，公司依据它使用其资源、超越竞争者和向客户提供更大的价值，并且依据它获利。

国外学者马哈德万认为，商业模式是对企业至关重要的三种流量——价值流、收益流和物流的唯一混合体。

国外学者艾米特和卓德认为，商业模式是企业创新的焦点和企业为自己、供应商、合作伙伴及客户创造价值的决定性来源。

国外学者斯图尔特认为，商业模式是企业能够获得并保持其收益流的逻辑陈述。

国外学者托马斯认为，商业模式是开办一项有利可图的业务所涉及的流程、客户、供应商、渠道、资源和能力的总体结构。

国外学者杜波森认为，商业模式是企业为了进行价值创造、价值营销和价值提供所形成的企业结构及其合作伙伴网络，以及产生利益得以维持收益流的客户关系资本。

国外学者麦格瑞塔认为，商业模式是企业如何为客户创造价值，维持企业运转的一系列设想与做法。商业模式是描述企业如何运作的一个故事，它回答了管理学大师彼得·德鲁克关于谁是顾客、顾客的需求是什么的问题，同时也回答了每个经营者必问的基本问题：如何挣钱？如何以合适的成本传递顾客价值？

阿福亚赫博士认为，商业模式是企业在给定的行业中，为了创造卓越的客户价值并将企业推到自己获利的位置上，运用其资源执行什么样的活动，如何执行这些活动，以及什么时候执行这些活动的集合。

国外学者瑞帕认为，商业模式就其最基本的意义而言，是指做生意的方法，是一个公司赖以生存的模式——能够为企业带来收益的模式。商业模式规定了公司在价值链中的位置,并指导其如何挣钱。

国外学者沃佩尔指出,商业模式体现核心客户价值主张,通过可配置的价值网络提供这种价值,不仅由自身的战略决定,还包括其外(如外包、联盟)的价值网络和能力进行不断维持和自我重塑,以满足各利益相关者的多重目标。因此,企业的商业模式创新需要自身的一套资源和能力。

国外学者谢弗通过聚类分析的方法将学者们所提出的各种商业模式的构成要素进行归类整理,发现主要集中在战略选择、价值网络、价值创造和价值获取四个方面,由此他们将商业模式定义为企业为了从价值网络中创造和获取价值而进行的战略选择,是核心逻辑的体现。

3. 基于商业模式的动态演变规律

国外学者林德指出,依据企业原有运作方式发生变化的程度,将商业模式转变分为以下四种类型:第一种是实现模式,指在不改变现有商业模式本质的前提下,充分挖掘企业现有商业模式的潜力,从而实现收入的最大化;第二种是更新模式,指通过改变产品或服务的平台、品牌、成本结构以及技术基础来调整企业的核心技能,从而改变在价格或价值曲线上的位置;第三种是扩张模式,指将企业的商业逻辑扩展到新的领域,这种模式与下述旅行模式的主要区别在于它是对原有模式进行补充,而不是对原有模式的替代;第四种是旅行模式,指采取一种全新的商业模式,为企业引入一种全新的商业逻辑。

国外学者科内希特认为,企业实施商业模式变革时可创造什么样的价值,重点考虑两个方面的内容:一方面是企业应当为顾客创造什么样的价值;另一方面是企业应当如何实现这些价值。

国外学者比因霍克和卡普兰强调了商业模式的综合性、直觉和创造精神。他们指出,没有一种战略规划流程能保证一定会出现灵光一闪的天才创意,但是,至少可以试着提高天才创意出现的几率。

国外学者莫里斯把商业模式创新看作是企业在逐步加深对自身的商业逻辑认识的基础上，不断完善和调整自己的商业模式，从基础层向专有层和规则层商业模式逐步递进的过程。

国外学者玛克林尼丝考虑了新兴产业的动态性之后，提出了动态商业模式的四阶段框架，分别是技术、环境、收入和可持续性。第一个阶段技术问题是非常重要的，第二个阶段法律等环境因素应该充分考虑，第三个阶段应加入收入模型因子，第四个阶段应考虑可持续发展因子。在玛克林尼丝的动态商业模式四阶段模型中，第三个阶段的收入模型因子属于商业模式构成要素的重要部分，而第四个阶段的可持续发展因子则属于商业模式创新的目标。

国外学者玛森和席娜勒认为，动态商业模式是知识在企业内部的转化，构建动态商业模式架构，此架构包含三个组成部分，即网络结构、企业路径及知识形式。他们认为动态商业模式帮助企业识别参与者，将他们联系起来，并帮助实现知识的转化。

国外学者博曼、哈克和瑞沃认为，技术和市场相关的力量是商业模式动态性的外部驱动力，将商业模式生命周期划分成三个连续的阶段——技术研发、应用实施和商业推广，以动态的STOF模型分析了三个阶段各个商业模型组成要素的动态变化。

国外学者皮特和约翰认为，新创立的公司需要设计最初的商业模式，这种模式一般会受公司创立者学识和工作经验的影响，随着企业的发展，源于特定诱因（尤其是外部诱因，如竞争威胁），将需要对其最初的商业模式进行革新，目的在于寻找到最适合其发展目标的商业模式。任何特定的商业模式都不会是一成不变的，因为市场的变化（新的创新、竞争者、规章制度等）将使现有的商业模式过时或企业盈利能力下降，这就意味着动态的商业模式对于每个探寻长期成功的企业来说都是一个重要的能力。

他们认为，商业模式是一个支持企业核心重复标准流程发展的抽象原则，只有影响商业模式重复标准流程的变化才能带来商业模式的改变。他们将商业模式的变化分为商业模式创建、商业模式推广、商业模式修整、商业模式终止四种类型，并总结出各阶段动态变化的关键因素。

国外学者艾瑞斯·纳吉米指出，创新的商业模式超越了战略规划和决策，事实上，商业模式创新是一个系统的过程化的战略活动，对于企业的能力进行评估、完善以及对多样化的资源和能力进行重新安排是至关重要的。

(二)国内商业模式研究及概念

国内学者对商业模式的研究也可以归入这些学派之中。国内学者荆林波认为，所谓商业模式，是指一个企业从事某一领域经营的市场定位和盈利目标，以及为了满足目标客户主体需要所采取的一系列的、整体的战略组合。

埃森哲咨询公司研究员王波和彭亚利指出，人们理解商业模式时有三种不同的表述：其一，商业模式的组成部分；其二，企业的运营机制；其三，对运营机制的扩展与利用。他们认为，只有后两者才算得上是真正的商业模式。他们对商业模式有两种理解：一是经营性商业模式，即企业的运行机制；二是战略性商业模式，指一个企业在动态的环境中怎样改变自身以达到持续盈利的目的。

国内经济学博士翁君奕指出，通过对企业内外经营环境及平台界面的细分，将商业模式界定为一个类似“魔方”的三维空间，由价值主张、价值支撑和价值保持构成的价值分析体系提供了商务模式构思和决策的一种思维方法，商业模式为核心界面要素形态的有意义组合。它们同时也定义了商业模式创新就是在一个给定的平台环境下，发现客户环境、伙伴环境、内部环境以及它们相互关联中所存在的价值潜力，从而获得能够持续超越竞争对手和现有商业模式的盈利能力。

清华大学经管学院教授雷家骕认为，商业模式是企业经过业务流程，把一系列管理、理念、方式和方法，反复运用，进行集成与整合所形成的管理方法和操作系统。

西南财经大学工业经济研究所副所长罗珉认为，商业模式是一个组织在明确外部假设条件、内部资源和能力的前提下，用于整合组织自身、顾客、价值链伙伴、员工、股东或利益相关者来获取超额利润的一种战略创新意图和可实现的结构体系及制度安排的集合。

国内学者李振勇认为，商业模式是为了实现企业的价值最大化，把那些能够使企业运行的各种内外要素有机整合起来，形成一个完整高效且具有核心竞争力的运行系统，并且通过提供产品和服务，使这个系统持续完成盈利目标的一种整体解决方案。

国内学者朱武祥、魏炜认为，商业模式本质上就是利益相关者的交易结构，它解决的是企业战略制定前的战略问题，同时也是连接客户价值和企业价值的桥梁。完整的商业模式体系包括定位、业务系统、关键资源能力、盈利模式、自由现金流结构和企业价值六个方面。

国内学者李曼认为，商业模式创新是由运营方式和战略选择这两个方面决定的。她借鉴平衡记分卡这个工具，构建商业模式的平衡记分卡评价指标体系。这个体系由商业模式的战略目标、运营效率、产品和服务客户价值以及财务价值等具有驱动关系的四大指标体系组成。

国内学者刘艳巧认为，商业模式是实现企业盈利和发展的一个系统。

国内学者郭毅夫指出，善于商业模式创新的企业所经历的过程为：偶然的模式改进获得成功，之后强化改进将其推广，进一步成功后认识到改革的必要性并固化该过程，持续商业模式创新，扩大竞争优势并探索更好的商业模式。

国内学者赵红丹、彭正龙提出，基于结构维度提出商业模式的"导弹模型"，并根据此模型提出了商业模式创新的导入机制，包括确定创新维度和模式、战略制定、能力培养和组织设计。

国内学者尚光剑认为,商业模式转换可能有很多变化的元素和类型,但基本上可以看作是顾客价值创新、总成本结构转移和利润保护机制转换这三种路径及其组合的结果。

国内学者欧阳峰、赵红丹对商业模式创新研究进行归纳分析,总结出商业模式创新研究的五条演化路径,即探索商业模式创新的秘密、探讨商业模式创新的思路、注重商业模式的创新方法研究、转向商业模式创新的过程性研究以及聚焦于同商业模式评估的结合。

国内学者项国鹏、周鹏杰也尝试性地借鉴平衡计分卡建立评价指标体系,与学者李曼不同的是,他们仅从商业模式的运营效率、产品与服务的客户价值和商业模式的财务价值三个方面设计一级指标,进而分别下设可度量的二级指标。

国内学者罗倩、李东认为,商业模式是一种在特定情境功能下,企业进行价值创造和价值获取活动及其相互关系的结构体系,它是由价值主张、价值网络、核心资源以及收入组合四个要素构成的整合框架。

不同的学者有不同的研究视角,因此对商业模式内涵的理解和概念的定义也不尽相同。综合上述研究,商业模式是由一系列企业运作规则构建起来的旨在盈利的商业系统。首先,商业模式是一个有机的商业系统,这个系统的有效运转确保了企业的正常运营。其次,商业模式的最终目的在于“盈利”。一个无法盈利的商业模式是无法长期存在的,即便出现,也会被淘汰。商业模式“盈利”性目的的存在,成为系统运转的驱动力。最后,商业模式由一系列元素按照一定规则构建而成。作为一个系统,商业模式各构成元素、元素和系统之间相互存在着复杂的关系,这种相互关系的有机组合形成一种规则。随着商业实践与经营管理理论的不断进步,IT技术与网络经济的持续创新与应用,商业模式的研究正在向纵深方向发展。纵观近年来国内外学者对商业模式的研究成果可以发现,对商业模式的研究可以归纳为概念定义、构成要素、模式分类、表述工具、模式评估和模式创新等六个方面。其中，概念定义和构成要素作为商业模式的基础研究内容成为国内外学者研究初期广泛关注的对象。诸如模式分类、模式评估和创新等领域的研究近年来不断涌现，然而相比实体经济的快速发展和企业实践的不断深入来讲，商业模式的研究深度依旧有待加强。

通过对近年来国内外学者在商业模式领域的研究成果的分析，我们可以发现，不同的学者虽从不同的视角阐述了商业模式的含义，但多数研究仅停留在对商业模式的简单描述上，对其要素结构缺乏系统深入的解析，由于未建立起完整的、可供深入探讨的结构体系，也更未建立起对商业模式进行理论分析的方法和框架，所以就缺乏对商业模式系统的全面认识，在其理论意义上远不足以解释和指导企业的经营实践活动。

二、商业模式构成要素

作为商业模式研究的重要内容，商业模式构成要素受到学者们的密切关注。构成要素是商业模式发展初期最受学者关注的热点问题之一。当一个领域的研究过多地集中在概念和构成本身时，说明该领域的研究和发展尚处于起步阶段。国内外对商业模式的研究在概念、构成要素、商业模式的评价与创新等深层次方面仍需广大学者和企业界人士共同探讨和努力实践。

综合国内外学者对商业模式构成要素的研究，可以得到商业模式要素的三层结构模型。商业模式要素可分为核心层、基础层和运作层三个层面。

核心层主要包括企业战略定位和价值主张。战略定位是企业融合了企业使命与目标之后，对企业发展方向的战略思考与选择，这是企业在进行商业模式分析与构建时所必须考虑的首要因素。价值主张表明了企业旨在向客户提供的产品和服务。市场竞争日益激烈，竞争形式千差万别，企业以何种产品、何种形式向客户提供服务，实现价值的交换，体现了企业的价值取向和主张，因此价值主张成为企业运用商业模式创造并实现价值交换的核心要素。

基础层包括资源配置、价值网络和收入来源。资源是企业构建商业模式并得以有效运转的基础。资源的有效配置可以确保商业模式的顺利运作。价值网络涵盖了企业价值体系结构、价值流、价值交换、外部网络化关系、关联活动、协调问题等。价值网络的设计和覆盖是企业成功构建并运作商业模式的基石。收入来源则主要包含收入模式和成本结构。企业要想在市场竞争中盈利，首先要解决的问题就是如何控制成本结构，制定收入模式。

在涵盖核心层和基础层的要素之后，商业模式构建与运作余下的内容就是运作层的问题。运作层主要包括客户关系、竞争战略和竞争能力三方面的内容。客户关系就是要解决如何界定目标客户，如何理解客户需求，如何设计客户关系模式，建立客户关系处理机制，并及时稳妥处理客户关系的问题。竞争战略和竞争能力是企业在市场竞争中有别于其他竞争对手，获取竞争优势，赢得企业利润所采取的关键运作方式。

第三节 商业模式的演进、特征和评价

商业模式理论发展至今，取得了一定的成果，对商业模式的关注和研究也不断加大，但仍有一些领域不够完善，国内对此领域的研究仍需要进一步深入。

一、商业模式演进

在短短十余年的时间里，商业模式的研究取得了快速的发展。从商业模式概念的界定、构成要素的分析到商业模式的分类、表述工具，再到商业模式的评估和商业模式创新，可以说商业模式的研究在一步

一步地演进。从技术进步和市场竞争强度两个维度出发，描述商业模式研究的演进路线：一方面，作为企业的内生变量，技术进步驱动企业发展，从而带动理论研究不断深入；另一方面，作为企业的外生变量，商业环境的不断变化和市场竞争日趋激烈，也在一定程度上影响着企业商业模式的创新进程。①

如图2-1所示，商业模式的研究可分为三个阶段。第一阶段的研究主要集中在商业模式概念和构成要素的界定分析方面。第二阶段，伴随着研究的深入和企业的发展，研究的重点逐渐转换到商业模式的分类与表述。第三阶段，如何对现有商业模式进行创新并构建评价体系，成为研究的焦点。商业模式研究的这三个阶段并非是完全独立和隔离开来的。其实在每个阶段，研究的内容都会有重叠，会同时涉及概念、构成要素、分类、表述及创新与评价等多方面的内容，只是每个阶段的侧重点有所不同而已。这种划分是为了突出强调每个阶段的研究重点。

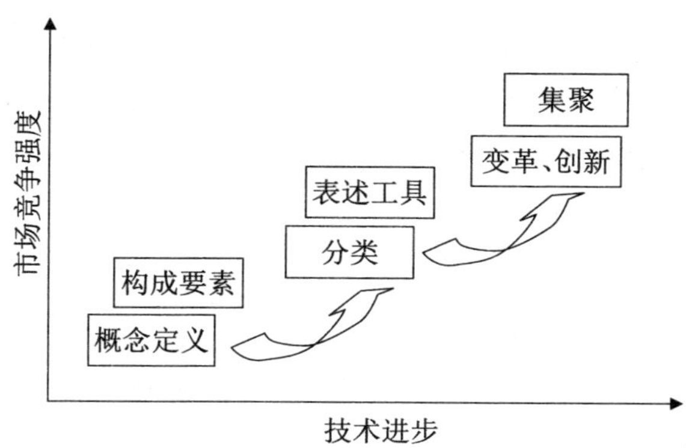

图2-1 商业模式研究演进

最初的研究主要集中在商业模式概念、构成要素的分析上面。随着互联网和电子商务的兴起，各种商业形式层出不穷，造就了一批获得巨大商业成功的企业典范。这些企业的崛起，让众多在红海中奋战

①王水莲，常联伟．商业模式概念演进及创新途径研究综述[J]．科技进步与对策，2014(07)：154-160.

的企业看到新的希望,同时也促使学者们纷纷将研究视角从最初的概念和要素转换到商业模式的分类与表述,对B2B、B2C、O2O等电子商务模式的研究悄然兴起。

在这段时期涌现出一批优秀学者,他们从不同的角度对当前出现的商业模式进行归类和表述。这些商业模式分类研究对利用电子商务运作商业的各种方式做了大量的介绍和描述,但一般都没有提供一个系统的框架以便对商业模式之间进行互相比较。大多数研究对商业模式分类的描述是非结构性的,这使得人们很难准确识别和区分具体的商业模式,也很难评价每个商业模式所需要的资源和基础设施。

客观来看,这段时期商业模式的研究之于企业的发展是相对滞后的。受技术创新和互联网发展的带动,企业在商业模式的探索上走在了理论研究的前面,也正是企业探索性的发展为商业理论研究提供了土壤与环境。企业商业模式实践在不断地发展,商业模式的分类研究也在丰富与完善。

商业模式的分类与表述研究是企业商业模式发展的一个伴随过程。然而商业模式的变革、创新及评价与企业实践过程则是一种交互过程。企业商业模式的变革、创新与外界环境的动态变化、技术的不断创新密不可分。随着竞争的加剧,企业面临的压力越来越大。一方面,技术的进步与创新对企业来说是机遇同时也是挑战。凭借技术创新,许多优秀企业迅速崛起,而那些创新力量不足的企业难免陷入困境。另一方面,外界环境的动态变化、市场竞争的日益加剧,也迫使企业寻求新的出路。企业的这种自我救赎可以是产品的创新、新兴市场的开拓,也可以是成本的控制、管理效率的提升,凡此种种,更多地体现为商业模式的变革与创新。

二、商业模式的特征

(一)追求客户价值最大化

众所周知,追求利润最大化是企业生产经营的目标。然而,从商业模式的角度来看，追求客户价值最大化则是企业的经营管理之道。在商业模式中，客户往往占据重要的地位，实现客户价值对企业来说至关重要。商业模式能否持续盈利，与该模式能否使客户价值最大化密切关联。一种不能满足客户价值的商业模式，盈利只是短暂的、偶然的，不具有持续性。相反，一种能够最大化实现客户价值的商业模式，即使暂时不盈利，终究也会走向盈利。因此，追求客户价值最大化成为成功商业模式的一个重要特征。

“客户价值最大化”有四层含义：①这里的客户包括消费者、股东、合作伙伴、员工和社会，其中消费者是主导，只有消费者的价值实现了，后四者的价值才能实现；②确定消费者，并能洞察消费者内心真实的需求；③不断满足客户的需求，并能给予超值的服务；④客户不仅仅局限在公司外部，也包括公司内部所有创造价值的员工，供应链中所有的下游都是上游的客户，让下游满足是上游工作的标准。

（二）追求可持续发展

追求可持续发展是商业模式的又一大特征。这里，持续发展包含两方面的含义。

第一，持续发展是指商业模式能够使企业持续盈利。企业的经营管理之所以能够上升到更高的层面，成为一种商业模式，源于其持续的盈利能力。当企业的经营管理能够为其带来持续的盈利时，随着规模的发展壮大，企业的这种组织结构和经营管理自然也就成为一种模式。企业能否持续盈利是我们判断其商业模式是否成功的一个重要的外在标准。因此，在设计商业模式时，能否盈利和如何持续盈利也就自然成为重要的原则。持续盈利要求商业模式既要为企业创造利润，实现盈利，又要能有发展后劲，具有可持续性，而不是昙花一现，短暂的偶然盈利。

第二，持续发展也表现为商业模式的持续创新。在经营企业的过程中，商业模式相比高新技术更为重要，因为前者是企业能够立足的先决条件。商业模式之所以能够持续盈利,很大程度上取决于在这种模式下,企业能够保持持续创新。成功的商业模式善于通过持续创新来保持持续竞争优势。这种创新不仅指在技术上的突破,而且包括对某一个环节的改造,或是对原有模式的重组、创新,乃至对整个商业游戏规则的颠覆。商业模式的创新形式贯穿于企业经营的整个过程之中,贯穿于企业资源开发、研发模式、制造方式、营销体系、市场等各个环节。在企业经营的每一个环节上的创新都有可能变成一种成功的商业模式。

(三)系统化组织

商业模式是企业按照某种特定运作规则建立起来的旨在盈利的商业系统。商业模式是一个系统化组织,是一个描述和简化企业现实的系统,也是一个概念性的工具。商业模式描述企业提供给一个或者若干客户群的价值,以及企业和其伙伴网络所组成的体系结构,构成商业模式的各个方面和各个层次相互联系、相互依赖,存在客观的逻辑关系。这个体系结构致力于创造并实现其价值主张,它关注企业运营的各个方面,包括企业自身及其产品或服务的定位、选择客户、获取和利用各种必要资源、进入市场等相关要素。

(四)资源整合

商业模式具有整合资源、实现资源的系统最优的特性。这种整合能够优化资源配置,实现整体的最优价值。在战略思维的层面上,资源整合是系统论的思维方式,是通过组织协调把企业内部彼此相关但却分离的职能进行整合,企业外部将参与有共同的使命又拥有独立经济利益的合作伙伴整合成一个为客户服务的系统,取得 1+1＞2 的效果。在战术选择的层面上,资源整合是优化配置的决策,是根据企业的发展战略和市场需求对有关的资源进行重新配置,以凸显企业的核心竞争力,并寻求资源配置与客户需求的最佳结合点,目的是要通过制度安排和管理运作协调来增强企业的竞争优势,提高客户服务水平。作为一种商业系统化组织，商业模式具备在战略层面和运作层面整合优化资源配置的能力，能够充分调度企业有限资源，实现资源的优化整合。

（五）高效率的组织管理

高效率，是每个企业管理者都梦寐以求的境界，也是企业管理模式追求的最高目标。成功的商业模式是一个系统化组织，能够优化配置组织资源，追求可持续发展和客户价值最大化，同时，商业模式也可以帮助企业实现高效率的组织管理。从现代管理学理论来看，一个企业要想高效率地运行，首先要解决的是企业的愿景、使命和核心价值，这是企业生存、成长的动力，也是员工追求卓越绩效的驱动力；其次是要有一套科学实用的运营和管理系统，解决的是系统协同、计划、组织和约束问题；最后还要有科学的奖励激励方案，解决的是如何让员工分享企业的成长果实的问题，也就是向心力的问题。成功的商业模式能帮助企业解决这三个主要问题，从而保障组织管理的高效运行。

三、商业模式的评价

商业模式评价是商业模式研究的一个重要环节，因为在众多的商业模式创意中挑选那些更具潜力的商业模式，并且在实施过程中根据实际情况进行不断调整，是企业成功进行商业变革的必要条件。从研究者已经取得的成果来看，商业模式评价可分为两种：一是对商业模式潜力的事前评价，就是通过对商业模式的盈利性和适用性进行预测，预测商业模式实施以后可能会产生的绩效；二是对商业模式潜力的事后评价，就是分析企业在实施了某种商业模式以后发生了哪些方面的变化，此时不再是一种预测，而是对实际效果的衡量。虽然事前评估和事后评估在研究视角和研究重点上截然不同，但两者并不矛盾，而是互为补充。事前评估是一种静态评价，更多的是对商业模式构成要素的横向评价，事后评价是一种动态评价，更多的是对商业模式实施的纵向评价。

荷兰学者高德金认为,评估商业模式的关键在于分析不同参与主体之间价值流动的情况。因此,他编制了一种利润/效用表,作为评估商业模式的工具。运用利润/效用表对商业模式进行评估主要分三个步骤进行:①确定参与方的价值行为,编制利润/效用表,分析各个参与方的价值流入和流出的情况;②对商业模式的不同部分进行评价分析,找出哪些价值目标创造了价值,哪些价值目标耗损了价值;③描绘实施商业模式的愿景。

阿福亚赫博士从盈利能力的角度来评价商业模式的潜力。他分三个步骤来评价商业模式:①考察商业模式目前的盈利状况,主要是评价收入和现金流两个方面;②衡量利润预测因素,主要是评估利润率、市场份额以及年收入增长率;③衡量商业模式的各构成因素,主要涉及十个部分,而且每个部分均包括一整套的评价指标。

阿福亚赫博士和图西博士认为,应当从商业模式组成部分和盈利性因素两方面来评价商业模式。商业模式组成部分包括客户价值、客户范围、定价、收入来源、关联活动、实现、能力和持久性等;盈利性因素包括收入和现金流、利润率、市场份额、收入增长率。其中,客户价值描述企业为顾客提供的价值,向顾客提供的产品或服务是否具有成本优势或差异化优势;客户范围指企业提供的产品和服务的目标客户群体;定价描述企业的价格策略,即企业如何为提供的价值来定价;收入来源是分析谁会在什么时间为这种价值买单,找出市场利润的驱动因素;关联活动考虑在提供价值的过程中有哪些活动;实现是指商业模式各组成要素的实现,确定组织结构、系统、人员、环境与最优的活动联系,并识别它们之间的匹配关系;能力描述企业的各种活动所必须具备的能力;持久性指维持企业的竞争优势。

国外学者麦格瑞塔认为,对于商业模式创新的评价应该包括叙述测试(故事是否有意义)和数字测试(盈亏分析)。

国外学者约翰逊认为,评估商业模式创新要从以下几个问题考虑:能在有吸引力的顾客价值主张中抓准该做的工作吗?能设计一种使所有要素以最有效的方式工作的商业模式吗?新的商业模式的业务发展流程可以不受核心业务的负面影响吗?新的商业模式会破坏竞争对手吗?

第三章 社会主义市场经济分析

第一节 市场经济

市场经济是一种建立在高度发达商品经济基础之上的，由个人和私人决定生产和消费的经济制度，在这种经济制度下企业生产什么、生产多少，如何生产和为谁生产完全由价格机制所引导。在市场经济里政府是“守夜人”，并没有一个中央协调的体制来指引其运作，只是依靠市场中供给和需求产生复杂的相互作用来进行调节。

一、市场经济概念及缺陷

从经济学的角度看，市场是一个复合概念。市场是商品经济运行的载体或现实表现。此定义包含了四层相互联系的含义：①商品交换场所和领域；②商品生产者和商品消费者之间各种经济关系的汇合和总和；③有购买力的需求；④现实顾客和潜在顾客。劳动分工使人们各自的产品互相成为商品，互相成为等价物，使人们互相成为市场。社会分工越细，商品经济越发达，市场的范围和容量就越扩大。市场是社会分工和商品经济发展的必然产物，市场在其产生和发展过程中发挥着巨大的功能和作用。

（一）市场经济的概念及与商品经济的关系

1.市场经济的概念

关于什么是市场经济，人们的看法不尽相同，不同的学者从不同的角度提出了各自不同的定义。“市场经济”概念的流行是从19世纪末开始的，当时新古典经济学家们开始转向了对消费和需求的研究，明确地把稀缺资源配置作为经济学研究的中心，并从理论上证明了以价格为中心的市场机制的完善性，使市场被看成经济运行的中枢，从而将商品经济或货币经济引向了市场经济，并使市场经济开始兴起。

国内学者对什么是市场经济也发表了自己的看法。学者张建华在其所著《经济学——入门与创新》一书中，认为市场经济就是市场作为配置资源的基础手段的经济。学者熊德平认为市场经济是“以维护产权，促进平等和保护自由的市场制度为基础，以自由选择、自愿交换、自愿合作为前提，以分散决策、自发形成、自由竞争为特点，以市场机制导向社会资源配置的经济形态”。

综上所述，市场经济是指在社会化大生产的条件下，以市场机制作为资源配置基本方式，从而决定生产什么、生产多少，如何生产和为谁生产三大基本问题的经济制度。

2. 市场经济与商品经济的关系

市场经济与商品经济联系紧密，市场经济是商品经济的发达形式，商品经济和市场的发展是市场经济形成的基础，商品经济的发展水平决定着市场经济的成熟程度。总之，市场经济是高度社会化的、高度发达的商品经济。从这个意义上说，市场经济也是商品经济。

从历史的发展来看，商品经济形成在先，市场经济形成在后。商品经济早在原始社会末期就已经出现了，但是市场经济则是在商品经济高度发展的资本主义生产方式确立以后才形成的。另外，商品经济作为一种经济形式，主要表现在产品要作为商品来生产和交换，商品经济尽管离不开市场，但市场的地位和作用并不十分突出。而市场经济则主要侧重于经济的运行，主要体现在经济运行的机制是市场机制，市场成了组织和调节社会生产、流通以及资源配置的核心机制。

（二）市场经济的缺陷

市场的基础性调节作用不是万能的，在实际中会由于各种原因，导致市场功能失效，造成市场失灵，这就是市场经济的缺陷。

1. 自发性

自发性是指生产什么、生产多少，如何生产和为谁生产三大基本问题全部由市场经济中的价值规律来调节，政府不参与任何交易过程，全靠“看不见的手”在指挥着千千万万的厂商和个人自主参与交易形式。在交易过程中，经济主体会根据价格信号来调整自己的经济行为，当涨价时，卖方(即生产者)会自发地加大生产投入；当降价时，卖方会自发地减少生产投入。市场经济的自发性只能反映现有的生产结构和需求结构，而不能有效反映国民经济发展的长远目标和结构。

2. 盲目性

信息的不对称性使得任何市场交易主体都无法了解到全部的市场交易信息，使得市场中大多数市场交易者都无法客观地去分析观察问题，市场交易主体大多数以价格的增幅程度来决定是否参与生产以及参与的程度，没有确定性。市场经济的盲目性使单纯的市场调节只能解决微观经济的平衡问题，而难以解决宏观经济的平衡问题。

3. 滞后性

滞后性表现为在市场经济中，市场交易主体是根据价格的变化信号来调整自己的生产和交易行为的，这种价格信号是一种事后分析指标。生产者根据变化后的价格指标自发地组织生产，而生产是一个相对于价格变动耗时较长的过程，所以经常能看到一种商品降价后，它的供应量却在上升，这就是市场经济的滞后性。而市场经济对供需之间的调整也表现为在市场价格变动之后，即市场机制对经济活动的调节是事后的。

4. 局限性

在市场经济中，经济主体都是追求自身利益最大化的，而忽视了长期利益和社会总体利益，经济主体的经济行为无力调节经济总量和外部经济行为，只是追求个体利益的最大化；对于大的宏观方面的经济结构调整，市场机制更是显得软弱无力；市场经济不能保证公平竞争，难以处理好公平和效率的关系；同时市场经济追求个别厂商成本的最小化，往往会带来环境污染等社会问题，加大社会成本。[①]

二、市场经济体制

（一）市场经济体制的内涵

市场经济体制是高度发达的、与社会化大生产相联系的商品经济，其最基本的特征是经济资源商品化、经济关系货币化、市场价格自由化和经济系统开放化。市场经济体制建立在高度发达的商品经济基础上，市场起主导作用，政府只能作为经济运行的调节者，对经济运行所起的作用只是宏观调控。在市场经济体制下，资源分配受消费者的约束，生产什么取决于消费者的需求（市场需求），生产多少取决于消费者的支付能力；经济决策是分散的，作为决策主体的消费者和生产者在经济和法律上的地位是平等的，不存在人身依附和超经济强制关系；信息是按照买者和卖者之间的横向渠道传递的。经济动力来自对物质利益的追求，分散的决策主体在谋求各自的利益中彼此展开竞争，决策的协调主要是在事后通过市场来进行的，整个资源配置过程都是以市场机制为基础的。

（二）市场经济体制的特征

凡是较为完善的市场经济体制，从宏观上讲都具有以下共同特征：①多种所有制形式并存；②市场机制、法制监督、社会保障有机统一；③分散决策与集中决策相互依存；④实行政府宏观调控。

从微观上讲，市场经济体制具有以下特征：①一切经济活动都直接或间接地处于市场关系之中，市场机制是推动生产要素流动和促进资源优化配置的基本运行机制；②所有企业都具有进行商品生产经营所应拥有的全部权力，从而能够自觉地面向市场，自主地开展生产经营活动；③政府部门不直接干预企业生产和经营的具体事务，而是通过各项经济政策、法规等调节和规范企业的经营活动；④所有生产、经

①李波平. 加快完善社会主义市场经济体制[J]. 学习月刊，2019(12)：27.

营活动都按照完整的法规体系来进行，整个经济运行有一个比较健全的法制基础。

三、社会主义市场经济理论

（一）社会主义市场经济体制的含义和表现

社会主义市场经济体制实质上就是社会主义基本经济制度与市场经济体制的结合，是一个经济制度和经济体制相结合的问题。经济制度强调经济利益关系，揭示人与人之间的深层次的所有制关系。经济体制强调经济组织关系，反映社会经济中较为浅层次的行为关系。经济制度是相对稳定的，它的变革取决于生产力与生产关系基本矛盾的状况。而同一种经济制度可以选择不同的经济体制，经济体制是可以多种多样的。

市场经济不是一种特定的社会制度，只是社会资源配置的手段和经济运行的方式，它可以存在于不同的社会制度下。所谓社会主义市场经济体制，是在社会主义国家宏观调控下使市场在资源配置中发挥基础性作用的经济体制。它与社会主义基本制度紧密结合在一起，因而除具有市场经济体制共性外，还具有自己的特征。

第一，在所有制结构上，以公有制为主体，多种所有制经济共同发展。在社会主义条件下，公有制经济不仅包括国有经济和集体经济，还包括混合所有制经济中的国有成分和集体成分，而且公有制形式可以多样化，一切反映社会化大生产规律的经营方式都可以大胆利用。

第二，在分配制度上，实行以按劳分配为主体，多种分配方式并存的制度。把按劳分配和按生产要素分配结合起来，坚持效率优先，兼顾公平，有利于优化资源配置，促进经济发展，保持社会稳定。在社会主义条件下，通过运用包括市场在内的各种调节手段，既可以鼓励先进，合理拉开收入差距，兼顾公平与效率，又可以对过高的收入进行调节，防止两极分化，逐步实现共同富裕。

第三，在宏观调控上，把人民的眼前利益与长远利益、局部利益和全局利益结合起来，更好地发挥计划和市场两种手段的长处。

（二）社会主义市场经济存在的原因

1. 从生产力角度看

商品经济的历史表明，不论什么社会形态，商品生产的存在和发展，都是以社会分工为前提的。社会主义社会虽然可以消除旧式分工所造成的种种对抗性矛盾，但不可能消灭社会分工，因此，不同部门之间、经济单位之间以及劳动者个人之间，必然要求相互交换各自的劳动产品。

2. 从生产关系角度看

从社会经济关系的角度考察，市场经济是指在存在社会分工和生产者具有自身物质利益的条件下，直接以交换为目的的经济形式。社会分工决定了经济主体之间进行商品交换的必要性；物质利益差别则决定了经济主体之间的商品交换必须按照等价补偿和等价交换的原则进行。前者是市场经济存在的一般条件，后者是社会主义市场经济存在的根本原因。

（三）我国社会主义市场经济体制改革的基本框架

我国社会主义市场经济体制改革的基本框架由以下六个方面构成，它们是相互联系、相互制约的有机整体。

第一，所有制结构改革。我国社会主义市场经济体制在所有制结构上是以公有制经济为主体、多种所有制经济共同发展的所有制结构。公有制经济不仅包括国有经济和集体经济，还包括混合所有制经济中的国有成分和集体成分。

第二，分配制度改革。我国社会主义市场经济体制在分配制度上是以按劳分配为主体、多种分配方式并存的分配制度。按劳分配与按生产要素分配相结合，坚持效率优先、兼顾公平的原则。

第三，现代企业制度改革。我国社会主义市场经济体制是以现代企业制度为市场经济体制的微观基础，转换国有企业的经营机制，按照产权清晰、权责明确、政企分开、管理科学的现代企业制度的要求，对国有大中型企业实行规范的公司制改革。

第四，建立健全社会主义市场体系。我国社会主义市场经济体制要建立统一、开放、竞争、有序的市场体系。建立和发展资本市场、劳动力市场、技术市场、土地市场、信息市场和产权市场等生产要素市场，形成完善的市场体系。同时，健全市场规则，加强市场管理，规范市场运行。

第五，国家宏观调控体系的完善。我国社会主义市场经济体制要完善以间接调控为特征的国家宏观调控体系。转变政府职能，实行政企分开，建立和健全以经济手段和法律手段为主的间接调控体系，保证国民经济的健康运行。

第六，建立和健全社会保障体系。我国社会主义市场经济体制要建立和健全多层次的社会保障体系。实行社会统筹与个人账户相结合的养老、医疗保险制度，完善失业保险和社会救济制度。

第二节 市场机制

市场机制是通过市场价格的波动、市场主体对利益的追求、市场供求的变化，来调节经济运行的机制，是市场经济系统内的供求、竞争、价格等要素之间的有机联系及其功能。市场运行机制是市场经济的总体功能，是经济成长过程中最重要的驱动因素，更是经济社会化乃至经济全球化发展不可缺少的重要方面。

一、市场机制的含义和构成

（一）市场机制的含义

市场机制是市场经济运行的基本调节机能，是通过市场竞争配置资源的方式，即资源在市场上通过自由竞争与自由交换来实现配置的机制，也是价值规律的实现形式。具体来说，它是指市场机制体内的供求、价格、竞争、风险等要素之间互相联系及作用的机理。市场机制具有相对独立性、内在自发性和普遍运动性，其作用的条件是培育市场主体、完善市场体系、健全市场法制和转变政府职能。市场机制有一般运行的市场机制和特殊运行的市场机制之分。一般运行的市场机制是指在任何市场都存在并发生作用的市场机制，特殊运行的市场机制是指各类市场上特定的并起独特作用的市场机制。

（二）市场机制的构成

市场机制是一个有机的整体，它的构成要素主要有市场价格机制、供求机制、竞争机制、风险机制等。

1. 价格机制

价格机制是市场机制中的基本机制。所谓价格机制是指在竞争过程中，与供求相互联系、相互制约的市场价格的形成和运行机制。价格机制包括价格形成机制和价格调节机制。价格机制是在市场竞争过程中，市场上某种商品市场价格的变动与市场上该商品供求关系变动之间的有机联系的运动，是价格变动与供求变动之间相互制约的联系和作用。价格机制通过市场价格信息来反映供求关系，并通过这种市场价格信息来调节生产和流通，从而达到资源配置的目的。另外，价格机制还可以促进竞争和激励，决定和调节收入分配等。价格机制是市场机制中最敏感、最有效的调节机制，价格的变动对整个社会经济活动有十分重要的影响。商品价格的变动，会引起商品供求关系变化，而供求关系的变化，又反过来会引起价格的变动。①

（1）价格机制的功能

价格机制的功能有以下四个方面：①传递信息。价格机制在市场经济中以价格的波动为信号来传递供求信息，价格变动的方向和幅度

①刘树杰．价格机制、价格形成机制及供求与价格的关系[J]．中国物价，2013(07)：69-73.

有利于调整市场的供求关系，提高生产者和消费者决策的效率。②调节资源配置。价格机制通过价格高低来影响供求，引导生产与消费，因而能够有效地调节资源的合理配置。③调节收入分配。价格机制通过价格高低来决定生产者、消费者的经济利益，是调节收入分配的尺度。④是竞争的有力工具。在市场经济中，在商品同质的条件下，价格是最有力的竞争武器。

（2）价格机制的作用

在社会主义市场经济条件下，价格机制对社会主义市场经济运行和发展的作用是多方面的。

第一，价格机制能够解决社会生产什么、生产多少，如何生产，为谁生产这些基本问题。价格机制能够根据消费者的需求来决定生产什么，根据社会资源的多少以及消费者需求来决定生产多少，调节资源在社会各个生产部门之间的分配，协调社会各生产部门按比例发展，提高了生产商品的劳动生产率，促进了资源的节约。

第二，价格机制能够调节多次收入分配。主要表现在价格能够决定和调节产业之间、行业之间、企业之间和企业内部的收入分配状况。具体包括三个方面：一是市场价格能够决定各个产业之间的收入不同。如过去第一产业的产品价格相对较低，而第二产业的产品价格相对较高，则第一产业获得的收入比第二产业要少。以后经过价格机制的不断调整，第一产业产品的价格会逐渐提高，第二产业产品的价格相对稳定，或有些产品随着生产技术水平的不断提高还可能逐渐下降，第一产业收入增加，第二产业收入有所下降。二是价格机制能够决定行业之间、企业之间的收入不同。如在第二产业中，电子产品价格高、利润大，行业、企业收入较多，而其他有些行业、企业产品价格相对较低，其收入也较少。三是价格机制可以对分给企业的那部分收入进行调整，主要是通过工资、利息和利润进行再分配。

第三，价格机制能够直接影响消费者购买行为。市场中某种商品价格的上升或下降都会影响到消费者的需求量，而价格总水平的上升或下降也能够调节市场的消费需求规模。市场中商品比较体系的变动，能够调节市场的消费需求方向和需求结构。

第四，价格机制是宏观经济的重要调控手段。主要表现在两个方面：一方面，价格总水平的变动是国家进行宏观经济调控的根据；另一方面，价格机制推动社会总供给与总需求的平衡。

(3)价格机制与市场机制的关系

第一，价格机制与市场机制是市场经济的调节机制。市场机制包含了价格机制，价格机制在市场机制中居于核心地位，所以市场机制要发挥调节作用，必须通过价格机制才能顺利实现。其原因有三个方面：首先，价格是经济信息的传播者。价格在社会生产的一切领域，社会生活的各个方面都提供和传递着各种经济信息，价格变动情况是反映社会经济活动状况的一面“镜子”，是市场经济运行的“晴雨表”；其次，价格是人们经济交往的纽带。社会产品在各个经济单位、个人之间的不停流转，必须通过价格才能实现；最后，价格是人们经济利益关系的调节者。在市场经济中，任何价格的变动，都会引起不同部门、地区、单位、个人之间经济利益的重新分配和组合。

第二，价格机制的综合反映。有市场就必然有价格，如商品价格、劳务价格、资本价格、信息价格、技术价格、房地产价格等。同时，各种价值形式，如财政、税收、货币、利润、工资等，都从不同方面和不同程度上与价格发生一定的相互制约和依赖关系。财政的收支状况直接影响着价格水平，收大于支时可以稳定价格，支大于收时将促使价格上涨。价格变动又会影响到财政收支。税收、利润、利息和工资是价格的组成部分，它们的变动直接影响着价格水平，而且在一定的价格水平下，价格又制约着税收、利息、利润、工资的变动，价格的变动直接取决于货币价值的变动，如人民币贬值会促使价格上涨，反之则促使价格下跌。价格相对的稳定，又会制约着货币的发行量。所以价格的变动，不仅直接影响其他价值形式的变动，而且也是其他价值形式变动的综合反映。

2. 供求机制

（1）供求机制的定义

供求机制是通过商品、劳务和各种社会资源的供给和需求的矛盾运动来影响各种商品和劳务的均衡以及生产要素组合，使之趋于均衡的机制。供求机制通过供给与需求之间在不平衡状态时所形成的各种商品的市场价格，并借助于价格、市场供给量和需求量等市场信号来调节社会生产和需求，最终实现供求之间的基本平衡。所以，供求机制是在商品的供求关系与价格、竞争等因素之间相互制约和联系中发挥作用的，而在完全竞争市场和不完全竞争市场中供求机制发挥作用的方式是不同的。

供求机制是市场机制的主体，供求联结着生产、交换、分配、消费等环节，是生产者与消费者关系的反映与表现。市场中的供求关系受价格和竞争等因素的影响，而供求关系的变动，又能引起价格的变动和竞争的开展。供求运动是市场内部矛盾运动的核心，其他要素（价格、竞争、货币流通等）的变化都围绕着供求变动而展开。企业的成长与发展往往受到供求机制的影响，企业既是产品市场的供应者，又是生产资料市场的需求者，可以充分利用市场需求来调整自身的经营方向、战略、产品、技术、营销等。充分利用供求机制是企业管理抓住机遇，避开威胁的重要内容。

（2）供求机制的功能和作用

供求机制对社会经济的运行和发展具有重要功能，主要是调节功能。供求机制可以调节商品的价格，调节商品的生产与消费的总量和方向；供求结构的变化能够调节生产结构和消费结构的变化。供求机制起作用的条件是，供求关系能够灵活地变动，供给与需求背离的时间、方向、程度应当是灵活而适当的，不能将供求关系固定化。供求关系在不断地变动中取得相对的平衡,是供求机制作用的实现形式。

供求机制的直接作用表现为以下四个方面:①调节总量平衡。供不应求时,价格上涨,从而吸引更多企业增加供给;供过于求时,一部分商品的价值得不到实现,迫使部分滞销企业压缩或退出生产。②调节结构平衡。供求机制通过"看不见的手"使生产资料和劳动力在不同部门之间合理转移,追求更高的效益,从而导致经济结构的平衡运动。③调节地区之间的平衡。供求机制促使各个地区调剂余缺,互通有无,使地区之间的商品、劳务得以平衡。④调节时间上的平衡。供求机制促使部分劳动者从事跨季节、跨时令的生产经营活动(温室种植、跨季节仓储等),在一定程度上满足了市场需求,缓解了供求在时间上的矛盾。

(3)供给、供给量和影响因素

供给是指生产者(厂商)在一定市场上在某一特定时期内,在一定价格水平上愿意并且能够提供的商品数量。供给强调的是在价格不变的条件下,非价格因素对供给量的影响,作为供给必须是供给欲望(出售商品的欲望)和供给能力(有供应商品的能力)的统一,缺少任何一个条件都不能成为供给。供给是商品或服务的供给,它取决于生产。在供给曲线图中,供给是指整个供给曲线。

供给量是指厂商(生产者)在一定时期内,当非价格因素不变时,在不同价格水平上愿意并且能够提供的商品数量。供给量强调的是在收入等非价格因素不变的条件下,价格因素对供给量的影响。供给量通常指厂商愿意并且能够提供的商品数量,而不是指他实际上销售的数量,供给量是需求曲线上的一点。

一种商品的供给数量是由许多因素决定的,具体有以下方面:①商品的自身价格。一般说来,一种商品的价格越高,供给量就越大。②相关商品的价格。相关商品是指互补品和替代品。当一种商品的价格提高,其互补品或替代品的供给量就会增加。相反,价格降低,其互补品或替代品的供给量就会减少。③生产要素的价格。在商品自身价格不变的条件下，生产成本增加会减少利润，从而使商品的供给量减少。相反，生产成本下降会增加利润，从而使商品的供给量增加。④生产的技术水平。在一般情况下，生产技术水平提高可以降低生产成本，会增加利润，从而使商品的供给量增加。相反，生产技术水平降低，会使商品的供给量减少。⑤政府的政策。如赋税政策、价格政策、分配政策、产业政策、货币政策等都会影响到厂商的生产，从而影响到商品的供给。⑥厂商的预期。当生产者预期某种商品的价格在下一期会上升时，就会在制订生产计划时增加对该商品的供给量。当生产者预期某商品的价格在下一期会下降时，就会在制订生产计划时减少对该商品的供给量。

在现实中，影响供给的因素比影响需求的因素要复杂得多，主要是因为在不同的时期、不同的市场、不同的地点（或区位）多种因素都影响着生产。影响供给的各种因素，既影响供给又影响供给量。

（4）需求、需求量和影响因素

需求是指消费者在一定时期内和一定市场上，在一定价格水平上愿意并能够购买的商品或服务的数量。需求这个概念涉及两个变量，即该商品的销售价格和与该价格相应的人们愿意并且有能力购买的数量。需求强调的是在价格不变的条件下，非价格因素对需求量的影响，作为需求必须是购买欲望和支付能力的统一，缺少任何一个条件都不能成为需求。只能算作潜在需求。所以，经济学所关心的需求不仅是消费者所想要的，而且是在他们的预算约束所限定的支出和各种商品价格已知的条件下所选择购买的。在需求曲线图中，需求是指整个需求曲线。

需求量是指居民在一定时期内，在不同价格水平上愿意并且能够购买的商品数量。需求量强调的是在收入等非价格因素不变的条件下，价格因素对需求量的影响。需求量通常指消费者愿意或打算购买的数量，而不是指消费者实际上购买的数量，需求量是需求曲线上的一点。

一种商品的需求数量是由许多因素决定的，具体有以下方面：①商品的本身价格。一般说来，一种商品的价格越高，该商品的需求量就会越小。②相关商品的价格。当一种商品本身的价格保持不变，而和它相关的其他商品的价格发生变化时，这种商品本身的需求量也会发生变化。③消费者的收入水平。对于多数正常商品来说，当消费者的收入水平提高时，就会增加对商品的需求量。相反，当消费者的收入水平下降时，就会减少对商品的需求量。④消费偏好。由于广告宣传、新产品出现等原因，消费者的偏好可能发生变化，从而影响商品的需求量。⑤政府的政策。政府是鼓励消费还是抑制消费也会影响需求量。在经济全球化的环境下，各国政府都采取了刺激消费需求的政策。⑥消费者对商品的价格预期。当消费者预期某种商品的价格在下一期会上升时，就会增加对该商品的现期需求量。当消费者预期某商品的价格在下一期会下降时，就会减少对该商品的现期需求量。

(5)供求关系的两种情况——供求平衡和供求失衡

把需求和供给结合在一起分析，就可以研究完全竞争条件下供求关系的两种情况——供求平衡和供求失衡。

供求平衡，也叫做供求均衡。在经济学中，均衡是指经济中各种对立的、变动着的力量处于一种力量相当、相对静止、不再变动的状态。当人们把某种商品的供给曲线和需求曲线置于同一坐标系内时，就会出现均衡点。在同一坐标系内，需求曲线和供给曲线相交时，表示生产者愿意供给的数量和消费者愿意买进的数量恰好相等，且生产者愿意出卖的价格和消费者愿意支付的价格恰好相等，这时价格将在这个高度固定下来，不再有变动的趋势，市场达到均衡状态，称为市场均衡。达到均衡时的市场也称为出清市场。在需求状况和供给状况为已知和确定条件不变的前提下，能够得出均衡价格和均衡产（销）

量。均衡价格是指生产者愿意出卖的价格和消费者愿意支付的价格相等,且生产者愿意供给的数量和消费者愿意买进的数量也同时恰好相等时的价格。均衡价格也称为市场出清价格,意味着所有供给和需求的订单都已经完成,账面上已经出清,需求者和供给者都得到了满足。

供求失衡是指供给大于需求,或供给小于需求两种情况。在供给大于需求时,往往会导致商品价格下跌,生产者减少产量或退出该商品生产;在供给小于需求时,商品的价格会上升,会吸引其他生产者加入或使原有的厂商增加产量。

在理解供求平衡和供求失衡时一定要注意以下四点:①供给价格等于需求价格时的供给量和需求量不一定相等。②供求平衡是指经济中各种对立的、变动着的力量相当,相对静止、不再变动的状态。这种状态只是暂时的,如果有其他的力量使之偏离均衡状态,则会有其他的力量使之恢复到均衡,这种运动状态是经常的。③决定供求平衡的是需求与供给。在完全竞争的市场条件下,供求平衡完全是由需求与供给决定的,而且二者的作用不分主次,任何一方的变动都会影响到供求平衡。④市场上各种商品的供求平衡是最后的结果,其形成过程是在市场的背后自发地进行的。

3.竞争机制

竞争机制是市场机制的重要内容之一,是商品经济活动中优胜劣汰的手段和方法。竞争机制是指在市场经济中,各个经济行为主体之间为了自身的利益而通过价格竞争或非价格竞争,按照优胜劣汰的法则来调节市场运行,并由此形成的经济内部的必然联系和影响。竞争机制反映了竞争与供求关系、价格变动、资金和劳动力流动等市场活动之间的有机联系,它是企业形成活力和发展的动力,能够促进生产和使消费者获得更大的实惠。

竞争机制同价格机制和信贷利率机制等紧密结合,共同发生作用。竞争的主要手段表现为,在同一生产部门内部主要是价格竞争,以较低廉的价格战胜对手。在部门之间,主要是资金的流入或流出,资金由利润率低的部门流向利润率高的部门。

(1)竞争机制发挥作用的前提条件

竞争机制发挥作用是有一定前提条件的,一般来说主要有三点。

第一,商品的生产者和经营者是独立的经济实体,而不是行政机关的附属物。只有在生产者和经营者有权根据市场状况去决定自己生产方向的变动、生产规模的扩大和缩小、投资规模和方向的情况下,竞争才能展开。

第二,承认商品生产者和经营者在竞争中所获得的相应利益。只有承认经济利益,才能使竞争者具有主动性和积极性,才具有竞争的内在动力。

第三,要有竞争所必需的环境,关键是要有一个结构配套、功能齐全的市场体系。只有在这样的环境中,商品和资金流通才不会受阻,竞争才能正常展开。

(2)竞争机制的作用

竞争机制对市场经济的运行和发展具有重要作用,体现在以下几个方面:①使商品的个别价值转化为社会价值,商品的价值表现为价格,从而使价值规律的要求和作用得以贯彻和实现;②可以促使生产者改进技术,改善经营管理,提高劳动生产率;③可以促使生产者根据市场需求来组织和安排生产,使生产与需求相适应。完善的竞争机制,实现优胜劣汰,这是竞争机制充分发挥作用的标志。

4.风险机制

风险机制是市场机制的基础机制,是市场活动中同企业盈利、亏损和破产之间相互联系和作用的机制。风险机制是指利用风险、竞争及供求共同作用的原理,以获得利益为动力和以破产为压力,作为一种外在压力与竞争机制同时作用于市场主体,以调节市场供求的机制。风险机制在产权清晰的条件下,对经济发展发挥着至关重要的作用。

风险机制是市场运行的约束机制。它以竞争可能带来的亏损乃至破产的巨大压力,鞭策市场主体努力改善经营管理,增强市场竞争实力,提高自身对经营风险的调节能力和适应能力。风险与竞争密不可分,没有竞争就不会有风险,没有风险也不需要竞争。竞争存在着风险,风险预示着竞争,两者密不可分,以至于有时人们把它们合在一起,统称为风险竞争机制。

(1)风险机制的要素构成

在市场经济中,风险机制主要是指经济风险机制,经济风险机制的构成要素主要有风险成本、风险选择和风险障碍。风险成本是指投入冒险的成本。任何经济风险都和风险成本联系在一起,没有风险成本的经济风险是不存在的。风险选择是指人们所选择的经济行为在目标、手段和行为方式上存在的风险威胁。在实际经济生活中,人们往往选择经济风险小的经济活动。但风险的大小与收益是成正比的,因此,为了获得更大的利益,必须选择风险大的经济活动。风险障碍是指人们做出风险选择时以某种形式给人们的社会利益造成的威胁和伤害的因素,风险选择必须有风险障碍。

(2)风险机制的作用条件

在实际经济生活中,风险机制起作用的条件有两个:一是企业承担投资风险和经营风险;二是实行破产制度。破产制度是风险机制的最高作用形式,因而是风险机制运行最关键的条件。破产的正效应是使亏损企业停止生产,将这些企业使用的资源释放出来,投入到效率更高的其他生产中去;同时,破产对人们具有教育作用,它迫使市场主体相互监督,从而提高整个经济体系利用资源的效率。破产的负效应是使一些劳动者失业,使债权人只能收回部分款项。

二、市场机制的功能

发展市场经济,必须充分发挥市场机制的功能,使市场机制在资源配置中起基础性作用,市场机制有六大功能。

(一)形成市场价格

商品价值是生产过程中形成的,通过流通实现的。在生产过程中形成的价值,要在市场上通过供求机制和竞争机制的作用,使价值转化为价格,最终形成市场价格。

(二)优化资源配置

市场是以市场价格为信号来配置资源的。市场价格是市场主体配置资源的基本依据,市场价格也是资源配置状况的尺度。市场价格通过不断的变动来实现资源的变动,提高资源利用效率,实现资源优化配置。

(三)平衡供求

供求是波动的,在现实生活中,供求不可能一致。市场机制的作用是通过价格、供求和竞争机制的相互作用,调整供求和价格的数量,实现供求和价格在动态中的均衡。

(四)实现经济利益

在市场经济中,商品生产者和经营者都是从自身经济利益出发从事生产经营活动的。但商品生产者个人的经济利益是通过市场来实现的。市场主体获得经济利益的多寡,不仅取决于生产,而且取决于市场。不管生产什么,生产多少,都要通过市场来实现。

(五)评价经济效益

市场经济中的各市场经济主体从事经济活动的效果如何,不取决于市场主体本身的主观评价,而取决于市场的客观评价。市场是天生的平等派,只有通过市场机制的检验,才能证明产品是否为社会所需要,是否真有效益。因此,市场是各种社会经济活动的客观评价者。

(六)实现优胜劣汰

市场机制作用的结果,可使个别成本低于社会成本的商品生产者获得超额利润,从而在竞争中处于优势地位,形成更大发展的内在冲动;又会使生产商品的个别成本大于社会成本的商品生产者产生亏损甚至破产,在竞争中处于劣势,形成被淘汰的压力,从而在整个社会产生优胜劣汰的效应,推动社会经济发展水平的提高。

在现代经济中,为了克服市场机制的缺陷,市场机制往往与政府宏观调控结合在一起。政府对市场机制的宏观调控主要在于弥补市场机制的不足,主要是政府运用宏观调控手段对市场机制的功能进行引导和调节,或政府运用计划等手段配置某些关系国计民生和国家安全的重要资源。

第三节 市场体系

市场经济是以市场机制对经济运行和资源配置起基础作用的经济体制。但是,要使市场机制成为经济运行和资源配置的基础机制,一方面要求各经济主体成为自主经营、自负盈亏的经济实体,能自主地从事生产、销售和收入分配等经济活动;另一方面要求全部经济资源包括人力资源都商品化,以商品的形式进入市场,形成完善的市场体系,通过市场交易实现流动和配置。

一、市场体系的概念和特征

(一)市场体系的含义

市场机制功能的发挥,要以完善的市场体系为基础。所谓市场体系是指以商品市场为主体,包括消费品市场、生产资料市场、金融市场、劳动力市场、房地产市场和技术信息市场等各类市场在内的有机统一体,即以商品市场和生产要素市场组成的相互影响、相互作用的各类型市场的总和。它们相互联系、相互制约,是各类市场相互联系的一个有机统一体,共同推动整个社会经济的发展。培育和发展统

一、开放、竞争、有序的市场体系，是建立社会主义市场经济体制的必要条件。[①]

(二)市场体系的特征

1.整体性

市场体系的整体性是指市场体系无论是从构成上，还是空间上均是完整统一的。从市场客体即交换对象角度来看，完整的市场体系既包括各种商品市场，也包括全部生产要素市场；既包括实物商品市场，也包括精神商品(或称知识产品)市场和服务市场；既包括发达的现货交易市场，也包括各种期货市场。从空间角度来看，完整的市场体系是指各种类型的市场在国内地域间是一个整体，不应存在行政分割与封闭状态，全国市场不是彼此分割、封闭的地方市场，而是一个统一的市场，是一个具有广阔空间和复杂结构的整体。部门或地区对市场的分割，会缩小市场的规模，限制资源自由流动，从而大大降低市场的效率。

2.有机联系性

市场体系不是各种市场的简单组合，而是一个存在着内部分工的有机整体。市场体系中的各个子市场分别承担着不同的经济功能，各自为国民经济的正常运转发挥着作用。它们之间互相联系、相互制约，一个市场上的供求状况会通过价格、工资和利息之间的联系传导到另一个市场。各个市场之间的这种有机联系，使国民经济成为一个有机的统一体。

3.开放性

市场体系的开放性是指各类市场不仅要对国内开放，而且要对国外开放，把国内市场与国外市场联系起来，尽可能地参与国际分工和国际竞争，并按国际市场提供的价格信号来配置资源，决定资本流动的方向，以达到更合理地配置国内资源和利用国际资源的目的。市场

①张军涛，常宇．现代市场体系的基本构成与特征[J]．现代商业，2011(17)：75.

体系不是一种地域性的封闭体系，封闭的市场体系不仅会限制市场的发育，还会影响对外开放和对国际资源的利用。因此，任何分割和封锁市场的做法都是与市场经济的本性不相容的。

4.动态性

市场体系会随着市场的发展而不断发展和完善，包括市场体系的结构和市场体系的每个构成要素的发展和完善。目前，进入市场交换的生产要素越来越多，由于市场经济中生产要素已经商品化，在商品市场中又派生出各种特殊的市场，如技术市场、信息市场、房地产市场、产权市场等，形成了市场体系。所以，现代意义上的市场体系是不断变化的。

5.竞争性

市场体系的竞争性是指它鼓励和保护各种经济主体的平等竞争。公平竞争能创造一个良好的市场环境，以促进生产要素的合理流动和优化配置，提高经济效益。一切行政封闭、行业垄断、不正当竞争等都有损市场效率。

6.有序性

市场体系的有序性是指市场经济作为发达的商品经济，其市场必须形成健全的网络、合理的结构，各类市场都必须在国家法令和政策规范要求下有序、规范地运行。市场无序、规则紊乱是市场经济正常运行的严重阻碍，它会损害整个社会经济运行的效率，容易导致社会经济发展的无序状态。

二、市场体系的构成

市场体系的结构可以从不同的角度来划分。从市场交换的对象来看，它主要包括商品市场和生产要素市场以及其他类型的特殊市场。商品市场是以生产出的产品或服务为交易对象的市场，主要包括消费品市场和生产资料市场。生产要素市场是以生产要素为交易对象的市场，主要包括金融市场（资本市场）、劳动力市场、技术市场、信息市场、房地产市场。其中,生产资料市场兼有生产要素市场的特征,房地产市场兼有商品市场的特征。此外,还有一些不属于上述两类市场的其他类型市场,如旅游市场、娱乐市场、文化市场、运输市场、邮电市场、教育市场等。

在整个市场体系中,商品市场是决定和影响其他市场的主体和基础,其他市场都是在商品市场的基础上发展起来的,整个市场体系的运转是以商品市场为中心的。生产要素市场和其他市场对商品市场也有重要的反作用,随着商品经济的不断发展,各种要素市场和其他市场日益活跃,并形成独立的市场分支,对商品市场的发展起着越来越大的作用。

(一)消费品市场

消费品市场是交换用于满足消费者个人生活消费需要以及社会消费需要的商品市场,如食品、服装、日用品等。消费品市场是整个市场体系的基础,所有其他类型的市场都是由它派生出来的。所以,消费品市场是社会再生产中最后的市场实现过程,它体现了社会最终供给与最终需求之间的对立统一关系。

消费品市场具有以下特点:①广泛性。消费品市场涉及千家万户和社会的所有成员,全社会中的每一个人都是消费者。②多样性和多变性。消费品市场因社会需求结构、形式的多样性、多变性而呈现出多样性和多变性的特点。③批量小而频率高。市场交易量不一定很大,但交易次数可能很多。④基础性和反馈性。消费品市场的变化,最终必然会引起初级产品市场和中间产品市场的相应变化。

消费品市场与人们的日常生活息息相关,它体现了社会再生产过程最终的市场实现,反映了消费者最终需求的变化。作为最终产品市场,消费品市场与其他商品市场密切相关,集中反映着整个国民经济的发展状况等。消费品市场的作用有两方面:一是资金市场的发展始终受消费品市场的制约,当消费品市场景气时,供给和需求会拉动社会投资增加，进而活跃资金市场；二是消费需求增加和市场交易对象扩大，会进一步刺激供给增加，使生产规模扩大，这也将导致劳动力市场上对劳动力需求的增加。而消费品供给的满足程度，又直接决定了劳动力的质量。

（二）生产资料市场

生产资料市场是交换人们在物质资料生产过程中所需要使用的劳动工具、劳动对象等商品的市场。例如生产所需的原材料、机械设备、仪表仪器等，都是生产资料市场的客体。

与消费品市场相比，生产资料市场的特点有以下方面：①在生产资料市场上所交换的商品大部分是初级产品和中间产品，而不是最终产品。这些商品主要用于生产过程，交换主要是在生产企业之间进行，其流通广度比消费品要小。②市场交易的参与者是单纯的生产部门，属生产性消费，购买数量大，价值高，专业性强，交易方式多是大宗交易或订货交易，供销关系比较固定。③生产资料市场需求属于派生性、引致性需求。由于生产资料不是最终产品，而只是为消费品生产提供条件，因此对生产资料需求的规模、种类和数量，取决于社会对于消费品需求的状况。

从生产资料市场的作用看，它集中反映了初级产品和的中间产品供求关系，为各企业生产过程提供物质条件，在社会再生产过程中起着中介作用。它的供求状况集中代表了社会物质资源配置的效率和比例情况。因此，生产资料市场运作得愈是有效率，社会再生产的运行便愈是通畅。它作为联结生产资料生产过程和生产资料消费过程的桥梁，其发展意味着社会再生产的扩大。

（三）金融市场

金融市场是资金的供应者与需求者进行资金融通和有价证券买卖的场所，是货币资金借贷和融通等关系的总和。在现实中，金融市场既可以有固定地点和相应的工作措施，也可以没有固定场所，由参加交易者利用电信等手段进行联系洽谈来完成交易。按交易期限划分，通常把经营一年期以内货币融通业务的金融市场称为货币市场，把经营一年期以上中长期资金的借贷和证券业务的金融市场称为资本市场。按照交易标的物不同划分，可分为票据市场、证券市场和黄金市场；按照证券的新旧标准不同划分，可分为证券发行市场（一级市场）和证券转让市场（二级市场）；按成交后是否立即交割，可分为现货市场和期货市场。

金融市场作为价值形态与各要素市场构成相互依存、相互制约的有机整体，它的作用主要有以下几方面：一是通过各种金融资产的买卖交易，为资金供给方和资金需求方提供双方直接接触和多种选择的机会，因而能对资金进行高效率的筹集和分配；二是通过金融市场可以提高金融证券的流动性，使社会融资规模和范围更大，并降低融资成本；三是通过金融市场的发展，为中央银行运用存款准备金率、再贴现率、公开市场业务等手段进行宏观调控，创造了作用空间和操作条件。中央银行可根据金融市场上灵敏反映市场资金供求的经济金融信息，制定正确的货币政策，以确定货币供应量和信贷规模，保证重点建设资金需要，促进经济结构的调整。

（四）劳动力市场

劳动力市场是交换劳动力的场所，即具有劳动能力的劳动者与生产经营中使用劳动力的经济主体之间进行交换的场所，是通过市场配置劳动力的经济关系的总和。劳动力市场交换关系表现为劳动力和货币的交换。

1.劳动力市场的特点

劳动力市场与一般商品市场相比具有以下三个特点。

第一，以区域性市场为主。劳动力市场和其他商品市场一样，也应是全国统一的市场。但是，由于社会生产力在各地区发展水平不平衡，原始手工业、传统的大机器和现代技术产业并存，劳动力的素质相差悬殊，职业偏见的存在，再加上地区分割等，阻碍了劳动力在全国范围的流动，大多数只能在区域内运转，只有少数高科技人才可在全国范围内流通，从而形成的主要是区域性市场。

第二，进入劳动力市场的劳动力的范围是广泛的，一切具有劳动能力并愿意就业的人都可以进入劳动力市场。我国由于劳动力资源丰富，随着科技进步、劳动生产率不断提高，以及经济体制改革的进行，农村出现剩余劳动力，加上国有企业和国家机关的富余人员，因而在一个相当长的时间里，我国劳动力供大于求，形成买方市场。

第三，劳动力的合理配置主要是通过市场流动和交换实现的，市场供求关系调节着社会劳动力在各地区、各部门和各企业之间的流动；劳动报酬受劳动力市场供求和竞争的影响，劳动力在供求双方自愿的基础上实现就业。劳动力的市场配置行为，不可避免地会出现劳动者由于原有的劳动技能不能适应新的经济结构的变化而产生的结构性失业现象。

2. 劳动力市场的作用

劳动力市场的作用表现在三个方面：①对劳动力质量进行评价。劳动力的质量可以通过劳动力价格反映出来，综合反映了供求双方的意愿，是客观的，公平的。②实现劳动力资源的合理配置。建立劳动力市场是市场经济条件下实现人力资源优化配置的有效手段。劳动力市场的作用是调节劳动力的供求关系，使劳动力与生产资料的比例相适应，实现劳动力合理配置，使企业提高劳动生产率，提高经济效益，保证社会再生产的正常进行。③促使劳动者不断提高自身的业务技术素质。劳动者能否在有限的工作岗位的竞争中获胜，以及取得报酬的多少，主要取决于本人的业务技术素质的高低。

（五）房地产市场

房地产市场是从事地产和房产交易活动的市场，具体分为地产市场与房产市场。地产市场主要是进行土地使用权的交易和转让；房产市场主要是进行房屋的交易和转让。

房地产市场的特点包括以下方面：一是经营对象具有地域性，并且是非流动性商品。二是房地产价格具有上浮性。随着经济的发展，建筑地段级差地租不断上涨，从而促进土地使用权价格上升，房屋价格也随之上升。三是具有垄断性。因为土地是有限的，优等地更有限，这就造成了土地使用权的垄断。

发展房地产市场有利于促进住宅商品化和土地有偿使用，有利于缓解需求大于供给的矛盾，提高土地利用率，防止国有资产价值流失，并可为建筑技术、建材工业及其他相关行业的发展提供广阔前景。

（六）技术市场

技术市场所交换的商品是以知识形态出现的。它是一种特殊的商品，有多种表现形态，有软件形式（程序、工艺、配方、设计图等）、咨询、培训等服务形式，以及买方需要的某种战略思想、预测分析、规划意见、知识传授等都可构成技术商品。

技术市场有如下特点：①技术商品是知识商品，它以图纸、数据、技术资料、工艺流程、操作技巧、配方等形式出现；②技术商品交易实质是使用权的转让；③技术商品转让形式特殊，往往通过转让、咨询、交流、鉴定等形式，直到买方掌握了这项技术，交换过程才完成；④技术商品价格确定比较困难，价格往往由买卖双方协商规定。

技术市场在我国经济发展中具有重要作用。它同科技经济发展之间存在着良性循环的关系；它能促进科技成果迅速转化为现实的生产力；它有利于科研与生产的密切结合；它能促进科技人员合理流动，优化科技人才的配置，有利于减少人才资源的浪费。

（七）信息市场

信息是事物的内容、形式以及事物之间的联系及其发展变化的反映，它一般表现为信号、消息、情报、科研成果、资料等。信息市场是指信息商品交换、流通的场所或领域及信息交换关系的总和。信息市场上流通的信息具有商品属性,这不仅仅限于经济信息,还包括其他各种信息。只要以商品的形式存在,都可以在信息市场进行交换。

信息商品的特殊性决定了信息市场的特点,表现为三个方面:一是交易活动具有多次性。由于信息交易并不是让渡所有权而是使用权,因此同一信息商品可以在其有效时间内多次、反复出卖。二是交换具有间接性。即需求者不一定通过直接交换方式获得信息,而是可以通过广播、电视、报刊等获得信息。三是交易具有很强的时效性,随时间的推移和条件变化,其使用价值会失效。

信息市场的发展、信息的商品化,对社会经济的发展起着明显而重要的作用:一是为社会生产和流通提供大量有效的信息资源,有利于促进经济发展;二是为企业提供必要的市场需求信息,有利于提高企业的竞争能力和应变能力;三是为消费者提供有关商品供应信息,是促进销售的有利手段。信息市场发挥着中介作用,是沟通产、供、销的桥梁,信息是企业经营管理的重要资源。

第四章　宏观经济管理与调控

第一节　宏观经济分析概述

宏观经济分析研究的是一个国家整体经济的运作情况，包括国民经济运行方式、运行状况、运行规律以及政府运用宏观经济政策如何影响国民经济的运行，具体是指国民收入决定理论、通货膨胀与失业理论、经济周期理论、宏观经济政策等。①

一、宏观经济分析的意义和内容

宏观经济分析的研究方法主要是总量分析方法。经济总量是指反映国民经济整体运行状况的经济变量，包括国民收入、总消费、总投资、总储蓄、总供给、总需求、通货膨胀率、失业率、利率、经济增长率等。总量分析方法就是研究经济总量的决定、变动及其相互关系，以及以此为基础说明国民经济运行状况和宏观经济政策选择的方法。

作为一个开放的经济体，宏观经济运行涉及居民、企业、政府和国外四个部门的经济变量。宏观经济分析就是结合四大部门的运行来揭示一国经济的总国民收入、总消费、总投资、总储蓄、总供给、总需求、通货膨胀率、失业率、利率、经济增长率等宏观变量是如何变动的。在经济运行和经济管理过程中，要求管理者必须对国家的宏观经济有一定的认识，能够较为清楚地分析当前的国民经济运行状况，理解国家的宏观政策导向和未来变动趋势，以及对管理的影响，从而更好地进行管理。

---

①刘鑫．新时代的宏观经济形势分析[J]．中国管理信息化，2019(19)：118-120.

二、国民收入核算体系指标

(一)国内生产总值

1. 国内生产总值的概念

国内生产总值(GDP)是指一个国家或地区在一定时期内(通常指一年)所生产出的全部最终产品和劳务的价值。GDP常被公认为是衡量国家经济状况的最佳指标,能够反映一个国家的经济表现和一国的国力与财富。正确理解GDP要把握以下几方面。

第一,GDP是一个市场价值概念。GDP计入的最终产品和劳务的价值应该是市场活动导致的价值。市场价值就是所生产出的全部最终产品和劳务的价值都是用货币加以衡量的,即用全部最终产品和劳务的单位价格乘以产量求得的。非市场活动提供的最终产品和劳务因其不用于市场交换,没有价格,因而就没有计入GDP。例如,农民自给自足的食物、由家庭成员自己完成家务劳动、抚育孩子等这些人们自己做而不雇用他人做的事情,就没有计入GDP。但如果非市场活动(自己做家务)变成市场交易(雇保姆做家务),就计入GDP了;抚育孩子过去不算GDP,现在孩子日托就要算进GDP。社会分工越细,非市场行为就会更多地市场化,这对GDP的贡献可是很大的。

第二,GDP衡量的是最终产品的价值。GDP核算时不能计入中间产品的价值,否则就会造成重复计算。中间产品是指生产出来后又被消耗或加工形成其他新产品的产品,一般指生产过程中消耗掉的各种原材料、辅助材料、燃料、动力、低值易耗品和有关的生产性服务等;最终产品是指在本期生产出来而不被消耗加工,可供最终使用的那些产品,具体包括各种消费品、固定资产投资品、出口产品等。

第三,GDP衡量的是有形的产品和无形的产品。GDP计入的最终产品不仅包括有形的产品,而且包括无形的产品(劳务),如旅游、服务、卫生、教育等行业提供的劳务,这些劳务同样按其所获得的报酬计入GDP中。

第四，GDP计入的是在一定时期内所生产而不是销售的最终产品价值。计算GDP时，只计算当期生产的产品和劳务，不能包括以前生产的产品和劳务，即使是当年生产出来的未销售出去的存货也都要计入进去。

第五，GDP是一个地域概念。GDP是指在一国范围内生产的最终产品和劳务的价值，包括在本国的外国公民提供生产要素生产的最终产品和劳务的价值，但不包括本国公民在国外提供生产要素生产的最终产品和劳务的价值。这是GDP区分于后面提到的国民生产总值的关键点。

第六，GDP是流量而不是存量。GDP核算的是在一定时期内（如一年）发生或产生的最终产品和劳务的价值，是流量，而不是存量（存量是指某一时点上观测或测量到的变量）。

2.国内生产总值的计算

CDP是一个国家或地区在一定时期内经济活动的最终成果，为了把GDP核算出来，有三种方法可供选择——支出法、收入法和生产法。

支出法又叫产品支出法、产品流动法或最终产品法。它是从产品的使用去向出发，把一定时期内需求者购买最终产品和劳务所支出的货币加总起来计算GDP的方法。

生产法也就是增加值法，即先求出各部门产品和劳务的总产出，然后从总产出中相应扣除各部门的中间消耗，求出各部门的增加值，最后汇总所有部门的增加值得出GDP。

收入法是从生产要素在生产领域得到初次分配收入的角度来进行计算的，也称分配法。把生产要素在生产中所得到的各种收入相加来计算的GDP，即把劳动所得到的工资、土地所有者得到的地租、资本所得到的利息以及企业家才能得到的利润相加来计算CDP。这种方法又叫要素支付法、要素成本法。在没有政府参与的情况下，企业的增加值，即创造的GDP就等于要素收入加上折旧（企业在支付其生产要素前先扣除折旧）；当政府参与经济后，政府往往征收间接税，这时的GDP还应包括间接税和企业转移支付。

（二）宏观经济分析中的其他总量指标及其关系

在国民收入核算体系中，除了国内生产总值以外，还有国民生产总值、国内生产净值、国民生产净值、国民收入（狭义）、个人收入以及个人可支配收入等相关概念。这些概念和国内生产总值一起统称为广义的国民收入，这样就能够更全面地衡量一国经济发展的总体水平和国民生活水平。

1.国民生产总值

与GDP不同，国民生产总值（GNP）是按照国民原则来计算的，即凡是本国国民（包括境内公民及境外具有本国国籍公民）所生产的最终产品价值，不管是否发生在国内，都应计入国民生产总值。国民生产总值同国内生产总值一样都有名义和实际之分。

2.国民生产净值

国民生产净值（NNP）是指经济社会新创造的价值。国民生产净值等于国民生产总值减去资本（包括厂房、设备）折旧的余额。

国民生产净值是一个国家一年中的国民生产总值减去生产过程中消耗掉的资本（折旧费）所得出的净增长量。从概念上分析，国民生产净值比国民生产总值更易于反映国民收入和社会财富变动的情况，但由于折旧费的计算方法不一，政府的折旧政策也会变动，国民生产总值比国民生产净值更容易确定统计标准，因此，各国实际还是常用国民生产总值而不常用国民生产净值。

3.国民收入

国民收入（NI）定义为一国生产要素（指劳动、资本、土地、企业家才能等）所获收入的总和，即工资、利息、租金和利润之和。国民收入等于国民生产净值减去企业间接税。间接税也称流转税，是按照商品和劳务流转额计算征收的税收，这些税收虽然是由纳税人负责缴纳，但最终是由商品和劳务的购买者即消费者负担，所以称为间接税，包括增值税、消费税和营业税等。

这里的国民收入定义是一个狭义的概念。国民收入是反映整体经济活动的重要指标，因此，常被使用于宏观经济学的研究中，也是国际投资者非常关注的国际统计项目。

4. 个人收入

个人收入（PI）是指个人从经济活动中获得的收入。国民收入不是个人收入，一方面，国民收入中有三个主要项目是非个人接受的部分，不会成为个人收入，这三个主要项目就是公司未分配利润、公司所得税和社会保险税；另一方面，国民收入没有计入在内，但实际又属于个人收入的部分，这里指并非由于提供生产性劳务而获得的其他个人收入，如政府转移支付、利息调整、红利和股息等，虽然不属于国民收入（生产要素报酬）却会成为个人收入。因此，个人收入等于国民收入减去非个人接受的部分，再加上并非由于提供生产性劳务而获得的其他个人收入。PI是预测个人的消费能力、未来消费者的购买动向及评估经济情况好坏的一个有效的指标。

5. 个人可支配收入

个人可支配收入（DPI）是指一个国家所有个人（包括私人非营利机构）在一定时期（通常为一年）内实际得到的可用于个人消费和储蓄的那一部分收入。个人可支配收入等于个人收入扣除向政府缴纳的各种税收和费用的余额。如个人缴纳的所得税、遗产税和赠与税、房产税等以及交给政府的非商业性费用。个人可支配收入被认为是消费开支的最重要的决定性因素，因而，常被用来衡量一国生活水平的变化情况。

三、价格水平指标

宏观经济分析中，用当前市场价格来计算的各种变量被称为名义变量。从一定意义上说，名义变量只解决了将不同种类的产品和劳务加总的问题。但是,比较两个不同时期的同一宏观经济变量的变化情况时,人们往往要分清楚这种总量的变化,有多少成分是由于物品和劳务量的增加所带来的,多少是由价格的变化所引起的。

宏观经济分析中,为了分析国民财富的变化,往往需要剔除价格因素的变动,只研究物品和劳务的数量变化。常用的方法是用不变价格来衡量经济变量,即用以前某一年(称为基年)的价格为基准,衡量经济变量的数值。

宏观经济分析中,用不变价格衡量的GDP被称为实际的GDP。例如,如果把1982年作为基年,那么1997年的实际GDP是指1997年生产出来的全部最终产品用1982年的价格计算出来的价值。名义GDP是用生产的产品和劳务的当期价格计算出来的GDP,而实际GDP是用统计时确定的某一年(称为基年)的价格计算出来的GDP。可以看出,实际(真实)GDP的变化已经排除了价格的变化,单纯反映商品和劳务数量所引起的变化。宏观经济分析中,把剔除价格变化后两个经济总量对比的结果叫做价格指数。

宏观经济分析中常用的价格指数主要有GDP折算数、消费者价格指数、生产者价格指数和农产品生产价格指数。

(一)GDP折算数

假定某一年的名义GDP增加了,但该年的实际GDP没有变动。直观上容易理解,这时名义GDP的增加一定是由于经济中价格增加导致的。这一考虑就引出了GDP折算数的定义。所谓GDP在第t年的折算数被定义GDP与同一年实际GDP的比率,即GDP折算数=名义GDP/实际GDP。

(二)消费者价格指数

消费者价格指数(CPI)是用来衡量城市居民购买一定的有代表性的商品和劳务组合的成本变化的指数。也就是说,消费者价格指数是反映消费者生活成本的变动情况。在计算中,消费商品采取抽样的方式,抽样的范围仅限于有代表性的商品。大多数国家都编制居民消费价格指数,反映城乡居民购买并用于消费的消费品及服务价格水平的变动情况,并采用它来反映通货膨胀程度。

(三)生产者价格指数

生产者价格指数(PPI)是用来衡量生产成本变化的指数,它的计算中仅考虑有代表性的生产投入品,如原材料、半成品和工资等。

(四)农产品生产价格指数

农产品生产价格指数是反映一定时期内,农产品生产者出售农产品价格水平变动趋势及幅度的相对数。该指数可以客观反映全国农产品生产价格水平和结构变动情况,满足农业与国民经济核算需要。

四、就业与失业指标

在宏观经济运行过程中,失业是具有相当重要性的经济现象,也称是宏观经济运行中的一种病态,是困扰各个国家发展的一大难题。解决失业问题与降低通货膨胀率一起成为社会关注的重点和政府宏观经济政策的目标。

(一)劳动力、就业与失业

就业和失业是反映劳动力市场状况最主要的两个指标,关系到社会稳定和经济发展,是各国政府制定经济政策时密切关注的依据。

1.劳动力

一个经济中一定时点的总人口可以划分为劳动年龄人口和非劳动年龄人口。劳动年龄人口可以进一步划分为劳动力人口和非劳动力人口。劳动力人口简称劳动力,是指一定时点内具有劳动能力的劳动适龄人口。劳动力概念的界定要考虑两个因素:一是具有劳动能力的人口;二是劳动适龄人口。根据各国劳动就业统计的惯例,下列人员一般不属于劳动力:军队人员;在校学生;家务劳动者;退休和因病退职人员以及劳动年龄内丧失劳动能力、服刑犯人等不能工作的人员;特殊原因不愿工作的人员;在家庭农场或家庭企业每周工作少于

15个小时的人员。由此可见,在劳动年龄人口中减去以上六类非劳动力人口的余下部分称为劳动力。在我国劳动力统计中,把超过或不足劳动年龄,但实际参加社会劳动并领取劳动报酬和收入的人口也计算在内,主要包括农业中经常参加劳动的超过或不足劳动年龄的人口、退休后参加社会劳动领取工资补差或劳动报酬以及领取其他经济收入的人口。

2. 就业

就业是指是指具有劳动能力的公民,依法从事某种有报酬或劳动收入的社会活动。就业人员不分所有制结构(国有、集体、外资、个体等)和不分用工形式(固定工、合同工,临时工等),只要从事劳动并取得合法劳动报酬或经营收入都是就业人员。但不包括从事义务性劳动、社会性救济劳动、家务劳动或从事非法劳动的人员。充分就业已经成为我国宏观经济政策的重要标志。

3. 失业

在宏观经济分析中,失业是指有劳动能力符合工作条件、有工作愿望并且愿意接受现行工资的人没有找到工作的一种社会现象。按照国际劳工组织的标准,失业者是指在一定年龄之上,在参考时间内没有工作,目前可以工作而且正在寻找工作的人。这个定义包括两个方面:一是失业者应是符合工作条件的人;二是如果一个人未寻找工作或不愿意接受现行市场工资,他也不能被认为是失业者。

按照这个定义,衡量是否失业,必须有四要素:第一,在一定年龄之上。国际劳工组织对年龄没有严格限制,各国家根据自己本国国情,对年龄做出了不同的规定,我国规定年龄下限为16周岁,美国、法国也是16周岁,日本、加拿大、韩国、新加坡等是15周岁。第二,确认至少在过去的一周内已经没有工作。第三,目前可以工作,即有劳动的能力和可能性。第四,正在寻找工作,即本人有工作的要求,在最近特定时期内已经采取明确步骤寻找工作或自谋职业者。上述条件必须同时成立，才能构成完整的失业内涵。失业包括就业后失去工作转为失业的人员和新生劳动力中未实现就业的人员。例如，因离职、被解雇等原因没找到工作和大学毕业没找到工作的人员等。

（二）失业的类型和成因

在西方经济学中，失业分为两类：一类是自愿失业；另一类是非自愿失业。自愿失业是"非自愿失业"的对称，是由英国资产阶级庸俗经济学家阿瑟·塞西尔·庇古提出的经济概念，指工人由于不接受现行的工资或比现行工资稍低的工资而出现的失业现象。非自愿性失业又称"需求不足的失业"，指工人愿意接受现行工资水平与工作条件，但仍找不到工作而形成的失业，是1936年由英国经济学家凯恩斯在其著作《就业、利息和货币通论》中提出的概念。经济学家所关心的失业是指"非自愿性的失业"。在经济学家看来，非自愿性失业有以下几个基本类型——摩擦性失业、季节性失业、结构性失业、周期性失业等。失业在不同国家或一个国家的不同经济发展时期，其主导因素并不完全相同。

1.摩擦性失业

摩擦性失业是人们在转换工作时、刚进入或离开后重新进入劳动力市场时所经历的短期失业，也称求职性失业。这种失业是由于经济运行中各种因素的变化和劳动力市场的功能缺陷所造成的临时性失业。在现实世界中，求职者找工作是需要时间和有一个过程的，即"准备简历—调查工作单位情况—投简历—等候反应—明智选择"等；同样，雇主也要花时间考察求职者的技能和资格，以决定是否录用，这样求职者想要适合自己的工作与得到工作之间的时间消耗就产生了失业。因此，由于经济运行中就业信息不完备、劳动力市场功能不健全等诸多原因，社会上总是存在着大量摩擦性失业。摩擦性失业的特点是行业广且涉及人员多、失业期限较短，是一种正常性失业，与充分就业不相矛盾，它只给那些受其影响的失业者带来不多的艰辛。

2. 季节性失业

季节性失业是与天气、旅游者的行为方式或其他季节性因素有关的失业，在农业、旅游业、建筑业中这种失业最多。例如，我国北方大多数滑雪教练在每年的四五月份失去工作，每个冬天都有很多建筑工人被解雇。与摩擦性失业一样，季节性失业也是正常的、良性的、短期的，而且是完全可以预测的，失业人员通常会预先收到淡季失业补偿。这些失业是由生产时间性或季节性等客观条件或自然条件决定的，所以很难改变。

3. 结构性失业

结构性失业是由于经济结构变动使劳动力的供求不匹配所造成的失业。结构性失业在性质上是长期的，往往“失业与空位”并存。有些时候，有很多可得的工作岗位，也有很多失业者愿意得到这些工作岗位，但是找工作的人和雇主在技能或地域等方面不匹配。例如，21世纪初，旧的夕阳产业被高新技术产业所替代，像计算机硬件和软件设计、人造卫星技术及通信，有大量工作岗位，然而，很多失业者没有在这些产业中工作的技能，也没有受过这方面的培训，这就是他们具有的技能与所要求的技能不相适应。这种不适应也可能是地域性的，再如，我国北方存在着大量的失业人员，而南方却存在严重的“技工荒”。对结构性失业者来说，想就业就得重新在国内其他地方安家或学习新技能，结果要花费相当长的时间找工作，结构性失业经常持续几年甚至更长时间。

4. 周期性失业

周期性失业是指经济周期中的衰退或萧条时，因社会总需求不足而造成的失业。当经济进入衰退或萧条期，很多以前就业的人员失去了工作，而且很难再找到新工作。与此同时，工作岗位更少了，劳动力市场的新进入者在被雇用前必须花费比通常“摩擦性失业”更长的时间来找工作。周期性失业对于不同行业的影响是不同的，一般来说，需求的收入弹性越大的行业,周期性失业的影响越严重。也就是说,人们收入下降,产品需求大幅度下降的行业,周期性失业情况比较严重。

(三)失业的测算

1.失业人数的测算

预计未来调查失业率将成为国家调控的主要目标。关于失业率的测算各个国家使用的方法不完全一致。一定时期的就业水平是用失业率来衡量的。失业率是指正在寻找工作的劳动力占总劳动力的百分比。

通过失业率这个指标可以判断一定时期内全部劳动人口的就业情况。一直以来,失业率数字被视为一个反映整体经济状况的指标,而它又是每个月最先发表的经济数据。目前我国的失业率统计主要采用两种方法,即城镇登记失业率和调查失业率,对外发布的是城镇登记失业率。城镇登记失业率仅包括城镇劳动力中的登记失业人员,排除了国有企业下岗未就业人员和农村户口的失业人员,这种方法存在一定局限性。

2.自然失业率与充分就业

前面分析失业类型中的摩擦性失业、结构性失业和季节性失业,都是由微观经济引起的。也就是说,它们归因于特殊产业和特殊劳动力市场的变化,而不是总体经济变化。这种失业是不能消除的,因为总是存在花些时间找新工作,经济中总是有季节性产业、结构性变化。因此,它们也被统称为自然失业。自然失业人数与总劳动力人数的比率就是自然失业率,它是一个国家能够长期持续存在的最低失业率。经济学家们认为当经济中不存在周期性失业时,所有失业都是摩擦性、结构性、季节性时,这样就认为经济达到了充分就业,充分就业时的失业率就是自然失业率,自然失业率是指经济社会在正常情况下的失业率。这就是说充分就业并不是没有失业,充分就业时的失业率不是零而是大于零的。

自然失业率在当代宏观经济学和就业经济学中是一个非常重要的概念。这个概念首先是由经济学家弗里德曼提出的。弗里德曼认为劳动力市场存在一种长期的均衡失业率,即使在充分就业的状态下也难以消除。所以,有时自然失业率又被有些学者矛盾地称作“充分就业下的失业率”。当实际失业率等于自然失业率时,一国经济处于长期均衡状态,所有的经济资源都得到了充分利用,即实现了充分就业均衡,政府就不会采取有关措施来干预劳动市场的运行。

(四)失业的成本

失业是有成本的,失业的成本包括经济成本和非经济成本。

1.经济成本

经济成本是指可以用货币测算的成本。失业者不能找到工作,不能生产,失去了产出的机会成本,其实质是劳动者不能与生产资料相结合进行社会财富的创造,是一种经济资源的浪费。这个损失必须由社会来承担,具体体现在以下几方面。

第一,失业者的收入损失。对失业者个人来说,失业最明显的经济成本是就业收入损失。这部分就业收入损失由社会承担,如失业津贴、实物券或其他政府转移支付等,使失业者的收入损失部分地得到补偿,但各国的经验表明,这些津贴要少于就业收入的损失,一般只相当于就业收入的50%~60%。

第二,失业者的人力资本损失。工作可以保持和提高劳动者的工作技能和工作态度,特别是技术进步迅速的今天,长期失业不仅会浪费现有的工作技能,也无法积累新的工作技能,从而会丧失在未来劳动力市场上的竞争力和生产力,进而丧失获得较高收入的机会。

第三,经济资源的浪费或产出的减少。对社会来说,失业的经济成本之一是资源的浪费或产出的减少。失业者如果不失业,或者说人力资源得到充分有效的利用,即在潜在就业量(指在现有激励条件下所有愿意工作的人都参加生产时所达到的就业量)的条件下,就可以增加产出,然而由于失业使产出减少。国际上通常用GDP的缺口来反映这种损失,即GDP的缺口等于潜在的GDP减去实际的GDP。所谓潜在的GDP是指当非劳动力资源得到充分利用和劳动力处于充分就业状态时的GDP产出水平。

20世纪60年代,美国经济学家阿瑟·奥肯根据美国大量的统计数据,提出了经济周期中失业变动与产出变动的经验关系,被称为奥肯定律。奥肯定律认为,失业率每高于自然失业率一个百分点,实际GDP将低于潜在GDP两个百分点。换一种方式说,相对于潜在GDP,实际GDP每下降两个百分点,实际失业率就会比自然失业率上升一个百分点。西方学者认为,奥肯定律揭示了产品市场与劳动市场之间极为重要的关系,它描述了实际GDP的短期变动与失业率变动的联系。根据这个定律,可以通过失业率的变动推测或估计GDP的变动,也可以通过GDP的变动预测失业率的变动。例如,实际失业率为8%,高于6%的自然失业率2个百分点,则实际GDP就将比潜在GDP低4%左右。

第四,消费需求减少。失业导致目前正常消费缩减以及对未来就业预期的悲观心理,导致居民消费倾向降低,储蓄倾向增强,消费需求不足。

2.非经济成本

非经济成本是指很难或不可能用货币测算的成本。这种成本虽然难以估计和测量,但人们很容易感受到。失业,特别是当它持续好几个月甚至是几年时,能严重影响人们的心理和生理状况。失业还阻碍了公平社会目标的实现。大多数人都想要一个公平和公正的社会,有平等的机会改善自我,但人们并不是平等地承担失业的负担。在衰退中,不是所有人的工作时间都减少了,而是有些人被彻底解雇,其他人则与从前几乎一样继续工作。而且,失业的负担不是在不同的人群中平等分担的。总之,失业是造成家庭和社会不稳定的因素之一。目前,失业问题成为一个严重的全球性问题,波及多数国家和地区,各国政府特别是发达国家政府纷纷采取各种有力的措施来整治和解决失业问题。

第二节 总需求与总供给

社会总供给与总需求是宏观经济运行过程中两个最主要的变量,保持社会总供给与总需求平衡是搞好宏观调控以及实现宏观调控目标的重要前提。[①]

一、总需求

(一)总需求和总需求曲线的定义

总需求(AD)是指整个经济社会在每一价格水平上愿意购买的全部产品和劳务总量。在宏观经济分析中,总需求是指整个社会的有效需求,它不仅指整个社会对物品和劳务需求的愿望,而且指该社会对这些物品和劳务的支付能力。社会总需求体现的是经济中不同经济实体的总支出,在封闭经济条件下,总需求由经济社会的消费需求、投资需求和政府购买需求构成;在开放经济条件下,总需求包括消费需求、投资需求、政府购买需求和净出口需求。

所谓总需求函数是指总需求水平和价格水平之间的关系。由于总需求水平就是总支出水平,而总支出又与总产出相等,所以,总需求函数描述了在每一个价格水平下,经济社会需要多高水平的总产出。在以价格水平为纵坐标、总产出水平为横坐标的坐标系中,总需求函数的几何表示称为总需求曲线(用AD表示)。总需求曲线表示社会的

①贾康．平衡总需求与总供给[J]．资本市场,2016(C3):14.

需求总量和价格水平之间呈反方向变动的关系，即总需求曲线是向右下方倾斜的。向右下方倾斜的总需求曲线表示，价格水平越高，需求总量越小；价格水平越低，需求总量越大。

（二）总需求曲线

由于价格水平以外的其他因素的变化，如货币供给量、政府购买和税收等重要变量都会引起总需求曲线的平行移动。其他因素可归为两类：一是宏观经济政策变量，如货币政策（中央银行的供给量变化、其他金融政策手段等）和财政政策（政府采购、税收等）；二是其他外部变量，如战争、外国经济活动等。当政府采购、自发性消费、净出口、货币供给增加或税收减少时，总需求曲线向右上方平行移动；当政府采购、自发性消费、净出口、货币供给减少或税收增加时，总需求曲线向左下方平行移动。

由于货币供给量、政府购买和税收都是重要的政策变量，因此，以上讨论暗含着政府运用政策干预经济的可能性。从上述分析可以看出，财政政策（政府采购、税收等）和货币政策（货币供给等）都会引起总需求变化。

二、总供给

（一）总供给的影响因素

总供给（AS）是指整个经济社会在每一价格水平上所愿意提供的产品和劳务的总量。总供给描述了经济社会的基本资源用于生产时可能有的产出量。概括而言，一个社会的总供给是由该社会的生产要素和技术水平所决定的，其中，生产要素包括人力资源、自然资源和资本存量，而技术水平则反映一个经济社会使用生产要素生产产品和提供服务的效率。

第一，人力资源。人力资源由劳动力的数量和质量构成。在现实经济中，劳动力是整个经济中最重要的生产要素。从宏观经济分析的角度看，劳动力中的就业数量是由劳动市场决定的。劳动力的质量是指劳动生产率，它取决于劳动力的生产技能和该社会的教育水平等因素。

第二，自然资源。自然资源包括土地、森林、矿产、海洋等一切可用于生产物品和提供服务的东西。一般地，每一个国家所拥有的自然资源几乎都是固定不变的。

第三，资本存量。资本存量是指一个社会在某时点所拥有的厂房、机器、设备和其他形式的资本数量。资本存量是投资的结果。资本存量的规模取决于投资的大小和持续的时间。持续投资时间越长，资本存量的变化越显著。换句话说，在一个较短的时间内，一个国家的资本存量不会发生太大的变化。

第四，技术水平。从抽象的意义上讲，技术水平是指投入和产出之间的转换关系。同微观经济分析一样，宏观经济分析也用生产函数来反映这种转换关系。

（二）总供给曲线

在其他条件不变的情况下，在以价格为纵坐标，总产出为横坐标的坐标系中，对于每一个价格水平会产生一个对应的产出水平，可以得出总供给曲线。总供给曲线区别于微观经济部分的供给曲线，微观经济学中的供给曲线是个别价格和个别产品供给量的对应关系，是由于商品价格上涨企业供给增加，使曲线向右上方倾斜；而宏观经济分析的供给曲线是总供给曲线，是产出总量和对应的总价格水平之间的关系。

1. 总供给曲线的三种基本形式

目前，西方学者大都同意存在总供给曲线的说法。但是，对于总供给曲线的形状，却有着不同的看法，认为在不同资源利用的情况下分析总供给时，可以得出不同总供给曲线的形状。

(1)凯恩斯主义总供给曲线

凯恩斯主义认为当社会上存在较为严重的失业时，如 1929 ~ 1933

年大危机时期，企业可以在现行工资水平之下得到它们所需要的任何数量的劳动力。仅把工资作为生产成本时，工资不变，生产成本不会随着产量的变动而变动，价格水平也就不会随产量的变动而变动，生产者愿意在现行价格水平条件下供给任何数量的产品。此时的供给曲线是一条水平的总供给曲线，如图4–1中的AB段。

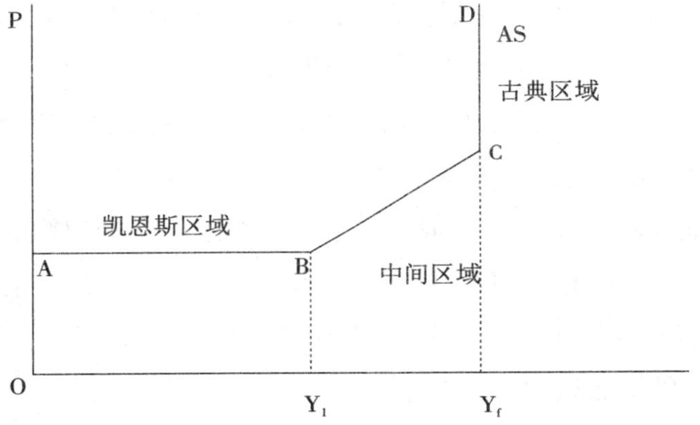

图4–1 总供给曲线的三种基本形式

从图4–1中可以看出，此时的凯恩斯主义总供给曲线是一条水平线。水平的总供给曲线表明，在现行的价格水平下，企业愿意提供任何有需求的产品数量。

隐含在凯恩斯总供给曲线背后的思想是，由于存在着失业，企业可以在现行工资水平下获得他们需要的任意数量的劳动力，他们生产的平均成本因此被假定为不随产量水平的变化而变化。这样，在现行价格水平上，企业愿意提供给任意所需求的产品数量。

（2）短期的总供给曲线

水平的总供给曲线和垂直的总供给曲线都被认为是极端的情形，短期的总供给曲线也称正常的总供给曲线。很多西方经济学家认为，现实的总供给曲线在短期更多地表现为是向右上方倾斜的曲线。由于经济中的总产出只不过是所有不同行业产出的总和，因此，总供给曲线可以通过加总市场上每一行业的供给曲线得到。总供给水平与价格水平同方向变动。当产出量增加时,企业会使用更多的劳动力、资本、土地等,使生产成本上升,从而价格总水平上升;反之则相反。此时的总供给曲线是一条向右上方倾斜的曲线,如图4-1中BC段。

(3)长期总供给曲线

如果说凯恩斯的总供给曲线显示的是一种极端情形,那么长期的总供给曲线是另外一种极端情形,长期总供给曲线也称为古典总供给曲线。该曲线显示,人类所拥有的资源总是有限的,当资源已经得到充分利用时,经济中实现了充分就业,由于按一定工资水平愿意就业的劳动力都已就业,产量无法再扩大,这时如果总需求持续扩张,只能导致物价水平的上升。此时,总供给曲线是一条与价格水平无关的垂直线。如图4-1中CD段,无论价格水平如何变化,经济中的产量总是与劳动力充分就业下的产出Y_f(潜在产出)相对应。

2. 总供给曲线的移动

与总需求曲线的移动相比,使总供给曲线移动的因素相对来说比较复杂。当产出变化引起价格水平变动时,沿着总供给曲线上做点的移动。当产出以外的其他因素变化引起价格水平变动时,总供给曲线本身平行移动。

产出以外的其他因素是指技术变动、工资率变化、生产能力、自然和人为的灾祸等。技术进步意味着现在用较少的投入能够生产出与以前同样多的产出。换句话说,技术进步导致了宏观生产函数的变化。因此,技术进步通常使总供给曲线向右移动。工资较低时,对于任何给定的价格水平,厂商愿意供给更多的产品,故降低工资将使供给曲线向右移动。一般而言,随着经济中企业设备投资的增加,经济的生产能力增加,这会使总供给曲线向右移动。地震或战争期间的轰炸会极大地减少经济中资本存量的数量,其结果,任何数量的劳动能够生产的产出数量都减少,从而导致总供给曲线向左移动。

再看极端的长期总供给曲线的移动。图4-1中的Y_f是对应于劳动力充分就业状态的产出水平，也称为潜在产出，它不随价格的变动而变动，但当经济积聚资源并出现技术进步时，潜在产出会随着时间的推移而增长，因而长期总供给曲线的位置将随着时间推移而逐渐右移。这里需要注意的是，尽管潜在产出会发生变动，但这种变动并不取决于价格水平。

3. 总供给曲线移动的效应

(1)短期总供给曲线移动的效应

总需求曲线不动，短期总供给的变动会引起短期总供给曲线向左上或向右下移动，从而会使均衡的国民收入和价格水平发生变动。如果成本上升，短期总供给减少，短期总供给曲线向左上移动，会使均衡国民收入减少，价格水平上升；如果成本降低，短期总供给曲线向右下移动，会使均衡国民收入增加，价格水平下降。

(2)长期总供给曲线移动的效应

长期总供给也就是充分就业的总供给，即充分就业国民收入或潜在国民收入。随着潜在国民收入的变动，长期总供给曲线会发生移动。正常情况下，长期总供给曲线随经济增长而向右方平行移动。如果发生自然灾害或战争，一个经济的生产能力被破坏，长期总供给曲线也会向左移动。如果长期总供给曲线向右移动，可以实现更高水平的充分就业均衡，而不引起通货膨胀。

第三节 通货膨胀与经济周期

通货膨胀是在纸币流通条件下，因货币供给大于货币实际需求，导致货币贬值，从而引起的一段时间内物价水平持续而普遍上涨的经济现象，其实质是社会总需求大于社会总供给。通货膨胀程度是用通货膨胀率来衡量的，通货膨胀率是用百分比形式测算价格水平的变化程度。在实际工作中，一般不直接也不可能测算通货膨胀率，而是通过消费者价格指数(CPI)、生产者价格指数(PPI)和GDP折算指数来间接表示。

从世界各国经济的发展历史来看，经济增长并不总是沿直线上升，而是在上升过程中不断地呈现非线性波动，这种经济活动的上下波动，总是呈现出周期性的特征。

一、通货膨胀

(一)通货膨胀的类型

通货膨胀的产生必须具备两个条件：一是纸币流通和物价总体水平的持续上涨。资源短缺、商品质量提高等原因引起的物价上涨，不能理解为通货膨胀，必须是纸币发行量超过了宏观经济的实际需要量，才能称为通货膨胀。二是必须是大部分商品的价格在一段时间内持续地上涨。局部或个别产品的价格上涨以及季节性、偶然性和暂时性的价格上涨，不能认为是通货膨胀。通货膨胀的类型根据不同的分类方式可以分为多种。①

1.按价格上升的速度分类

按价格上升的速度，通货膨胀可以分为以下三种。

第一，温和的通货膨胀。这是指年物价水平上升速率在10%以内，也称爬行式的通货膨胀，它的特点是价格上涨缓慢并且可以预测，是始终比较稳定的一种通货膨胀。实际上许多国家都存在着这种通货膨胀，此时物价相对来讲比较稳定，人们对货币比较信任，乐于持有货币。许多经济学家认为这种温和而缓慢上升的价格对经济的增长有积极的刺激作用。

第二，奔腾的通货膨胀。奔腾的通货膨胀也称为疾驰的或飞奔的通货膨胀、急剧的通货膨胀。它是一种不稳定的、迅速恶化的、加速的通货膨胀。在这种通货膨胀发生时，年物价水平上升速率在10%～100%，人

①许志花．通货膨胀对经济的影响[J]．现代经济信息，2019(36)：27.

们对货币的信心产生动摇，公众预期价格还会进一步上涨，此时需要采取各种手段减少损失，否则随着通货膨胀更为加剧，经济社会将产生动荡，所以这是一种较危险的通货膨胀。

第三，恶性通货膨胀。在经济学上，恶性通货膨胀是一种不能控制的通货膨胀，在物价很快地上涨的情况下，就使货币失去价值。恶性通货膨胀没有一个普遍公认的标准界定，一般认为年物价水平上升速率超过了100%。发生这种通货膨胀时，价格持续猛涨，货币购买力急剧下降，人们对货币完全失去信任，以致货币体系和价格体系最后完全崩溃，甚至出现社会动乱。产生这种通货膨胀的原因是货币供给的过度增长。

2.按照对不同商品的价格影响分类

按照对不同商品的价格影响，通货膨胀可以分为以下两种：①平衡的通货膨胀。即每种商品的价格都按相同的比例上升。②非平衡的通货膨胀。即各种商品价格上升的比例并不完全相同。如近年来，我国房地产价格上升迅速，而一般日用消费品如家电、电脑、汽车等商品的价格反而有下降趋势。

3.按照人们的预期程度分类

按照人们的预期程度，通货膨胀也可以分为两种：①未预期的通货膨胀。即人们没有预料到价格会上涨，或者是价格上涨的速度超过了人们的预计。②预期的通货膨胀。即人们预料到价格会上涨。

（二）通货膨胀的成因

通货膨胀是现代经济社会中常见的一种经济现象，其产生的原因是多方面的，但一般可归纳为三类。

1.需求拉动

需求拉动的通货膨胀，又称过度需求通货膨胀，是指由于总需求的增加超过了总供给而引起的价格水平持续、显著上涨的经济现象。由于总需求是和货币供给量联系在一起的，所以需求拉动的通货膨胀又被解释为过多的货币追逐过少的商品。

需求拉动型通货膨胀还可能由货币因素引起。经济学意义上的需求都是指有支付能力的需求。上述实际因素引起的过度需求虽然最初在非金融部门中产生,但如果没有一定的货币量增长为基础,就不可能形成有支付能力的需求,换言之,过度的需求必然表现为过度的货币需求。

2.成本推动

成本推动的通货膨胀理论与需求拉动的通货膨胀理论的出发点正好相反,它是从总供给而不是从总需求的角度出发,假设在不存在过度需求的情况下,由于供给方面成本的提高所引起的价格水平持续、显著上升的一种经济现象。

引起成本增加的原因有三个方面:①工资成本推动的通货膨胀。许多经济学家认为,工资是成本中的主要部分。工资的提高会使生产成本增加,从而价格水平上升。②利润推动的通货膨胀。西方的经济学者认为,工资推动和利润推动实际上都是操纵价格的上升,其根源在于经济中的垄断,即工会的垄断形成工资推动,厂商的垄断引起利润推动。③原材料成本推动的通货膨胀。如石油价格的上升,或者是某种进口原材料价格上升等。

3.结构失调

结构失调是指在没有需求拉动和成本推动的情况下,只是由于经济结构、部门结构失调引致的物价总水平持续上涨的现象。导致结构性通货膨胀的根源是国民经济各部门的经济结构存在很大差异,如劳动生产率提高快慢不同,所处的经济发展阶段不同,对外开放程度不同等。但是,货币工资的增长速度通常是由生产率较高的部门、处于发展上升阶段的部门和开放度较高的部门决定的。在追求工资均等化和公平原则的压力下,在劳动市场竞争的作用下,那些劳动生产率较低的部门、发展缓慢处在衰退阶段的部门和非开放的部门,其工资的增长速度会向生产率提高较快、正处于上升期和开放度高的先进部门看齐，使整个社会的货币工资增长速度具有同步增长的趋势。这样势必会导致全社会的工资增长率高于社会劳动生产率的平均增长率，这必然会导致价格水平的普遍上涨，从而引发通货膨胀，这种通货膨胀就是结构性通货膨胀。

（三）通货膨胀的成本

通货膨胀是一种货币现象，是每一个国家政府、经济学家和普通百姓都关注的问题，高的通货膨胀率的确给整个社会及其社会成员带来一系列问题，向整个社会及其每个成员征收成本。经济学家们总结出了几种通货膨胀的成本。

1.通货膨胀的再分配成本

再分配成本是指通货膨胀在全社会范围内对真实收入进行重新分配。其包括两个方面：①通货膨胀降低固定支付方的支付成本，损害了固定收入方的购买力。对于固定收入方来说，其收入为固定的名义货币数额，物价上涨后，他们的名义收入不变，即收入不能随通货膨胀率变动，那么他们真实的购买力下降，其生活水平必然下降。而对于支付方来说，支付的实际支付成本自然比通货膨胀前低，这样通货膨胀就把真实的购买力从收入方转移到了支付方。②通货膨胀造成财富在债务人和债权人之间的财富再分配。

2.通货膨胀的资源成本

通货膨胀的资源成本是指人们为了应付通货膨胀被迫在日常生活中耗费额外的时间和资源，支付了机会成本，因为原本人们可以用这些时间和资源进行其他活动。其包括以下四个方面。

第一，“皮鞋成本”。它是指人们为减少货币持有量所付出的成本。由于通货膨胀降低了货币的实际价值，为避免损失人们一般会减少持有货币，可能会更多地跑去银行，把持有的现金放入高利息的银行账户中，或者把现金变换为实物。在这些过程中，磨损了鞋底，这就是皮鞋成本的最初来源。可是,更重要的成本是人们在这个过程中牺牲了时间和精力,这原本可使人们做更多有意义的事情。初看起来皮鞋成本是微不足道的,但是在高通货膨胀时,这将是一个严重的社会问题。

第二,“菜单成本”。它包括印刷新清单和目录的成本,把这些新的价格表送给中间商和顾客的成本,为新价格做广告的成本,以及改变价格对市场影响的不确定造成的风险成本,甚至包括处理顾客对新价格抱怨的成本。这期间不仅消耗时间,而且消耗纸张、油墨、打印机损耗等。

第三,资源配置不当。市场经济依靠价格机制来配置资源,企业依据价格制定其经营策略,消费者依据各种商品和服务的质量和相对价格来比较购物。如果发生通货膨胀,人们往往没有足够的时间和能力来判断是绝对价格的上升还是相对价格的上涨,其结果,生产者和消费者都可能出现决策失误,造成资源浪费。

第四,税收负担扭曲。许多国家实行累进税率,税收具有稳定性、固定性,如果发生通货膨胀,为维持不变的实际工资,根据预期调整劳动者的名义工资水平,而名义工资的增加使纳税人进入了更高的纳税等级,使得税后的实际工资反而减少了。又如,银行付给储户的利息是名义利息,发生通货膨胀,名义利息会低于实际利息。而利息税却是按照名义利息来征收,结果储户多纳税。因此,通货膨胀扭曲了所征收的税收。

总之,通货膨胀会引起一系列问题,社会为此要付出一定的代价,恶性通货膨胀可能会造成政治的动荡。

(四)通货膨胀的治理

由于通货膨胀会引起一系列问题,影响经济的正常发展,所以许多国家都十分重视对通货膨胀的治理。在宏观经济分析中,主要用衰退来降低通货膨胀和收入政策等来治理通货膨胀。

1.用衰退来降低通货膨胀

这种方法主要针对需求拉上的通货膨胀。由于需求拉上的通货膨胀是总需求超过总供给产生的,因此,要治理这种通货膨胀,调节和控制社会总需求是个关键。有效途径是采取紧缩的财政政策和货币政策。在财政政策方面,通过紧缩财政支出,增加税收,实现预算平衡、减少财政赤字;在货币政策方面,主要是紧缩信贷,控制货币投放,减少货币供应量。

财政政策和货币政策相配合,综合治理通货膨胀,其重要途径就是通过控制固定资产投资规模和控制消费基金过快增长来实现控制社会总需求的目的。但这种政策会导致投资减少,产出回落,其代价是经济衰退。

2.其他降低通货膨胀的方法

第一,收入政策。收入政策主要是针对成本推动的通货膨胀,因为成本推动的通货膨胀来自供给方面,由于成本提高,特别是工资的提高,从而引起价格水平的上涨。收入政策又称为工资物价管制政策,是指政府制定一套关于物价和工资的行为准则,由劳资双方共同遵守。目的在于限制物价和工资的上涨,以降低通货膨胀率,同时又不造成大规模的失业。具体可以采用三种形式:确定工资、物价指导线,以限制工资物价的上升;管制或冻结工资措施;政府以税收作为奖励和惩罚的手段来遏制工资、物价的增长。

第二,控制货币供应量。由于通货膨胀是纸币流通条件下的一种货币现象,其产生的最直接的原因就是流通中的货币量过多,所以各国在治理通货膨胀时所采取的一个重要对策就是控制货币供应量,使之与货币需求量相适应,减轻货币贬值和通货膨胀的压力。

第三,增加商品的有效供给,调整经济结构。治理通货膨胀时如果单方面控制总需求而不增加总供给,将严重牺牲经济增长,这样治理通货膨胀所付出的代价太大。因此,在控制需求的同时,还必须增加商品的有效供给。一般来说，增加有效供给的主要手段是降低成本，减少消耗，提高经济效益，提高投入产出的比例，同时，调整产业和产品结构，支持短缺商品的生产。治理通货膨胀的其他政策还包括限价、减税、指数化等措施。

二、经济周期

经济周期（又称商业循环），是指经济活动沿着经济发展的总体趋势所经历的有规律的扩张和收缩。

（一）经济周期的阶段和类型

1. 经济周期的四个阶段

经济周期波动一般在经济运行过程中交替出现扩张和收缩、繁荣和萧条、高涨和衰退的现象。根据经济活动在扩张和收缩阶段的程度不同，经济学家熊彼特将经济周期分为繁荣期、衰退期、萧条期和复苏期四个阶段，如图4-2所示。

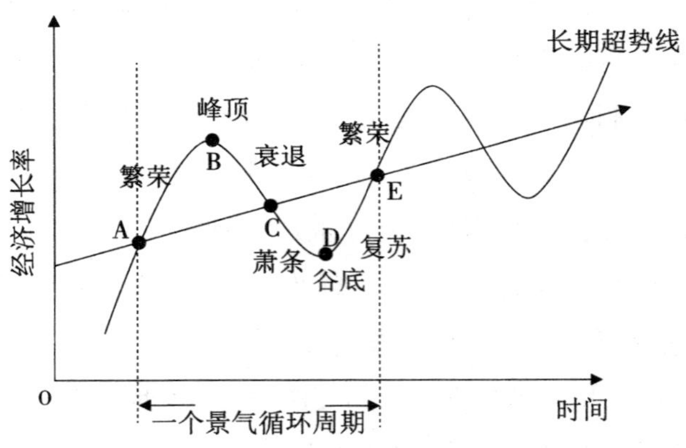

图4-2　经济周期波动曲线

图4-2中，纵轴表示经济增长率，横轴表示时间；正斜率的直线是经济的长期增长趋势线。由于经济在总体上保持着或多或少的增长，所以经济增长的长期趋势是正斜率的。曲线代表各年度经济总量的实际增长率，通常用国内生产总值（GDP）增长率表示。经济周期的四个阶段具有如下特点。

第一，繁荣阶段（高涨阶段）。从A点到B点为繁荣阶段，B为峰顶，这时经济活动处于高水平的时期。在这一阶段，生产迅速增加，投资增加，信用扩张，价格水平上升，就业机会增加，公众对未来乐观。就业与产量水平达到最高时，经济就开始进入衰退阶段。

第二，衰退阶段（危机阶段）。从B点到C点为衰退阶段。在这一阶段，当消费增长放慢，投资减少时，经济就会开始下滑，生产急剧减少，信用紧缩，价格水平下降，企业破产倒闭，失业急剧增加，公众对未来悲观。

第三，萧条阶段。从C点到D点为萧条阶段，萧条的最低点D称为谷底，这时就业与产量跌至最低。在这一阶段，生产、投资、价格水平等不再继续下降，失业人数也不再增加。这是国民收入与经济活动低于正常水平的一个阶段，即在低水平上徘徊向前。但这时由于存货减少，商品价格、股票价格开始回升，公众的情绪由悲观逐渐转为乐观。

第四，复苏阶段（恢复阶段）。从D点到E点为复苏阶段。在这一阶段，经济开始从低谷全面回升，投资不断增加，商品价格水平、股票价格、利息率等逐渐上升，信用逐渐活跃，就业人数也在逐渐增加，公众的情绪逐渐高涨。当产量或产值等相关经济指标恢复到衰退前的最高水平时，就进入新一轮的繁荣高涨阶段。

上述各阶段的经济特征在每个阶段可能全部出现，也可能部分出现，其严重的程度也会因波动幅度的大小和波动的剧烈程度而有所不同。这些特征通常是市场经济条件下的表现，而在传统的计划经济体制中则可能有所不同。例如在低谷时期，产品不是表现为过剩而是表现为短缺，通货膨胀和通货紧缩也不一定以价格持续上升和持续下降的形式表现出来。

2. 经济周期的类型

按照周期波动的时间长短不同，经济的周期性波动一般有三种类型，即短周期、中周期和长周期。短周期又称短波或小循环，它的平均长度约为40个月,这是由美国经济学家基钦提出来的,因此又称基钦周期。中周期又称中波或大循环,每个周期的平均长度为8~10年。这是由法国经济学家朱格拉提出来的,因此又称朱格拉周期。长周期又称长波循环,每个周期的长度平均为50~60年。这是由苏联经济学家康德拉耶夫提出来的,因此又称康德拉耶夫周期。在现实生活中,对经济运行影响较大且较为明显的是中周期,人们最关注的也是中周期,经济学和国内外经济文献中所提到的经济周期或商业循环大都也是指中周期。

按照一国经济总量绝对下降或相对下降的不同情况,经济周期又可分为古典型周期和增长型周期。如果一国经济运行处在低谷时的经济增长为负增长,即经济总量绝对减少,通常将其称为古典型周期;如果处在低谷时的经济增长为正增长,即经济总量只是相对减少而非绝对减少,则为增长型周期。

(二)经济周期的成因

经济周期是各宏观经济变量波动的综合反映。经济周期的成因是极为复杂的、多方面的,西方经济学家们很早就关注宏观经济繁荣与衰退交替出现的经济周期现象,并且在经济学发展历程中提出了不同的理论。

1.外生经济周期论

外生经济周期理论认为,经济周期的根源在于经济制度之外的某些事物的波动,如战争、革命、政治事件、选举、石油价格上涨、发现新能源、移民、科技发明和技术创新,甚至太阳黑子活动和气候等。外生经济周期论主要包括太阳黑子周期理论、创新周期理论和政治周期理论等。

(1)太阳黑子周期理论

太阳黑子周期理论是由英国经济学家杰文斯父子提出并加以论证的。太阳黑子理论认为太阳黑子周期性地造成恶劣气候,使农业收成不好,而农业生产的状况又会影响到工商业,从而使整个经济周期性地出现衰退。

(2)创新周期理论

创新周期理论是由熊彼特提出来的。经济学家熊彼特关于经济周期的解释是:建立在创新基础上的投资活动是不断反复发生的,而经济正是通过这种不断反复发生的投资活动来运转的。但这个过程基本上是不平衡的、不连续的并且是不和谐的。熊彼特理论的核心有三个变化过程——发明、创新和模仿。

(3)政治周期理论

政治周期理论认为,政府交替执行扩张性政策和紧缩性政策的结果,造成了扩张和衰退的交替出现。政府企图保持经济稳定,实际上却在制造不稳定。为了充分就业,政府实行扩张性财政和货币政策。但是,在政治上,财政赤字和通货膨胀会遭到反对。于是,政府又不得不转而实行紧缩性政策,这就人为地制造了经济衰退。这是政府干预经济所造成的新型经济周期,其原因在于充分就业和价格水平稳定之间存在着矛盾。

2. 内生经济周期理论

内生经济周期理论在经济体系之内寻找经济周期自发地运动的因素。这种理论并不否认外生因素对经济的冲击作用,但它强调经济中这种周期性的波动是经济体系内的因素引起的。内生经济周期理论主要有以下几个。

(1)纯货币理论

纯货币理论是由英国经济学家霍特里提出的。这种理论认为,经济周期纯粹是一种货币现象,货币数量的增减是经济发生波动的唯一原因。所有具有现代银行体系的国家,其货币供给都是有弹性的,可以膨胀和收缩。经济周期波动是银行体系交替扩张和紧缩信用造成的。当银行体系降低利率,放宽信贷时就会引起生产的扩张与收入的增加,这就会进一步促进信用扩大。但是信用不能无限地扩大,当高涨阶段后期银行体系被迫紧缩信用时，又会引起生产下降，危机爆发，并继之出现累积性衰退。即使没有其他原因存在，货币供给的变动也足以形成经济周期。

(2)投资过度理论

投资过度理论最先始于俄国的杜冈·巴拉诺夫斯基和德国的施皮特霍夫，其后的主要代表者有瑞典学者卡塞尔和维克塞尔。这种理论主要强调了经济周期的根源在于生产结构的不平衡，尤其是资本品和消费品生产之间的不平衡。人们把当期收入分成储蓄和消费两部分。消费部分直接购买消费品，储蓄的部分则进入资本市场，通过银行、保险公司、证券等各种金融机构到达各企业经营者手中，被投入到资本品购买和生产之中，这一过程就是投资。如果利率政策有利于投资，则投资的增加首先引起对资本品需求的增加以及资本品价格的上升，这样就更加刺激了投资的增加，形成了繁荣。但是这种资本品生产的增长要以消费品生产下降为代价，从而导致生产结构的失调。当经济扩张发展到一定程度之后，整个生产结构已处于严重的失衡状态，于是经济衰退不可避免地发生了。

(3)消费不足理论

消费不足理论一直被用来解释经济周期的收缩阶段，即衰退或萧条的重复发生。这种理论把萧条产生的原因归结为消费不足，认为经济中出现萧条是因为社会对消费品的需求赶不上消费品的增长，而消费需求不足又引起对资本品需求不足，进而使整个经济出现生产过剩危机。强调消费不足是由于人们过度储蓄而使其对消费品的需求大大减少。消费不足理论的一个重要结论是，一个国家生产力的增长率应当同消费者收入的增长率保持一致，以保证人们能购买那些将要生产出来的更多的商品。这一思想对于当今西方国家的财政货币政策仍然有影响。

(4)心理周期理论

这种理论强调心理周期预期对经济周期各个阶段形成的决定作用。在经济周期的扩张阶段,人们受盲目乐观情绪支配,往往过高估计了产品的需求、价格和利润,而生产成本,包括工资和利息则往往被低估了。并且人们之间存在这一种互相影响决策的倾向,如某企业经营者因对未来的乐观预测会增加他对有关的货物和服务的需求,于是带动其他企业经营者也相应增加需求,从而导致了过多的投资。根据心理周期理论,经济周期扩张阶段的持续期间和强度取决于酝酿期间的长短,即决定生产到新产品投入市场所需的时间。当这种过度乐观的情绪所造成的错误在酝酿期结束时显现出来后,扩张就到了尽头,衰退开始了。企业经营者认识到他们对形势的预测是错误的,乐观开始让位于悲观。随着经济转而向下滑动,悲观性失误产生并蔓延,由此导致萧条。

(5)乘数—加速数相互作用原理

诺贝尔经济学奖获得者、美国经济学家保罗·萨缪尔森用乘数—加速数相互作用原理来说明经济周期,并因此成为现代经济周期理论的代表之作。投资的增加或减少能够引起国民收入倍数扩张或收缩,且同方向变化,即乘数原理;同时,国民收入的增加或减少又会反作用于投资,使投资的增长或减少快于国民收入的增长或减少,这是加速原理。可见,投资影响国民收入,国民收入又影响投资,二者互为因果,从而导致国民经济周期性波动。

经济周期波动的原因有很多,归根到底都是总需求与总供给的不一致。两者不一致的情况多通过总需求作用于经济运行过程。在短期内,当总需求持续增加时,经济运行便可能进入景气上升阶段。当总需求的持续增加致使经济活动水平高于由总供给所决定的趋势线,从而使经济运行进入繁荣阶段时,就可能出现经济过热和通货膨胀,这时的总需求大于总供给。反之,当总需求持续收缩时,经济运行就可能进入景气下降阶段。当总需求的持续收缩致使经济活动水平跌到趋势线的下方,从而使经济运行进入萧条阶段时,就会出现经济过冷和严重失业,此时总需求小于总供给。因此,总需求与总供给的不一致,是经济周期波动的直接原因。

(三)经济周期的预测指标

预测宏观经济走强还是衰退,是决定资产配置决策的重要因素。如果预测与市场的看法不一致,就会对投资策略产生很大的影响。经济周期具有循环特征,所以在某种程度上周期是可以预测的。为了预测和判别经济的波动,可以运用各种指标来进行分析。这些指标由于具有与经济周期平行变化的一致性,因此,能够反映出总体经济活动的转折点与周期波动的特点。这些指标按照与经济周期变动先后之间的关系可分为三类——先行指标、同步指标和滞后指标。

1.先行指标

先行指标是指那些在经济活动中预先上升或下降的经济指标。这一组指标主要与经济未来的生产和就业需求有关,主要包括货币供给量、股票价格指数、生产工人平均工作时数、房屋建筑许可的批准数量、机器和设备订货单的数量以及消费者预期指数等。

先行指标对经济周期波动较为敏感。因此,可以先于其他经济指标反映出短期的、不稳定的波动。当许多先行指标都显现下降趋势时,预示着衰退将会来临;反之,当许多先行指标都显现上升趋势时,预示着经济扩张即将来临。

2.同步指标

同步指标是指那些与经济活动同步变化的经济指标。这组指标到达峰顶与谷底的时间几乎与经济周期相同,它们既不超前也不落后于总体经济周期,而是与总体经济周期变动几乎一致。主要的同步指标包括国内生产总值、工业生产指数、个人收入、非农业在职人员总数以及制造业和贸易销售额等。

同步指标可以用来验证预测的准确性。如果在先行指标已经下降的情况下，同步指标也在下降，人们就有把握相信衰退已经来临；如果先行指标已经下降了，而同步指标并没有下降，那么就要考虑先行指标是否受到了某些干扰，经济是否真正进入衰退阶段。

3.滞后指标

滞后指标是指那些滞后于经济活动变化的经济指标。这些指标的峰顶与谷底总是在经济周期的峰顶与谷底之后出现。这些指标主要包括生产成本、物价指数、失业的平均期限、商业与工业贷款的未偿付余额、制造与贸易库存与销售量的比率等。滞后指标反映了经济波动的程度，也可以用来验证预测的准确性。

在运用先行指标、同步指标和滞后指标进行经济周期预测时，还要综合考虑其他的信息工具。只有结合经验判断，对经济现象进行观察，对各种指标的当前状况进行解释，才能得到较好的预测效果。

（四）经济周期波动的对比分析

1.波动的幅度

波动的幅度是指每个周期内经济增长率上下波动的差，表明每个经济周期内经济增长高低起伏的剧烈程度，其计算方法最直接、最直观的是计算每个周期内经济增长率峰顶与谷底的落差。根据落差的大小，将波动分为三种类型：落差大于或等于10个百分点的为强幅型；落差大于或等于5个百分点，而小于10个百分点的为中幅型；落差小于5个百分点的为低幅型。

2.波动的高度

波动高度是指每个周期内峰顶年份的经济增长率，它表明每个周期经济扩张的强度，反映经济增长力的强弱。根据各周期峰顶年份经济增长率的高低，可以分为三种类型，即峰顶年份经济增长率大于或等于15%的高峰型，峰顶年份经济增长率小于10%的低峰型和处于二者之间的中峰型。

3.波动的深度

波动深度是指每个周期内谷底年份的经济增长率,它表明每个经济周期收缩的力度。按照谷底年份经济增长率的正负可以分为古典型和增长型,即谷底年份经济增长率为负的古典型和为正的增长型。

4.波动的平均位势

波动的平均位势是指每个周期内各年度平均的经济增长率。例如,我国改革开放前1953~1977年有五个周期,其波位平均为6.51%;而1978~2000年共有四个周期,波位平均为9.39%,上升了2.88个百分点,表明在克服经济增长的大起大落中,总体增长水平有了显著提高。

5.波动的扩张长度

波动的扩张长度是指每个周期内扩张的时间长度,它表明每个周期内经济扩张的持续性。改革开放后的平均扩张长度比改革开放前延长了,表明我国经济的增长由短扩张型向长扩张型转变,扩张期有了更强的持续性。

(五)经济周期与行业投资策略

结合经济周期的不同阶段确定相应的行业投资策略,是规避投资风险、稳定投资收益非常有效的途径。结合经济周期性的波动,行业投资策略选择的关键在于依据对经济周期各阶段的预测,当对经济前景持乐观态度时,选择周期型行业,以获取更大的回报率;而当对经济前景持悲观状态时,选择投资防守型行业以稳定投资收益;同时,选择一些增长型的行业加以投资。

第四节 宏观经济政策

经济理论是经济政策的基础与依据,经济政策是经济理论的运用与实践。宏观经济政策的任务是要说明国家为什么必须干预经济,以及应该如何干预经济，以保持社会总供给与总需求平衡，实现宏观调控目标。严格地说，宏观经济政策是指财政政策和货币政策，以及收入分配政策和对外经济政策。

一、宏观经济政策目标及相互关系

（一）宏观经济政策的目标

宏观经济政策是国家和政府为了增强社会经济福利而制定的解决经济问题的指导原则和措施，是政府为了达到一定的经济目标而对经济事务所做的有意识有计划地运用一定的政策工具来调节和干预宏观经济运行的行为。宏观经济政策是根据一定的经济目标制定出来的，宏观经济政策的目标有充分就业、物价稳定、经济持续稳定增长和国际收支平衡四种。宏观经济政策就是为达到这些目标而制定的政策和措施。①

1.充分就业

一般来说，充分就业是指包含劳动力在内的一切生产要素都有机会以自己意愿接受的报酬参与生产活动的状态。充分就业包含两种含义：一是指除了摩擦失业和自愿失业之外，所有愿意接受各种现行工资的人都能找到工作的一种经济状态；二是指包括劳动力在内的各种生产要素，都按其愿意接受的价格，全部用于生产的一种经济状态，即所有资源都得到充分利用。由于测量各种经济资源参与生产的程度十分困难，因此，西方经济学家通常以失业与否作为衡量充分就业与否的尺度。

由于失业会给社会及失业者本人和家庭带来损失，失业意味着稀缺资源的浪费或闲置，从而使经济总产出下降，社会总福利受损。因此，失业的成本是巨大的，降低失业率，实现充分就业，常常成为制定宏观经济政策所要考虑的首要的或重要的目标。

①马俊，李志刚．金融市场中宏观经济政策的作用及其影响[J]．山西农经，2020(01)：28-29.

2. 物价稳定

物价稳定是指物价总水平的基本稳定。由于通货膨胀对经济有不良影响，所以物价稳定也是国家宏观经济政策的重要目标之一。需要指出的是，在市场经济条件下，由于各种经济因素和非经济因素的影响，物价不可能是一直不变的。一般用价格指数来衡量一般价格水平的变化，物价稳定也不是指每种商品的价格固定不变，而是指价格指数的相对稳定。这种物价相对稳定并不是通货膨胀率为零，而是允许保持一个低而稳定的通货膨胀率，也就是通货膨胀率在1%～3%，一般把这种温和的通货膨胀的存在看作是基本正常的经济现象。

3. 经济持续稳定增长

经济增长一般是指一个国家或地区在一个特定时期内所生产的产品和劳务产出数量的增加，通常用一定时期内实际国民生产总值增长率来衡量。经济增长一是指维持一个高经济增长率；二是指培育一个经济持续增长的能力。

一般认为，经济增长和失业常常是互相关联的，经济增长与就业目标是一致的，如何维持经济较高的增长率以实现充分就业，是国家宏观经济政策追求的目标之一。尽管经济增长会增加社会福利，缓解失业压力，但有可能诱发通货膨胀，因而并不是经济增长越快越好，经济增长率的高低要与具体情况相符合。这是因为经济增长一方面要受到各种资源条件的限制，不可能无限地增长，尤其是对于经济已相当发达的国家来说更是如此。另一方面，经济增长也要付出代价，如造成环境污染等。因此，经济增长就是要实现与本国具体情况相符的适度增长率。

4. 国际收支平衡

随着国际经济交往的增多，如何平衡国际收支也成为一国宏观经济政策的重要目标之一。国际收支平衡具体分为静态平衡与动态平衡、自主平衡与被动平衡，国际收支对现代开放型经济国家是至关重要的。一国的国际收支状况不仅反映了这个国家的对外经济交往情况，还反映出该国经济的稳定程度。当一国国际收支处于失衡状态时，就必然会对国内经济形成冲击，从而影响该国国内就业水平、价格水平及经济增长。国际收支平衡的目标要求做到汇率稳定，外汇储备有所增加，进出口平衡。适度增加外汇储备被看作是改善国际收支的基本标志。

（二）宏观经济政策目标之间的关系

宏观经济政策的四个最终目标要同时实现，是非常困难的事。在实际经济活动中，上述宏观经济政策目标之间并不总是一致的，而是存在着各种各样的矛盾。因此，除了明确政策目标的一致性以外，还必须了解政策目标之间的矛盾性，分析和认识这些矛盾有利于宏观经济政策的制定和运用。宏观经济政策四个目标之间也存在着矛盾，主要表现在以下几方面。

第一，充分就业与物价稳定是矛盾的。这是因为充分就业时货币工资增长快，而货币工资增长快就会引起工资成本推动的通货膨胀，在实际决策中，要维持充分就业就要采取扩张性财政政策与货币政策，而这种扩张政策必然引起通货膨胀。所以说，充分就业以通货膨胀为代价，物价稳定以存在失业为代价，充分就业与物价稳定难以两全其美。

第二，充分就业与经济增长有一致的一面，也有矛盾的一面。充分就业与经济增长之间的一致性是较大的，因为随着经济增长，会提供更多的就业机会，有利于充分就业。但它们之间也并非没有矛盾，经济增长并非一定能解决就业问题。在现代社会中，经济增长一般以技术进步为前提，技术进步又会引起资本对劳动的替代，而采取资本密集型生产方式，相对地缩小对劳动力的需求，使部分工人尤其是文化技术水平低的工人失业，引起技术性失业。再者，经济增长率越提高、经济结构的变动越大，造成结构性失业的可能也就越大。

第三，国际收支平衡与充分就业、物价稳定这些国内经济目标之间也存在矛盾。国内充分就业与物价稳定被称为内在均衡，国际收支均衡被称为外在均衡。内在均衡与外在均衡之间往往并不一致。在国内充分就业的情况下，工资与收入水平上升，这就引起对商品需求增长和短期资本输出增加，从而使国际收支状况恶化。国际收支状况改善使外汇增加，国内货币量增加，从而不利于物价稳定。同时，消除失业的扩张性政策和制止通货膨胀的紧缩性政策都会破坏原来的外在平衡；在前一种情况下，是国际收支赤字增加；在后一种情况下，是国际收支盈余的增加。两者都不是国际收支的均衡。

第四，物价稳定与经济增长之间也存在矛盾。资源未得到充分利用时，经济增长不会引起严重的通货膨胀，但资源接近充分利用时，或某种资源处于制约整个经济发展的“瓶颈”状态时，经济增长就会使生产要素价格上升，从而导致通货膨胀。正因为如此，一些国家在经济增长较为迅速时，往往会出现不同程度的通货膨胀。

要实现既定的经济政策目标，政府运用的各种政策手段必须相互配合，协调一致。否则会带来经济上和政治上的副作用。

此外，还要考虑政策本身的协调和时机的把握问题。上述这些都影响政策的有效性，即关系到政府经济目标实现的可能性和实现的程度。因此，政府在制定经济目标和经济政策时应做整体上的宏观考虑和安排，必须对经济政策目标进行价值判断，权衡轻重缓急和利弊得失，确定目标的实现顺序和目标指数高低，同时使各个目标能有最佳的匹配组合，使所选择和确定的目标体系成为一个和谐的有机整体。在确定政策目标时就不是使每项政策目标都达到最优化，而是使各项政策目标的总和能带来社会福利的最大化。

二、财政政策

财政政策是国家干预经济的主要政策之一。财政政策是指政府为实现宏观经济目标而对政府支出、税收和借债水平所进行的选择，或对政府收入和支出水平所做出的决策。从动态的角度看，财政政策就是为达到既定的宏观经济目标而制定的税收和政府开支的过程，这个对经济的干预过程是通过财政制度的自动稳定器功能和斟酌使用的财政政策进行的。

（一）财政政策工具

1.政府支出

政府支出按支出方式可以分为政府购买和转移支付两部分。

政府购买是指政府对商品和劳务的购买支出，一定时期内政府购买性支出的规模与结构，对市场物价、产业发展都有重要的调控作用，是决定国民收入大小的主要因素之一，其规模直接影响到社会总需求量的增加。由于政府购买有着商品和劳务的实际交易，直接形成社会需求和社会购买力，因而是国民收入的一个组成部分，作为计入GDP的四大需求项目（消费、投资、政府购买和净出口）之一。一般而言，发展中国家社会生产力水平低，基础设施落后，政府财政支出中购买性支出占较大比重。当总需求水平过低时，政府可提高购买水平，如举办公共工程，刺激经济回升；当总需求水平过高时，政府可减少对商品和劳务的需求，降低购买水平，抑制通货膨胀。

政府转移支付是指政府对社会保障支出、财政补贴、债务利息支出及捐赠支出等方面的支出。政府转移支付发生时，政府并不能相应地得到商品与劳务，只是一种单方面的价值转移，整个社会的总收入并没有发生改变，因此，政府转移支付不计入GDP中。在经济发达国家，市场发育程度高，社会基础设施比较完善，政府一般不直接参与经济活动，政府支出重点倾向于社会福利支出，因而转移性支出占有较大的比重。在经济衰退，失业增加时，政府应增加社会福利支出，提高转移性支付的水平，从而增加人们的可支配收入和消费支出，刺激经济回升；反之，总需求水平过高，政府应减少转移性支出，从而减少人们的可支配收入和消费支出。

2. 税收

税收是政府收入中最主要的部分，是政府支出的主要资金来源，也是实施财政政策的重要手段。由于政府在经济中发挥越来越重要的作用，因而税收作为提供资金支持的来源，在国民收入中所占的比重也呈上升的趋势。税收具有调节社会经济的作用。政府凭借国家强制力参与社会分配，必然会改变各社会成员在国民收入分配中所占的份额，减少了其可支配的收入，但是这种减少是有差异的，这种利益得失将影响社会成员的经济活动能力和行为，进而对社会经济结构产生影响。一般来说，降低税率，减少税收，可引致社会总需求增长和国民收入增加；提高税率，增加税收会导致社会总需求下降。因此，在需求不足时，可采取减税政策抑制经济衰退；在需求膨胀时，可采取征税措施抑制通货膨胀。政府正好利用这种影响，有目的地对社会经济活动进行引导，从而合理地调整社会经济结构。

3. 公债

公债是国家为了筹措资金而向投资者借入的，承诺在一定时期支付利息和到期还本的债务，它包括中央和地方政府的债务。中央政府的债务被称为国债。公债是政府取得资金的来源之一。从时间长短上划分，可有短期、中期和长期公债三种类型。短期公债的期限在1年以内，短期公债不仅是弥补政府支出大于税收差额的一种筹资方式，也是调节市场上货币供给量的一种政策手段；中期公债的期限通常为1～5年；长期公债的期限为5年以上。中长期公债不像短期公债那样以国库券形式流通，而是以记账凭证形式在市场上流通。公债的发行、流通、使用、偿还在客观上能够起到调节国民收入分配比例、影响社会总供求关系、调节经济运行的作用。公债的发行，既可以筹措财政资金，弥补财政赤字，又可以通过公债发行与在其资金市场上的流动来影响货币的供求，从而调节社会的总需求水平，对经济产生扩张或抑制效应。

(二)财政制度的内在稳定器功能

内在稳定器也称自动稳定器,是在宏观经济不稳定情况下,财政制度自身所具有的能够调节经济波动,维持经济稳定发展的作用。也就是说,财政政策本身存在的无需借助外力就可直接产生调控效果,即能够在经济繁荣时期自动抑制膨胀,在经济衰退时期自动减轻萧条。

1.累进所得税的自动变化

大多数国家的公司所得税或个人所得税都采用累进税率。累进税率具有调节收入分配实现分配公平的功能。累进税率是把征税对象的数额划分若干等级并设计不同等级的税率,征税对象数额越大的等级,税率越高。采用累进税率时,表现为税收收入的增长快于经济的增长,具有更大的灵活性,有利于自动地调节社会总需求的规模,保持经济的相对稳定。

其具体表现为:当经济繁荣时,随着生产扩大、就业增加,企业和个人的收入随之增加,纳税人的收入自动进入较高的纳税档次,通过累进税率所征收的税额也自动地以更快的速度增加,政府税收上升幅度也会超过收入下降幅度,结果企业和个人的可支配收入的增幅相对较小,使消费和总需求增幅也相对较小,遏制了总需求扩张和经济过热;当经济衰退时,国民产出水平下降,个人收入和企业利润也普遍随之下降,在累进税率不变的条件下,政府税收会自动减少,纳税人的收入会自动进入较低的纳税档次,税收下降幅度也会超过收入下降幅度,企业和居民可支配收入就会自动相对增加,结果消费和投资也自动地相对增加,有助于缓和由于需求紧缩而引发的经济衰退。税收这种因经济变动而自动变化的内在机制具有减轻经济波动和稳定经济的作用。

2.政府公共支出的自动变化

这里主要是指政府的转移支付的变化,政府的转移支付主要是指政府在失业救济和其他福利方面的支出。在健全的社会福利、社会保障制度下,各种社会福利支出,一般会随着经济的繁荣而自动减少,这有助于抑制需求的过度膨胀;也会随着经济的萧条而自动增加,这有助于阻止需求的萎缩,从而促使经济趋于稳定。如果经济衰退,收入水平下降,失业率上升,符合救济条件的人数增加,失业救济金和其他福利转移支付会自动增加,这会遏制消费与投资的下降,有助于缓和衰退的程度;如果经济繁荣,收入水平上升,失业率下降,失业者可重新获得工作机会,失业救济金和其他福利转移支出会自动减少,在总需求接近充分就业水平时,政府就可以停止这种救济性的支出,使总需求不致过旺,有助于缓和通货膨胀。

3.保持农产品价格稳定的政策

经济萧条时,国民收入下降,农产品价格下降,政府按照农产品价格保护制度,按支持价格收购农产品,可使农民收入和消费保持在一定水平上;经济繁荣时,国民收入水平上升,农产品价格上升,政府减少对农产品的收购并抛售农产品,限制其价格上升,就可抑制农民收入增长,从而减少总需求的增加量。

内在稳定器只能减轻经济波动,其作用是有局限性和辅助性的,而不能完全消除经济波动。因此,它被认为是对付经济波动的第一道防线,而要消除经济波动,必须靠财政政策和货币政策的干预,即变动政府支出、税收和公债发行规模以稳定总需求水平,使之接近物价稳定的充分就业水平。当出现经济衰退,总需求量下降时,政府应通过削减税收、增发公债和增加支出的措施以刺激总需求;当经济高涨,总需求量不断上升时,政府应通过增加税收,减少公债和削减政府支出的措施以抑制总需求。前者称为扩张性财政政策,后者称为紧缩性财政政策。这种交替使用的扩张性和紧缩性财政政策,被称为补偿性财政政策。究竟什么时候采取什么政策,要对经济形势加以分析并斟酌使用。

三、货币政策

中央银行通过控制货币供给量以及通过货币供给量来调节利率，进而影响投资和整个经济以达到一定经济目标的各项措施就是货币政策。货币政策的直接目标是利息率，最终目标是总需求变动。货币政策和财政政策一样，都是宏观经济的重要政策，二者不同之处在于，财政政策直接影响总需求的规模，这种直接作用是没有中间变量的，而货币政策则是通过利率的变动来对总需求发生影响，是间接发挥作用的。所以，一般来说财政政策见效快，而货币政策见效慢。

（一）货币政策工具

中央银行实施货币政策的一般性政策工具是公开市场业务、再贴现率和法定存款准备金率。

1.公开市场业务

公开市场业务是目前中央银行控制货币供给量最重要也是最常用的工具，是指中央银行在公开的金融市场上买进或卖出有价证券，以增加或减少商业银行准备金，从而达到调节货币供给量及利息率的政策工具。在多数发达国家，公开市场操作是中央银行吞吐基础货币，调节货币流动的主要政策工具，通过中央银行与指定交易商进行有价证券和外汇交易，实现货币政策调控目标。

公开市场业务和其他货币政策工具相比具有以下明显的优越性：①灵活性。中央银行利用公开市场业务可以灵活地改变货币供给方向，可以按任何规模进行，既可以大量也可以小量买卖有价证券，从而主动地使货币供给量发生较大的或迅速的变化。②主动性。公开市场业务操作的主动权在中央银行，中央银行可根据经济情况的需要自由决定有价证券的数量、时间和方向，可以通过买卖政府债券把银行准备金控制在自己希望的规模范围内。而且可以及时调整，具有较强的弹性。③前瞻性。中央银行可以根据买进或卖出有价证券的数量，依据货币乘数估计出货币供给量增加或减少了多少，即这一业务对货币供给的影响可以比较准确地预测出来。

中央银行可以根据总需求状况有选择地买进或卖出有价证券。当经济出现衰退或萧条时,失业因总需求不足而增加,中央银行则买进有价证券,如果出售有价证券的是商业银行,其银行准备金将随中央银行支票的兑付而增加;如果出售政府债券的是社会公众,获得中央银行支票的个人或企业则把支票存入商业银行,增加商业银行的活期存款,商业银行的准备金也会增加。因此,中央银行买进有价证券最终会导致商业银行准备金的增加,商业银行为了自身利益就会扩大信贷规模,在货币乘数的作用下,整个市场的货币供给量将会倍数增加。货币供给量增加会导致利息率下降,投资需求增加,并通过投资乘数的作用引起总需求扩大,引起国民收入、就业及价格水平的相应提高。同时,中央银行买进有价证券,还将导致债券价格上涨,进而引起利息率下降,有利于投资,增加总需求。

2.再贴现率政策

再贴现是指商业银行或其他金融机构为解决一时资金短缺,将贴现所获得的未到期票据,向中央银行转让的融资行为。再贴现率是中央银行对商业银行及其他金融机构的放款利率。由于商业银行转让的是未到期票据,所以,中央银行要从票面面额中扣除一定的利息作为商业银行的融资代价,利息是按票面面额的一定利率计算的贴现日到票据到期日的利息,计算利息使用的利率就是再贴现利率。再贴现实际上就是商业银行和中央银行之间的票据买卖和资金让渡的过程。再贴现的结果,中央银行买进票据,支付货币,扩大货币供应量,贴现的商业银行融通了一定数量的资金,融通资金的多少则取决于再贴现利率的高低。现在商业银行可以拿客户借款时提供的票据来办理再贴现,也可以用中央银行同意接受的政府债券或经审查合格的商业票据作抵押品申请贷款,相应的贷款利率都称为再贴现率。

中央银行通过调整再贴现率来调节货币供给量的表现是:当经济

出现衰退或萧条时，中央银行降低贴现率以鼓励商业银行向中央银行借款。这样商业银行的准备金增加，就可以扩大其信贷规模；同时商业银行的利息率也伴随贴现率的降低而降低，进而刺激投资，提高国民收入水平。当经济出现通货膨胀时，中央银行提高贴现率以限制商业银行向中央银行借款，这样商业银行难以增加准备金就要紧缩信贷，货币供给量减少；同时伴随贴现率的提高，商业银行的利息率也会相应上升，进而抑制投资，降低国民收入和物价水平。

运用再贴现率调节货币供给量并不是一个理想的控制工具，因其本身存在一定的局限性。主要表现在商业银行是否愿意到中央银行申请贴现，或者贴现多少，都是由其自身利益决定的，中央银行处于被动地位。另外，如果再贴现率随时调整，通常会引起市场利率的经常性波动，这会使企业或商业银行无所适从，再贴现率不随时调整，又不利于中央银行灵活地调节市场货币供应量。因此，再贴现政策缺乏弹性。

3. 法定存款准备金率

为了防止商业银行为追求利润而使其保存的现金过少而导致挤兑风波，也为了控制银行贷款的速度和数量，从而控制货币供给量，各国中央银行对商业银行和金融机构吸取的存款，规定一个必须具有的在中央银行的准备金，称为法定存款准备金。中央银行要求的法定存款准备金与银行全部存款的比率叫法定存款准备金率。中央银行调整法定存款准备金率能够直接影响货币供给量，进而调节经济。当经济出现通货膨胀时，中央银行提高法定存款准备金率，以降低商业银行信贷能力，减少经济中货币供给量，进而利息率会上升，达到抑制投资、降低国民收入与物价水平的目的；当经济出现衰退或萧条时，中央银行则降低法定存款准备金率，商业银行产生超额准备金，扩大了商业银行的信贷能力，货币供给量增加，利息率下降，会刺激投资，使经济走出衰退或萧条。

从理论上讲，变动法定存款准备金率是中央银行调整货币存储量的最简单方法，然而中央银行一般不会使用这一手段，因为变动法定存款准备金率的作用十分猛烈。变动法定存款准备金率会使货币供给量成倍地变化，不利于货币供给和经济稳定。同时，中央银行如果频繁地改变法定存款准备金率也不利于它对银行的管理，会使商业银行和所有金融机构因其正常信贷业务受到干扰而感到无所适从。所以变动法定存款准备金率是一个强有力但又不常用的货币政策工具。

除了以上三种货币政策工具以外，我国还有几种特殊的货币政策工具，包括中央银行再贷款政策、利率政策和汇率政策。

（二）货币政策的其他工具

货币政策除以上主要工具外，还有一些其他工具作为辅助性措施。这些措施主要有道义劝告、调整法定保证金限额、规定抵押贷款利率的上限和下限。

1.道义劝告

道义劝告，即中央银行运用自己在金融体系中的特殊地位和威望，通过对商业银行及其他金融机构的劝告，影响其贷款和投资方向，以达到控制信用的目的。如在经济衰退时期，鼓励银行扩大贷款；在通货膨胀时期，劝阻商业银行不要任意扩大信用，也往往收到一定的效果，但这种道义上的说服方法没有可靠的法律地位，因而并不是强有力的控制措施。

2.调整法定保证金限额

西方国家的证券交易所，对有价证券交易，是可以凭信用买空卖空的。政府为了稳定金融市场和物价，规定购买证券必须支付一定比例的现款，谓之法定保证金。很明显，法定保证金愈高，所需现款愈多，就会压低证券价格，提高利率；反之，如果保证金限额降低，所需现款减少，就会促使证券价格上升，利率下降。

3.规定抵押贷款利率的上限和下限

抵押贷款是用于购买房屋、土地等不动产的。这种贷款利息率提高，就会限制对房屋等不动产的购买，从而压低社会有效需求；反之，这种贷款利率降低，就会刺激对不动产的购买，提高社会有效需求。因此，政府规定抵押贷款利率的上限和下限，在一定程度上有助于对需求的管理。

四、财政政策与货币政策的配合使用

财政政策与货币政策各有其特点：首先，它们的猛烈程度不同。政府增加支出和调整法定准备金率对经济的影响比较猛烈，而政府税收的改变与公开市场业务操作的影响就比较缓和。其次，政策效应“时滞”不同。财政政策内在时滞长，外在时滞短，货币政策外在时滞长，内在时滞短。再次，政策发生影响的范围不同。每项政策手段都有其发挥作用的领域。例如，政府支出政策影响面大一些，公开市场业务影响面则小一些。最后，政策阻力因素不同。如增税与减少政府支出的阻力较大，货币政策一般来说遇到的阻力较小。

（一）财政政策的运用

财政政策的运用，主要是通过调整政府财政税收、政府支出以及其他相关财政措施来全面调节影响社会的总需求，从而达到预期的经济目标。因此，根据不同的经济形式，各国的财政政策概括起来有以下三种措施：一是扩张性财政政策；二是紧缩性财政政策；三是平衡性财政政策。

1. 扩张性财政政策

当一国经济处于萧条时期时，社会总需求小于社会总供给，储蓄大于投资，使一部分产品卖不出去，价格下降，市场上资金短缺，利率上升，经济中存在着失业，经济增长速度减慢。这时，政府就应主动采取增加财政支出、减少税收的政策，以增加有效需求。这种积极增加财政支出，使之超过财政收入的政策被称为扩张性财政政策，也叫赤字财政政策。

税收的减少可以增加企业和个人可支配收入，结果导致企业乐于增加投资，居民愿意增加消费，这样社会总需求水平就会上升，从而有助于克服萧条，使经济走出低谷。政府扩大支出包括政府增加公共工程支出、政府购买和转移支付，以增加居民的消费和企业投资，从而刺激总需求的增长，增加就业，同样有助于克服萧条。

这种减税和扩大支出的结果必然引起财政赤字，财政赤字的弥补主要靠发行公债，但公债的发行不一定都能达到刺激需求的目的。如果直接卖给居民和企业，可能会减少居民和企业的消费和投资，结果扩张性财政政策达不到增加社会总需求的目的。如果把公债卖给商业银行，由于商业银行本身资金有限，它们买了公债，就会减少或抽回对企业的贷款，结果也不能扩大总需求。如果政府把公债卖给中央银行，中央银行向政府支付货币，政府就可以用这些货币的准备金，也可以在金融市场上卖出，这样既可以弥补财政赤字，又可以扩大政府支出，从而扩大总需求。扩张性财政政策是一把“双刃剑”，如果公债发行合理适度，并且能够有效地刺激经济恢复和发展，就能达到促进经济增长和扩大就业的目的；反之，就会使经济进一步恶化。

2. 紧缩性财政政策

当一国经济繁荣，存在通货膨胀，经济增长速度过快时，投资大于储蓄，总需求大于总供给，此时政府要用紧缩财政支出和增加税收的办法，使财政收支有盈余，以此来抑制有效需求，稳定物价，这就是紧缩财政政策。

增加税收能够减少企业和个人可支配收入，从而使居民消费和企业投资下降，总需求水平下降，有助于消除通货膨胀。政府减少公共工程支出、政府购买和转移支付能够压低居民的消费和限制企业的投资，以抑制消费和投资，达到抑制总需求、减轻通货膨胀的目的。

紧缩性财政政策是政府多收少支，财政盈余。这时政府不能动用财政盈余，应把财政盈余作为财政部的闲置资金冻结起来，待萧条时再使用，否则会使通货膨胀更加严重。

3. 平衡性财政政策

平衡性财政政策是财政的收支活动对社会总需求既不产生扩张性后果，也不产生紧缩性的后果，也称中性财政政策。这种政策一般是通过严格规定财政收支的预算规模，并使之在数量上保持基本一致来实现的，只有在现实社会总供求基本平衡的条件下使用平衡政策，其效果才较明显。如果财政收入总量与支出总量的平衡是建立在社会生产力严重闲置的基础上的，平衡性财政政策所维持的总供求平衡就是一种低效率的平衡，其结果必然是生产的停滞和资源的浪费。所以，平衡性财政政策能否有效发挥作用的关键，是合理确定财政支出的总规模。

选择哪种类型的财政政策，一般由政府根据本国国情、当时经济运行状况以及国际经济环境来决定。由于一国经济经常处于一种非均衡运行状态，因此，使用中性财政政策是比较少的，较多的是使用扩张性或紧缩性财政政策，而且一般是根据经济的周期变化交替选择使用。

（二）货币政策的运用

货币政策的类型有三种，即扩张性货币政策、紧缩性货币政策和均衡性货币政策。

1. 扩张性货币政策

在经济萧条时，总需求小于总供给，为了刺激总需求，就要采用扩张性的货币政策。扩张性货币政策的主要措施是在公开市场买进有价证券，降低贴现率并放松贴现条件，降低法定存款准备金率等，其目的是让企业和居民更容易获得生产资金和消费资金，意在通过投资需求和消费需求规模的扩大来增加社会总需求，刺激经济恢复增长，直至达到复苏、繁荣局面。

2. 紧缩性货币政策

在经济繁荣时，总需求大于总供给，为了抑制总需求，就要采用紧缩性的货币政策。紧缩性货币政策的主要措施是在公开市场卖出有价证券，提高贴现率并严格贴现条件，提高法定存款准备金率等，其目的是减少货币流通量，将过高的社会总需求降下来，缓解通货膨胀的压力。

3.均衡性货币政策

在社会总供求基本平衡、物价稳定、经济增长以正常速度递增的情况下，中央银行应采取均衡性货币政策，亦即中性货币政策。均衡性货币政策就是按照国内生产总值增长率确定货币供应量增长率，以使货币供应量形成的社会需求与总产出之间保持一种对等的关系。

货币政策类型的选择主要看社会总供给与社会总需求是否平衡，看经济发展处在何种阶段。在确定采用何种类型货币政策之前，一般要预测今后一个时期的经济增长幅度，确定货币供应量的增减幅度并出台相应的货币调控措施。

（三）财政政策和货币政策的配合使用

财政政策和货币政策的搭配对产量和利率会有不同的政策效果。政府可以根据具体情况和不同目标，选择不同的政策组合。同时，财政政策和货币政策中的具体手段也往往有不同的效果。因此在配合使用两种政策时，也要根据经济状况，选择相应的手段。

如果是要刺激总需求，还要看是刺激总需求中的哪一部分。如果是刺激私人投资，最好采用财政政策中的投资补贴；如果要刺激消费，则可以增加转移支付和减少所得税，等等。因此，在选择具体政策手段时，要根据具体的情况，对症下药，政策才能收到最大的效果。同时，政策的选择要考虑具体的政治情况。因为政策的后果往往影响到不同社会群体的利益及不同的经济部门。

第五章 生产与成本

经济学对生产的论述一般把一个企业的决策变量划分为投入和产出两大类。所谓生产，是指将投入变为产出的行为或活动。显然，要理解经济学意义上的“生产”的含义，必须把握“投入”和“产出”这两个基本概念及其内涵。

所谓投入，是指生产过程中所使用的一切生产要素，它包括劳动、土地、资本以及企业家才能四大类。劳动是指生产活动中人类一切体力和智力的消耗。土地泛指一切自然资源，包括陆地、海洋、大气、矿藏、森林、水力等。资本是指用于生产过程中的一切人工制成品，如机器、厂房、工具、能源、原材料等，还包括其他一些有助于商品、劳务生产和销售的无形资产，如商标、商誉、专利、技术诀窍等。企业家才能是指企业管理人员利用上述劳动、土地、资本等生产要素进行生产和经营的组织能力、管理能力、创新能力和冒险精神等。在上述四类生产要素中，劳动和企业家才能是两个特殊要素，其作用的大小及发挥不能像土地、资本那样，简单地用市场价格来衡量。因为劳动以及作为一种专业化的特殊人力资源——企业家才能，其全部生产潜力的发挥，与工人和管理者的积极性密切相关。但无论如何，在现代市场经济竞争日趋激烈的时代，生产中的人力要素的作用越来越重要。

所谓产出是指生产出来的结果，即经过生产过程所获得的物质产品或劳务。前者既包括直接用于满足人们消费需要的消费品，又包括用于生产过程中的资本品；后者泛指为生产或生活提供的各种服务。在生产函数分析中，产出也可称作产量或产品，除非特别说明，这几个概念可相互通用。

另外，从整个社会来看，由于资源的稀缺性，如何使有限的资源得到有效的利用,也必须考虑成本因素。从基本的意义来看,成本是资源进行交换或转换时所形成的牺牲。然而,大家在衡量这种牺牲时有各自不同的理解,因而有必要根据使用信息的目的恰当地采取衡量成本的方式。

第一节 生产函数与生产要素的最佳组合

生产过程是将投入变为产出的过程,因而投入与产出之间必然存在着一种依存关系,这种关系即生产函数。生产函数又可分为短期和长期生产函数,在短期生产函数分析中,一种可变要素的合理投入区域是指短期生产的第二阶段,但可变要素的最佳投入点应如何确定呢?

一、生产函数

(一)生产函数的概念

在一定的技术条件下,生产要素的投入量不同,其产出量亦不相同,两者呈现出一一对应的关系。生产函数正是表示在一定时期内和一定的技术条件下,生产要素的投入量的某种组合与它所能生产出来的最大产量之间的依存关系。[①]

产出是投入的函数,如果以Q表示,上述界定中的最大产量,L代表劳动,K代表资本,N代表土地,E代表企业家才能,则生产函数可表述为:

$$Q = f(L,K,N,E)$$

可见,产出应是各种要素投入的多元函数。但在分析中,土地一般被视作常数,企业家才能难以准确计量。为方便起见,我们通常把各种生产要素合并为两大类,即劳动与资本,因而生产函数通常被表

①吴欢.生产函数思想发展的阶段性分析[J].现代经济信息,2017(12):396-397.

示为：

$$Q = f(L,K)$$

在理解生产函数的概念时必须注意几点。

第一，生产函数所反映的是一定技术条件下投入和产出之间的数量关系。任何一种生产函数都是相对于某一既定的技术条件而言的，即生产函数是由企业当时可利用的技术状况决定的。事实上，技术的进步势必引起产出的变化，有时这种变化是十分巨大的，这时我们不妨理解为技术条件的改变已引起了函数关系的改变，即产生了新的生产函数。

第二，不同企业的投入要素的利用率有高有低，即使是同一企业在不同时期，其投入要素的利用率也是有差异的，因而一定数量的投入所得到的产出未必相同。为此，我们假定企业要素的利用率是高效的且相当稳定的，因而一定数量的投入总能得到最大可能的产出。

第三，生产函数是一个工程概念，它不是从经济理论中推导演绎出来的，而是从大量生产实践中总结出来的。生产函数所反映的投入物与产出物之间的物质数量关系在任何企业都是客观存在的，即使是在非盈利的经济组织也不同程度地存在。

另外，在生产函数的分析中，技术系数和时间概念具有非常重要的意义。企业在生产不同产品时，各种要素投入的配合比例是不一样的。所谓技术系数，就是指为生产一定数量的某种产品所需要的各种生产要素的配合比例。如果上述配合比例是可以改变的，称为可变技术系数。具有可变技术系数的生产函数适用于短期分析，它表明生产要素之间可以相互替代，即此种情况下可用一种生产要素代替另一种生产要素的方法去生产同量的产品。

如果生产某种产品所需要的各种生产要素的配合比例不能改变，则称固定技术系数。具有固定技术系数的生产函数适用于长期分析，它表明各种生产要素之间不能相互替代，即此种情况下，要扩大或减少产量就必须使各种生产要素同时同比例地增加或减少。

(二)生产函数的分类

在生产函数的分析中,一般按考察期内是否存在固定投入要素将时间概念划分为短期和长期。短期是指考察期内有些生产要素投入量可以改变,而另一些生产要素投入量不可改变的时期。投入量可以改变的生产要素称为可变要素,如原材料、劳动力等;投入量不可改变的生产要素则称为固定要素,如机器设备、厂房等。长期是指在考察期内所有生产要素投入量都可以改变的时期。要特别指出的是,短期和长期是两个相对的时间概念,它们之间并没有一个绝对的量的界限,但有一个确定的划分标准,即在考察期内企业能否改变生产要素的投入量,或是否存在固定要素。对于不同的行业、企业而言,由于其生产要素的组合方式不同,所以短期和长期的量度也就各不相同。

1.短期生产函数

短期生产函数是指可变技术系数生产函数,表示在一些生产要素的投入量固定不变的情况下,另一些生产要素的变动与产出之间的依存关系。

为了便于分析和理解短期生产函数的性质,我们仅考虑具有一种固定要素和一种可变要素这样一种最简单的情形。假定生产某种产品需要两种要素——劳动L和资本K,并进一步核定资本的投入量是固定的,用K_0表示,而劳动的投入量是可变的,则这种单一可变投入的短期生产函数可表示为:

$$Q = f(L,K_0)$$

上式表明,产出Q随着可变要素劳动的变化而变化,产出是劳动投入量的一元函数,它实际上反映的是短期内可变要素投入量与产量之间的物质数量关系。

(1)边际报酬递减规律

从上面的分析可知,总产品和平均产品的变动都与边际产品的变动有着极为密切的关系,而边际产品的变动是有规律可循的,即在生产技术和其他生产要素投入量既定的条件下,一种生产要素的连续投入，起初边际产品增加，但当该生产要素投入量增加到一定数量之后，总产品的增量即边际产品必将呈现递减的趋势。这就是经济学中著名的边际报酬递减规律，又称边际生产力递减规律。边际报酬递减规律作为物质生产领域的基本规律，是生产理论的基础。它告诉我们，在一定的生产技术条件下，生产要素的投入量必须按照一定的比例进行优化组合，才能充分发挥各生产要素的效率；否则，片面地追加某一种生产要素的投入量，只能导致资源的浪费和生产报酬的减少。

边际报酬递减规律广泛地存在于绝大多数的生产过程当中。例如，在一间办公室里，增加人员会提高办事效率，但“人多好办事”这句话并非总能成立。当人员增加到一定数量后，就会相互干扰，甚至出现“三个和尚没水喝”的局面。因此，在认识和利用这一规律时必须注意下列几点。

第一，边际报酬递减规律必须具有两个基本前提。一是技术条件不变，即生产技术没有重大突破，它不能预测在技术发生变化的情况下，连续追加可变要素投入量，总产量会发生何种变化。正因为如此，这一规律常受到责难。因为从长期看，技术水平是不断提高的；但从短期看，技术条件相对稳定，该规律还是存在的。二是其他生产要素的投入量不变。边际报酬递减规律只适用于生产要素比例可变的生产函数，不适用于固定技术系数的生产情形，因此，该规律亦被称为“生产要素可变比例规律”。

第二，随着可变要素投入量的增加，边际产品要依次经过递增、递减乃至变为负数等几个阶段。起初边际产品递增是因为在某一数量范围内的可变要素投入，尚不足以发挥固定要素的潜在经济效率，这与边际报酬递减规律并不矛盾，该规律强调的是边际报酬最终要呈递减趋势。

第三，边际报酬递减规律是从生产实践中总结出来的物质生产规律，而不是从数理规律中推导和演绎出来的，无需提供任何理论证明。事实上，该规律与现实生活中大多数生产函数是相符的，可通过统计资料反映出来，其中以农业部门表现得尤为突出，其他部分也同样存在。

(2)短期生产的三个阶段与可变要素的合理投入区域

根据图5-1所示的总产品曲线、平均产品曲线及边际产品曲线的变化特征，我们将短期生产分为三个阶段。

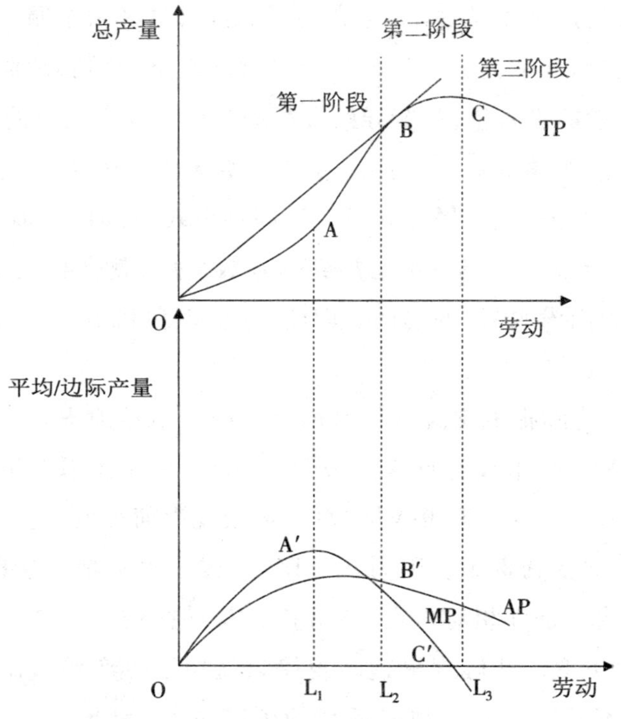

图5-1　总产品、平均产品和边际产品曲线

第一，可变要素劳动的投入量由O增加到L_1的区间。这一阶段的明显特征是：平均产品一直是增加的并达到最大值；边际产品则先递增，达到最大值后递减，且大于平均产品；总产品起初以递增的比例增加，边际产品达到最大值后，总产品仍以递减的比例增加。在这一阶段，增加可变要素劳动的投入量是有利可图的。因为相对于固定要素投入资本而言，劳动量缺乏，劳动量的增加可以使资本的作用得到充分发挥，即使是劳动的边际产品出现递减以后，固定要素资本的生产效率仍有潜力可挖，仍可继续追加劳动投入量。

第二,可变要素劳动的投入量由L_2增加到L_3的区间。这一阶段的明显特征是:平均产品开始下降,但大于边际产品,边际产品继续下降但仍为正值,直至为零;总产品因边际产品大于零仍可继续增加,直至达到最大值。这意味着虽然可变要素的效率随其投入量的增加而降低,但仍为正值,而固定要素的效率却随可变投入的增加而提高,所以,总产品继续增加至最大值。

第三,可变要素劳动的投入量超过L_3以后的范围。这一阶段的明显特征是:边际产品为负值,总产品开始绝对减少。这意味着相对于固定要素投入资本而言,可变要素劳动的投入已经过剩,生产要素的配合比例失调,生产效率全面下滑导致总产品负增长。

综上所述,若生产处于第一阶段,由于有利可图,企业会毫不犹豫地追加可变要素的投入;而第三阶段由于可变要素投入的追加不仅不能获得效益,反而要受到损失,任何有理性的企业决不会在此阶段从事生产;第二阶段由于随着可变要素的不断增加,固定要素的潜在效率可逐步得到充分发挥,因而劳动与资本结合的生产效率较第一、第三阶段为佳。可见,短期生产中,企业理性决策应在第二阶段选择。经济学中将第二阶段即可变要素投入量在平均产品最大到边际产品为零或总产品最大的区间,称为可变要素的合理投入区域。

2. 长期生产函数

企业在短期内因固定要素投入和生产规模的限制,对生产的调整是通过增减可变要素的投入量来进行的;而在长期所有生产要素均是可变要素,企业可调整任何生产要素的投入量从而影响和调整产量。长期生产函数反映的正是在长期内所有生产要素都可改变的情况下,生产要素投入量与产出之间的依存关系。我们仍然假定生产某种产品仅使用劳动和资本两种要素,且两种要素均是可变的,则长期生产函数的表达形式为:

$$Q = f(L,K)$$

在长时期内,所有生产要素都可以改变,因而企业的生产规模可以调整；而生产规模的调整势必引起产量的变动，所以长期生产函数实际上反映的是一种规模经济问题。生产规模的变动情形有两种：①所有生产要素按不同比例变动；②各种生产要素按相同比例变动。这里所指的生产规模变动是针对第二种情形而言的。

(1)规模报酬变动的三种类型

规模报酬是一个纯技术性的概念，反映的是在一定技术条件下，所有生产要素同时同比例变动，从而生产规模变动时所产生的产量变动情况。一般而言，规模报酬变动有三种可能性或基本类型：①规模报酬递增，即在生产规模扩大中，产量增加的比例大于生产要素增加的比例，从而产量增加的幅度大于规模扩大的幅度。②规模报酬不变，即在生产规模扩大中，产量增加的比例等于生产要素增加的比例，从而产量的增加幅度等于规模扩大的幅度。③规模报酬递减，即当生产规模扩大时，产量增加的比例小于生产要素增加的比例，从而产量的增加幅度小于规模扩大的幅度。

(2)规模报酬变动的原因

导致规模报酬变动的因素是多种多样的，但一般将这些因素归结为两大方面：一是企业内部自身因素的影响；二是企业外部环境条件等方面因素的影响。

企业内部自身因素对规模报酬的影响可分为两种情形，即内在经济和内在不经济。所谓内在经济，是指单个企业在其生产规模扩大时由于企业自身内部的因素改进所导致的规模报酬的增加，这是因为在生产规模扩大过程中，企业可通过改进和完善自身内部因素来降低成本和提高效益。但是，企业从改进自身内部因素获得内在经济效果不是没有限度的。如果企业生产规模过于庞大，则会由自身内部因素导致规模报酬的递减，这种情况被称为企业扩大生产规模的内在不经济。例如，一个企业生产规模过大，企业内部协调与监管机制更加困难，管理者之间以及管理者与被管理者之间的信息传递受阻或被扭曲，决策者因无法获得真实的信息而难以正确决策，在获得信息、做出决策、决策的实施及其效果的发挥等环节上均存在明显的“时滞”。可见，规模过大势必使管理过程复杂化、管理效率降低，而且规模过大可能导致组织不严密、资源浪费严重等。

企业外部环境因素对规模报酬变动的影响亦有两种情形，即外在经济与外在不经济。所谓外在经济，是指整个行业规模扩大时由于企业外部环境条件的改善给单个企业带来规模报酬的增加。例如，行业规模的扩大使投资的软、硬环境改善，单个企业可在基础设施、职务配套设施、人才培训、信息交流等诸多方面利益共享而促进其发展；行业规模扩大使行业内部出现更加紧密、更加精细的分工协作，有利于单个企业生产效率的提高。同样，行业规模过于庞大也会给单个企业的发展带来不利影响，使单个企业的规模报酬减少，这种情况称作外在不经济。例如，行业规模过大会导致行业内部竞争加剧；各企业之间相互竞购原材料和劳动力，势必提高生产要素的价格，增加成本；为巩固和扩大市场占有率，各企业不仅竞相降价竞争，而且展开各种形式的非价格竞争，使成本进一步增大。行业规模过大还会导致能源、交通紧张、环境污染严重等。这些外部不利因素势必会导致单个企业成本增加而报酬递减。

需要强调指出的是，虽然规模报酬与前述边际报酬都有递增、不变和递减三个阶段，但两者是有明显区别的：①适用时期不同，规模报酬问题适用于长期分析；边际报酬问题适用于短期分析。②条件不同，规模报酬分析考察的是所有生产要素同时同比例变动对产出的影响；边际报酬分析考察的是一些要素不变而另一些要素变动对产出的影响。③变动原因不同，规模报酬变动是由内在经济与不经济、外在经济与不经济引起的；边际报酬变动是因为固定要素投入量与可变要素投入量之间的配合比例变化而产生的。

二、生产要素的最佳组合

所谓生产要素的最佳组合，是指企业在配置资源、从事生产的过程中使其产量达到最大或成本达到最小时的生产要素的组合状态。一旦达到这种最佳组合，企业的资源配置方式就处于相对稳定的均衡状态，故生产要素的最佳组合状态又称生产者均衡。要达到生产者均衡状态，企业可以从两个方面进行要素组合的优化选择：①在一定产量水平下，使成本降到最低限度。②在成本支出既定的情况下，实现产量最大化。

（一）既定产出下最佳成本的生产要素组合

既定产出下最佳成本的生产要素组合是指企业为生产某一既定数量的产品的各种生产要素组合中，使总成本最低的那个组合。如图5-2所示，Q_0代表一定产量水平的等产量曲线，A_1B_1、A_0B_0、A_2B_2是三条可供企业选择的等成本线（在生产要素价格不变的情况下，企业用既定的成本支出所能购买到的两种生产要素的投入量的最大可能组合点的轨迹）。

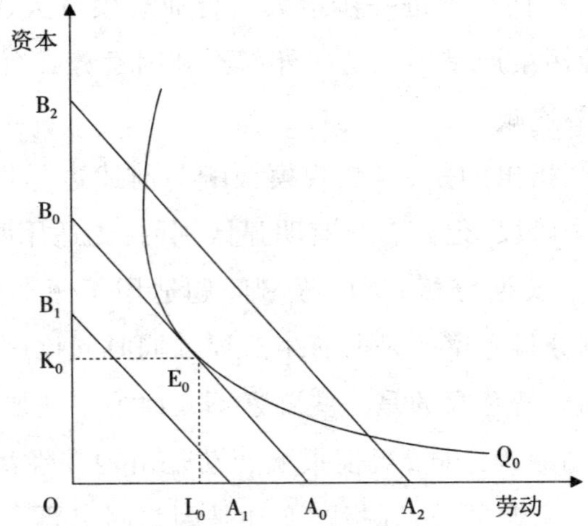

图5-2　既定产出下最佳成本的生产要素组合

显然，等成本线A_1B_1代表的成本最低，但该成本下不能生产出Q_0单位的产量；A_2B_2所代表的成本完全能生产出Q_0单位的产量，但生产成本不是最低，生产资金未得到充分利用。只有等成本线A_0B_0所代表的成本既能生产出既定的产出Q_0，又可以使成本最优。生产要素的最佳组合点为等产量曲线Q_0与等成本线A_0B_0的切点E_0，它表示既定产出下最佳成本的生产要素组合——L_0单位的劳动和K_0单位的资本。

(二)既定成本下最佳产量的生产要素组合

既定成本下最佳产量的生产要素组合是指企业在一定总成本下购买生产要素的各种可能组合中，能够生产出最大产量的那个生产要素组合。在图5-3中，A_0B_0表示总成本为某个既定量的等成本线，Q_1、Q_0和Q_2表示三条可供选择的等产量曲线。

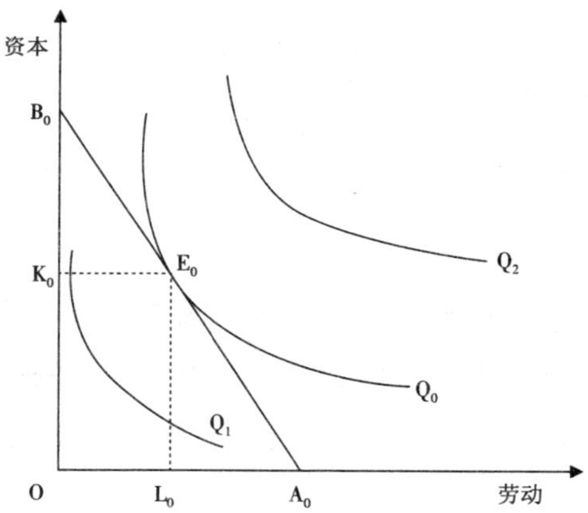

图5-3 既定成本下最佳产量的生产要素组合

显然，Q_2所代表的产量水平最高，但在既定总成本下无法实现；Q_1所代表的产量水平在既定总成本下能够实现，但产量不是最大。只有Q_0所代表的产量水平是既定总成本下的最大产量，生产要素最佳组合点为既定的等成本线A_0B_0与等产量曲线Q_0的切点E_0，最佳生产要素组合为L_0单位的劳动和K_0单位的资本。

从以上分析可知，既定产出下使成本最小或既定成本下使产量最大的生产要素最佳组合条件是一致的：既定的等产量曲线与一条最优的等成本线相切，或者既定的等成本线与一条最优的等产量曲线相切。在切点处，等产量曲线的斜率与等成本线的斜率相等，要使生产要素的投入量达到最佳组合状态，投入的任何两种生产要素的边际产品之比必须等于该两种要素的价格之比，或者一种要素的边际产品与其价格之比必须等于另一种要素的边际产品与其价格之比。如果将上述两种生产要素最佳组合的条件推广到一般，不难得出多种生产要素的最佳组合条件。

第二节 成本的概念和成本函数

从最一般的意义上说，成本是生产经营活动中的代价。在生产决策过程中，我们必须考虑到这种代价的大小，考虑并比较经济资源投入其他生产用途可能会有的收益。

一、成本的概念

正确认识和理解成本概念是进行成本函数分析的前提和基础，而现实经济生活中关于成本的概念及其解释是多种多样的。为了准确把握经济学意义上成本的含义，我们有必要对下列几组成本做综合比较分析。

（一）会计成本和机会成本

会计成本是财务分析中使用的一种成本概念，是指企业在生产活动中按市场价格直接支付的一切生产费用，即企业在经营时实际耗费的货币支出，如工资支出、原材料和燃料费用、折旧费以及广告支出等。经济分析中使用的成本概念有着更为广泛的含义，它不仅包括企业在生产过程中实际发生的货币支出，还包括在会计项目中作为盈利计入的利息、租金和正常利润。这是因为，包括所有生产要素在内的生产性资源不仅具有稀缺性，而且其用途一般具有多样性，一定数量的某种生产要素在被用于某一特定用途之后，便不可能再被用于其他用途，而每一种可供选择的用途对要素投入而言即代表着一种获利的机会。①

因此，经济成本是指对生产要素的用途进行选择的机会成本，即生产者将其一定数量的某种资源组合用于某一特定用途之后，他所放弃的其他用途中预期可以产生的最高收益。例如，假定某企业拥有一定数量的资本、土地等稀缺资源，这些资源可用于甲、乙、丙三种产品的生产，预期资源全部用于甲种商品生产可获20万美元的收益，用于乙、丙两种产品生产分别可获得18万美元和15万美元的收益。如果全部资源被选择用于甲种产品的生产，则其机会成本为放弃乙、丙两种产品的选择中预期可产生的最高收益，即18万美元。由此可见，机会成本是建立在资源和时间有多种选择的基础上的，在一定时期范围内，当企业将其资源用于某种最佳用途时，则应将其余诸多可选中的次佳用途可能获得的收益记为机会成本，又称选择成本。

从一般意义上讲，每一种经济资源都有其机会成本，劳动、资本也是如此。例如，对你而言假期里的2个小时，它可以有多种用途。你能够用这段时间去工作而挣得30元的收入，也可以去看一部最新的影片，还可以去听一场科普讲座。由于时间资源是有限的，如果你用这2个小时去看电影，就必须放弃其他活动，在所放弃的其他活动中能带来的最大价值就是你占用这2个小时去看电影的机会成本。再假设一个投资者拥有500万元货币资本，他可以在三种用途上进行选择——购买债券、购买房地产、创办家具厂。如果这个投资者选择创办家具厂，那么他就必须放弃其他两种选择。如果购买的债券预期获得的本息收入是550万元，购置房地产预期获得的租金和销售收入是900万元，那么，投资家具厂的机会成本就是购置房地产可能带来的预期收益900万元。

机会成本这一概念的提出，被认为是经济学理论对人类知识宝库

①窦宁宁，刘书慧，刘永江．会计成本与机会成本的明确认识[J]．经济研究导刊，2016(04):102-103.

的杰出贡献之一。它告诉我们,企业在对其资源配置和使用方式进行选择时,不能只考虑当前所获收益的大小,还必须考虑做此选择时符合损失的收益的大小。土地、资本和企业家才能和劳动一样,都是生产过程中所需要的生产要素,它们的用途多种多样,选择其一必须同时放弃其他用途,且它们都为生产做出了贡献,都应得到相应的报酬,这些报酬也应视为成本。总之,企业的经营管理决策是以资源利用的多种选择为基础的,企业只有将其资源投入到最有利的用途上,才能获得最大利润。因此,企业的决策者必须对所做选择的机会成本给予高度重视。如果要素使用的机会成本太大,甚至超过特定用途所能产生的收益,企业就应主动调整资源的配置,使多种生产要素用于最佳用途,从而使其资源得到最优化配置。

(二)私人成本和社会成本

1.私人成本

私人成本是指企业自身为某项生产而应支付给要素所有者的一切费用。它可分为两种类型。

(1)显性成本

显性成本指在形式上必须由企业按契约合同支付给其他生产要素所有者作为使用他人要素的报酬的费用,如支付给工人和管理人员的工资和薪金、支付给水电公司和原料公司的水电费和材料费、支付给贷款银行的利息、支付给广告公司的广告费等。可见,显性成本是经过市场交易所产生的使用他人要素的成本。

(2)隐性成本

隐性成本指企业因使用自己提供的那部分生产要素而本应该支付的作为自身要素报酬的费用,如企业自有固定资产的折旧费、投入自身资金应获得的利息以及自身提供劳务应获得的报酬等。可见,隐性成本是不通过市场交易而直接使用企业自身要素所产生的成本。这些费用在形式上虽然没有契约规定一定要支付,但实际上是应该支付的。在企业的成本核算中，由于隐性成本一般不单独列入账户，往往容易被忽略，有时可能出现账盈而实亏的现象，误导决策。故企业在考察自身成本时，一定要将显性成本和隐性成本涵盖进去。

2. 社会成本

社会成本是指整个社会为某种资源配置和使用所支付的成本。在现实经济生活中，私人企业的经济活动往往可能导致社会成本的增加。如某重化工业企业在生产过程中会排放出大量的废渣、废水和废气等，对该企业自身而言，排放“三废”的成本仅仅是将它们从企业输送到废渣场、河流和大气中所发生的费用。而对于社会而言，单个企业“三废”的排放引致周围的生态环境、水源、空气等严重污染，为此，社会不得不支付相应的费用加以治理，这笔费用就构成社会成本。当然，私人企业的经济活动也可能使全社会从中获益。

由于私人成本与社会成本往往不一致，特别是在私人企业的经济活动导致社会成本的额外增加时，政府会采取某些公共政策加以补救，私人企业可能因此被要求支付除私人成本以外的相应费用。因此，任何企业在对其资源使用做出重大决策时，不能仅仅考虑其私人成本的大小，还要考虑由此引起的社会成本的大小。

（三）固定成本、可变成本和沉没成本

固定成本是指在一定产量范围内，不随产量变动而变动的成本，是企业在短期内不能随意调整的固定生产要素投入的费用，如固定资产的折旧费，厂房及设备的租金，各种维修费、保险费等。

可变成本是指在一定产量范围内，随着产量变动而变动的成本，是企业在短期内即可随意调整的可变生产要素投入的费用，如燃料费、原材料费、工资等。

值得指出的是，只有在短期内，企业的生产成本才有固定成本和可变成本之分，即在短期内，企业总成本等于固定成本和可变成本之和。从长期看，由于企业的全部生产要素投入都是可变的，因而不存在固定成本，即在长期内企业的所有成本均表现为可变成本。

与固定成本相关的另一个成本概念是沉没成本，它是指已经发生和支出，并且无法收回的成本。如某企业为某个投资项目做了大量的专项准备工作，后来这个项目被认为是应该放弃或中止的。那么，那些专项准备工作及其发生的费用支出就属于沉没成本。在进行理性的决策时，不应考虑沉没成本。沉没成本显然属于固定成本，但固定成本并不都是沉没成本。如某企业要转产，其500万元的机器设备中有450万元可以转让出去，剩下的50万元设备无法转让，只能报废，这50万元才属于沉没成本。

二、成本函数

成本函数表示技术水平和要素价格不变的条件下一定时期内成本与产出之间的关系。成本函数与生产函数一起，制约和决定厂商的生产决策与生产收益。

为获得一定数量的产出，我们必须投入生产所需的各种生产要素，购买生产要素的支出就是成本。显然，成本的大小取决于各种生产要素的投入量及其单位价格，即将在生产中所使用的各种生产要素的数量分别乘以其价格，然后加总求和便可计算出总成本。

在成本理论中，我们要重点考察的是成本函数，它是不同于成本方程的一个极为重要的概念。企业的生产成本受诸多因素的影响，主要有生产技术条件、生产要素的价格和管理水平等。假定这些因素在一定时期内保持不变，则生产成本取决于企业的产量水平，随产量水平的变化而变化。所谓成本函数，就是指在生产技术条件和生产要素价格既定的情况下，成本与产量之间的依存关系。如果以C表示成本，Q表示产量，则成本函数可表示为：

$$C = F(Q)$$

上式说明成本是产出的函数，而在生产函数分析中，产出是各种生产要素投入量的函数。因此可得出，在生产技术条件和生产要素价格既定的情况下，成本函数是生产函数的反函数。所以，为了更好地理解成本函数的性质及变化规律，我们不妨把成本函数与生产函数两者结合起来分析。同时，由于时间的长短不同，生产呈现出不同的变化特征，生产函数有短期生产函数和长期生产函数之分；相应地，成本函数亦可以分为短期成本函数和长期成本函数两种形式。

第三节 成本函数的经验估计和利润最大化原则

从理论上来说，当生产函数确定后，结合投入要素的价格，可以直接推导出成本函数。不过在实践中两者还是存在一定差异的，需要直接估计成本函数。

厂商从事生产或出售商品的目的是赚取利润，利润最大化就是厂商使用各种销售手段将利润达到最大的一种方式。

一、成本函数的经验估计

（一）成本函数的估计过程

第一，初步确定成本函数的数学形式。在较为粗略及产量变动范围不太大的情况下，可以运用线性函数。当产量变化范围较大时，可考虑选择非线性函数形式。

第二，收集相关的成本数据。成本数据收集也有三种基本方法：一是时间序列数据，即运用厂商或本行业有代表性的厂商在过去各个时期产量和成本的序列数据；二是横截面数据，即运用关于给定时间内不同规模厂商的产量和成本数据；三是技术法，即运用设计数据来构造成本函数。

同样，估计成本函数中成本确认是相当困难的，通常我们可以得到的是会计成本数据，而不是经济成本数据，这样某些成本项目可能会被高估，也有一些成本项目可能会被低估。此外，在会计处理时，某些成本在产量上分摊有较大的随意性，例如折旧的处理往往与管理者的目标及相关税收法规相联系，极有可能使之偏离经济成本，当使用设计数据时，也存在区分成本的困难，尤其是当生产多种产品时，某些共同成本在不同产品上的分摊也有较大的随意性。

第三，对数据资料进行修正、调整。一是将会计成本调整为经济成本。二是根据一般物价水平的变化，尤其是发生通货膨胀的情况下，将历史成本数据调整到当前的水平。三是在估计短期成本函数时，要区分固定成本、可变成本和半可变成本，即哪些成本不随产量的变动而变动，哪些成本随着产量的变动而变动，哪些成本在一定的产量范围内不变动，而产量变化超过一定范围后就会发生变动。四是对成本进行时间调整，在实际生产中，有些成本和产量在时间上并不是同步发生的，存在一定的时间差异，调整的基本原则是按产品生产期间分配相应的成本，而不能按成本发生期间进行分配。

完成了上述三个步骤后，接下来就是运用回归分析的基本技术进行估计，并对估计结果进行检验。

（二）短期成本函数和长期成本函数估计

短期成本函数可能采取的数学形式一般有线性函数、二次函数和三次函数。实际估计中可以根据经验数据的大致走向初步确定其数学形式，待估计完成后进行统计检验。

因为长期成本函数是由短期成本函数得出的，所以在估计长期成本函数时，可以运用回归分析的基本方法，根据各不同生产规模的短期成本数据拟合出长期成本函数。有时，当数据采集困难而难以运用回归分析方法时，还可以采取生存技术法和工程技术法。

运用回归分析法估计长期成本函数与估计短期成本函数的方法是相似的。不过，在估计短期成本函数时常用时间序列数据，而估计长期成本函数时较常用横截面数据，原因是如果选用时间序列数据，必须收集厂商较长时间内的成本和产量数据，这时厂商所使用的技术及产品结构会发生较大的变化，数据反映的是几个长期生产函数的情况，而不是单一产品的长期生产函数了。如果选用横截面数据就可以避免时间序列数据带来的问题，即生产技术和产品结构的变化、物价水平变动的影响等。当一个行业内厂商的数目足够多，生产规模存在一定差异时，可以较好地估计出该行业的长期成本函数。

横截面数据的一个缺陷在于，要收集足够的数据往往要涉及较大的地域范围，这样各种生产要素的价格就会有较大的差异，就要对生产要素价格进行调整，或者在模型中添加相关解释变量，因此可能会放大估计偏差。

使用横截面数据还有一个缺陷，因为长期成本曲线是短期成本曲线的包络线，是厂商在长期内选择最优生产规模形成的。我们无法确定厂商是否是在最优的生产规模下生产的，因此估计也会出现偏差。

生存技术法的基本思路是：如果一个行业内规模较大的厂商和规模较小的厂商能够长期并存，则意味着大厂商并没有成本优势，该行业的规模报酬可以近似地认为是不变的。

如果该行业存在着规模报酬递增，则长期内大厂商依赖较低的平均成本就可将小厂商排挤出去，也就是只有大厂商可以生存下去。这样，如果按照生产规模对一个行业的厂商进行分类，就可以计算不同规模类别的厂商在长期内所占有的市场份额的变化，当发现在考察期内小厂商的市场份额下降而大厂商的市场份额提高，就可以证明该行业存在着规模经济，如果市场份额变化不大，则可以证明该行业的规模报酬不变。

生存原则的基础就是经济效率，即这一行业市场是竞争性的，厂商维持生存主要依靠提高效率，从成本的角度来看就是尽可能以最低的成本生产。这样当市场由于政府管制、进入和退出壁垒（包括法律和经济方面）、厂商的策略性行为等存在一定程度垄断时，生存技术法就不能很好地估计长期成本函数，这是生存技术法的第一个缺陷。生存技术法的第二个缺陷是，要获得长期的成本和产量数据涉及的时间范围会相当长，这样该行业的技术水平会发生变化，从而成本和产量的关系也会发生变化，不同数据点可能反映的是不同的长期成本函数。

工程技术法主要是依据生产函数表达的技术关系，再结合各种生产要素投入价格来推导厂商的长期成本函数。运用这种方法的基础在于准确地估计出生产函数，当给定要生产的产量水平时，将生产该产量的各种投入要素乘以价格就可求解出该产量的长期成本。这种方法的优点是不受技术水平变化、物价水平变化和估计区域要素价格差异的影响。

二、利润最大化原则

（一）利润的来源

利润这一经济学范畴提出之后，经济学家们对利润来源的认识各不相同。在诸多的理论观点中，影响较大的有以下五种观点。①

1.利润是企业家承担风险和不确定性的报酬

经济学家奈特认为，在自由竞争的经济中，竞争的结果必然是产品成本与其售价相等，不会产生利润，也不会发生亏损。在奈特看来，利润产生于事物固有的、绝对的不可预测性；任何人从某一经济行为中获得利润都可以被认为是上苍恩赐的结果，存在不确定性才会有利润或亏损。利润可以看作是由于不确定性而得到的超过“要素的约定收入”的余额，即超额利润或经济利润。

美国著名经济学家萨缪尔森认为，资本被投入新商品的生产、自然资源的开发或新的商品销售市场的开辟中，是不能确定这种投资必然会赢利的。要使那些风险较大的经济活动有人投资和经营，必须给投资者支付较大的报酬，以抵消人们对风险的厌恶。利润就是对未来

①李明．论利润最大化的原则[J]．全国流通经济，2018(27)：33-34.

收入的不确定性和承担风险的报酬。

2. 利润是组织与管理的报酬

英国经济学家马歇尔把组织与管理作为一个独立的生产要素从其他要素中分离出来，认为这种要素的供给价格就是利润，利润由两个具体的部分组成，即管理能力的报酬和组织的报酬。马歇尔认为，组织工作是效率的一个源泉，因此必须给予相应的报酬。

3. 利润是创新的结果

美国经济学家约瑟夫·熊彼特认为，只有在实现了创新的情况下，才会产生利润。所谓创新，指的是提供新产品和劳务，引进新技术和新工艺，采用新材料，开辟新市场或创立新的组织方式等经济活动。熊彼特把创新活动视为利润的唯一源泉。

4. 利润是垄断的收益

美国经济学家张伯伦认为，市场上的一切商品都是有差别的，这些有差别的商品生产者和销售者全是垄断者。既然每一家企业都是垄断者，就可以通过改变它的商品价格、产品性质和销售开支来影响其销售量，在短期内企业就能够取得超额利润。

5. 利润是剥削收益

马克思认为，劳动是价值的唯一源泉。劳动者的劳动分为必要劳动和剩余劳动两部分，劳动者仅获得其必要劳动创造的价值，剩余劳动创造的价值被资本家所剥削，成为他们的利润。因此，利润是劳动者所创造的剩余价值。

（二）利润最大化的决策原则

1. 收益

厂商在经营过程中常常采用“成本—收益”分析方法对生产活动的赢利状况进行分析，其中成本包括前面提及的短期成本和长期成本。在研究厂商收益的同时要注意以下三个概念。

第一，总收益。所谓总收益，是指厂商按照一定的价格出售一定数量的产品所获得的全部销售收入。总收益等于产品单价乘以销量。

第二，平均收益。所谓平均收益，是指厂商销售每一单位产品所获得的销售收入。平均收益等于总收益除以销量。

第三，边际收益。所谓边际收益，是指厂商每增加一单位产品销售所获得的销售收入的增量。

2.“边际成本等于边际收益”定理

利润是总收入与总成本的差额，当总收入与总成本之差最大时，利润最大；当总成本与总收入之差最小时，亏损最小。无论产品的市场价格是固定的还是变动的，只有当总成本曲线的斜率和总收益曲线的斜率相等时，企业的利润才是最大的。总成本曲线的斜率为边际成本，总收益曲线的斜率为边际收益，因此，企业利润最大化的决策原则可以表述为：边际成本等于边际收益。

3.亏损与企业决策准则

当总收益不足以支付显性成本和隐性成本时，就会产生负利润，即亏损。亏损的性质不同，决策的准则也不同。

第一，总收益不能偿付变动成本。在这种情况下，生产越多，亏损越大。除非预料情况会迅速改变，否则企业应当立即关门，不再继续经营。

第二，总收益能够偿付变动成本，但不能偿付显性固定成本。在这种情况下，除非企业拥有足够的准备金应付必要的支付，否则将会破产，然后进行改组，使债权人成为企业的所有者，显性固定成本变为隐性固定成本。

第三，总收益能够偿付变动成本，但不能偿付全部折旧费用。在这种情况下，企业在现有设备还能使用时，应继续经营下去。一旦现有设备损耗完毕，除非预期情况会有所改善或所有者愿意提供新的资本，企业应当关门，而且应在设备必须大量更新前进行清算。只要折旧费用小于固定资产的实际损耗与设备残值的贴现值之和，清算都是有利的。

第四，总收益能够偿付显性固定成本和折旧费用，但不能赚回隐性成本。在这种情况下，如果企业的所有者愿意的话，可以继续经营下去。不过，当现金收益低于设备残值和预期收益的贴现值，而且没有多大改善的希望时，所有者应当进行清算。

第六章 消费者行为分析

市场中的需求取决于消费者，主要由消费者行为决定。消费者行为研究的基本目的是判断和分析消费者的需求和欲望，分析需求曲线背后隐藏的经济原因，探究收入与需求之间的关系，引进弹性概念，即衡量需求量对价格和收入变化反应程度的工具，使企业的管理者能够据此制定正确的价格决策、市场营销决策和对销售情况做出正确的预测。

消费者为什么会购买各种商品和服务的原因很简单，因为它们可以满足消费者的各种欲望。欲望正是研究消费者选择行为的出发点。欲望是消费者想要得到而又没有得到某种东西的一种心理状态。欲望具有层次性、多样性的特点，有情感上的，有身体上的，有精神上的，有物质上的。人的欲望是无穷无尽的、永远也不会得到满足的，如俗话说的“欲壑难平”。正是这种欲望的无限性和资源的有限性，推动人们去从事生产，发展经济。

第一节 序数效用理论

由于消费者选择行为的目标是在一定的约束条件下追求自身的最大效用，所以，消费者选择理论又称为效用论。效用指商品满足消费者欲望的能力，即消费者在消费商品时所感受到的满足程度。效用概念与人的欲望联系在一起，它是一种主观心理评价。那么，如何对效用进行度量呢？效用与消费者的主观心理感受有关，很难用一个定量的数字来说明。因此，很多学者提出用序数效用来替代基数效用这一概念。

序数效用论者认为，效用是一个有点类似于好与坏、美与丑等的概念。效用的大小是无法用具体的数字来准确衡量的，效用之间的比较只能通过一定的次序或等级来表示。序数是指第一、第二、第三……序数只表示顺序或等级，不能加总求和。序数效用只要求不同的效用之间可以加以比较，并假定消费者能够明确地判断出哪种商品或哪种商品组合的消费能带给他更大的效用。通常，我们希望了解在消费者心目中哪些消费是第一位的，哪些消费是第二位的，而很少去关心一个商品的效用究竟是多少。这样，序数效用较好地解决了难以用数字衡量效用的困难，序数效用的概念开始为大多数经济学家所使用。

一、无差异曲线

序数效用论是用无差异曲线来分析消费者行为的，并在此基础上推导出消费者的需求曲线。

（一）偏好与偏好假定

无差异曲线是建立在偏好概念的基础上的。偏好指爱好或喜欢。序数效用论者认为，对于各种不同的商品组合，消费者的偏好程度是有差别的，正是这种偏好程度的差别，反映了消费者对这些不同的商品组合的效用水平的评价。偏好是指消费者对任意两个商品组合所做的一个排序。具体而言，给定A、B两个商品组合，如果某消费者对A商品组合的偏好程度大于B商品组合，也就是说，这个消费者认为A组合的效用水平大于B组合，A组合给消费者带来的满足程度大于B组合；或者说，该消费者认为在效用水平的排序上，A组合为第一，B组合为第二。①

序数效用论者提出了以下关于消费者偏好的三个基本的假定。

第一，假定是偏好的完全性。偏好的完全性是指消费者总是可以

①孙沁益．消费者偏好的无差异曲线分析[J]．企业改革与管理，2014(06)：16.

比较和排序所给出的不同商品组合。换言之，对于任何两个商品组合A和B，消费者总是可以做出，而且也只能做出以下三种判断中的一种：对A的偏好大于对B的偏好；或者对B的偏好大于对A的偏好；或者对A和B的偏好相同（即A和B是无差异的）。偏好的完全性的假定保证了消费者对于偏好的表达方式是完备的（即完全的），消费者总是可以把自己的偏好评价准确地表达出来。

第二，假定是偏好的可传递性。偏好的可传递性指对于任何三个商品组合A、B、C，如果消费者对A的偏好大于对B的偏好，对B的偏好大于对C的偏好，那么，在A、C这两个组合中，消费者必定有对A的偏好大于对C的偏好。偏好的可传递性假定保证了消费者偏好的一致性，因而也是理性的。

第三，假定是偏好的非饱和性。该偏好的非饱和性指如果两个商品组合的区别仅在于其中一种商品的数量不相同，那么，消费者总是偏好于含有这种商品数量较多的那个商品组合，即消费者对每一种商品的消费都没有达到饱和点。或者说，对于任何一种商品，消费者总是认为数量多比数量少好。此外，这个假定还意味着，消费者认为值得拥有的商品都是“好的东西”而不是“坏的东西”。在这里，“坏的东西”指诸如空气污染、噪音等只能给消费者带来负效用的东西。

（二）无差异曲线的特点

无差异曲线指给消费者带来相同效用水平的所有消费品不同组合的点的轨迹。即在该曲线上，所有点代表消费者希望消费的各种商品和劳务的组合，在同一条曲线上的各种商品组合，能使消费者获得同等的满足。为了简化分析，假定消费者只消费两种商品。我们可以直接在二维平面图上讨论无差异曲线。无差异曲线的基本特征有以下三个。

第一，由于通常假定效用函数是连续的，所以，在同一坐标平面上的任何两条无差异曲线之间，有无数条无差异曲线。详细描述为：我们可以画出无数条无差异曲线，以至覆盖整个平面坐标图。所有这些无差异曲线之间的相互关系是：离原点越远的无差异曲线代表的效用水平越高，离原点越近的无差异曲线代表的效用水平越低。

第二，在同一坐标平面图上的任何两条无差异曲线均不会相交。这一点可以由偏好的假定加以论证。

第三，无差异曲线的斜率是负的，并且凸向原点。无差异曲线的斜率为负值，表明无差异曲线不仅向右下方倾斜，而且是以凸向原点的形状向右下方倾斜的。即无差异曲线的斜率的绝对值是递减的。这取决于商品的边际替代率递减规律。关于这一点，将在下一个问题中进行详细说明。

（三）商品的边际替代率

当沿着一条既定的无差异曲线上下滑动的时候，消费者所消费的两种商品的数量的组合会不停地发生变化，而效用水平保持不变。这就说明，要满足同等的效用水平，消费者在增加一种商品的消费数量的同时，必然会放弃一定的另一种商品的消费数量，即两种商品的消费数量之间存在着替代关系。由此，可以用边际替代率来衡量这种替代关系或替代水平。

边际替代率是指在维持同等的效用水平的前提下，消费者每增加一个单位的商品 1 时所必须放弃的商品 2 的数量。简单地说，边际替代率表示为商品 1 的改变量与商品 2 的改变量之比。从几何意义上讲，无差异曲线上某一点的边际替代率就是无差异曲线在该点的斜率的绝对值。

如果无差异曲线陡峭，边际替代率就高，说明在保持效用无差异时消费者为了得到少量的商品 1 需要放弃大量的商品 2；如果无差异曲线平坦，边际替代率就低，说明在保持效用无差异时消费者为了得到大量的商品 1 只需要放弃少数的商品 2。

西方经济学家指出，在两种商品的替代过程中，普遍存在这样一种现象,这种现象被称为商品的边际替代率递减规律。具体地说,商品的边际替代率递减规律指的是在维持效用水平不变的前提下,随着一种商品的消费数量的连续增加,消费者为得到每一单位的这种商品所需要放弃的另一种商品的消费数量是递减的。之所以会普遍发生商品的边际替代率递减的现象,其原因在于随着一种商品的消费数量的逐步增加,消费者想要获得更多的这种商品的愿望就会递减,从而,他为了多获得一单位这种商品而愿意放弃的另一种商品的数量就会越来越少。

从几何意义上讲,由于无差异曲线上某一点的两种商品的边际替代率就是无差异曲线在该点的斜率的绝对值,所以,在连续意义上,边际替代率递减规律决定了无差异曲线的斜率的绝对值是递减的,即无差异曲线是凸向原点的。

二、预算线

无差异曲线显示了消费者的个人偏好,它与消费者的收入及商品的价格无关。实际上,消费者在购买商品时,必然会受到自己的收入水平和市场上商品或劳务的价格限制,这就是预算约束。预算约束带有某种客观性。比如,某学生认为一套耐克运动服加上两双李宁运动鞋与一套李宁运动服加上两双耐克运动鞋带来的效用是无差异的。但是这两种商品组合有可能都在他的购买能力之外,因而偏好无法得到满足。对于这种客观约束,我们用预算线来进行说明。

预算线是消费者的选择限制,它标志着消费者可以买得起的和买不起的商品组合之间的界限。他能够买得起线上和线内的任何一点所代表的商品或劳务组合。预算线又称为预算约束线或消费可能性线。预算线表示在消费者的收入和商品的价格给定的条件下,消费者的全部收入所能购买到的两种商品的各种最大数量的组合。

三、消费者效用最大化的均衡

消费者在约束条件下购买商品,人们将选择提供效用最大的一种，即消费者的最优购买行为必须满足两个条件：一是，最优的商品购买组合是消费者最偏好的商品组合，即最优的商品购买组合，是能够给消费者带来最大效用的商品组合；二是，最优商品购买组合位于给定的预算约束线上。预算约束线可以和无差异曲线一起来表示效用最大化的过程。如图6-1所示。

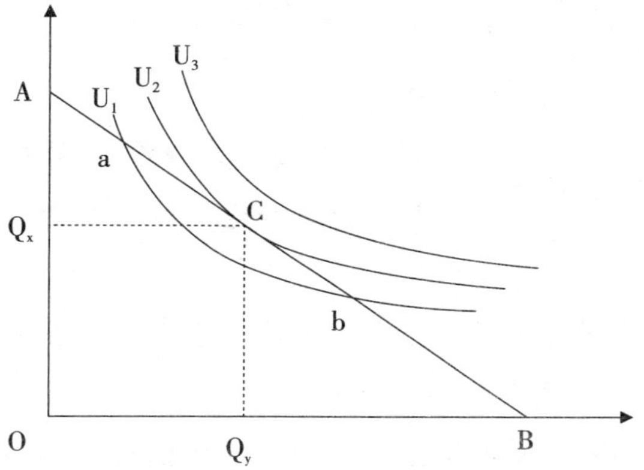

图6-1 消费者均衡

图6-1中，AB线为预算线，U_1，U_2，U_3为不同水平的无差异曲线，AB与U_2相切于C点，同U_1相交于a，b点，a，b，C分别代表消费者所能买到的X、Y两种商品的各种数量组合中的3种组合，其中a，b点上的效用水平U_1低于C点上的效用水平U_2。无论消费者开始时处于C点以外的哪一个点，由于U_2是该消费者给定收入下所能达到的最高效用水平，故消费者均会调整消费结构到C点，此时，在其他条件不变的前提下，消费者不再改变其消费结构，在给定的条件下，消费者的效用水平最大，消费者均衡得以实现。

消费者效用最大化的均衡条件说明，在给定的预算约束情况下，要获取最大的效用，消费者就必须使得这两种商品的边际替代率等于它们的价格之比，这样的商品组合才是均衡的商品组合。当消费者进行商品消费组合时，最后一单位货币得到的边际效用相等时，就达到了效用最大化。

第二节 消费者选择和消费者行为分析应用

预算线是由消费者的收入水平和商品的价格共同决定的，当收入发生变化时，消费者的消费选择也将发生变化。

一、消费者选择

消费者均衡状态是无差异曲线和预算线共同决定的。如果消费者的偏好不发生改变，则无差异曲线也将保持不变。价格变化对消费者均衡的影响在其他条件保持不变的前提下，一种商品价格的变化会使消费者效用最大化的均衡点的位置发生移动，并由此可以得到价格—消费曲线。价格—消费曲线是在消费者偏好、收入及其他商品价格不变的条件下，与某一种商品的不同价格水平相联系的消费者效用最大化的均衡点轨迹，如图6-2所示。[①]

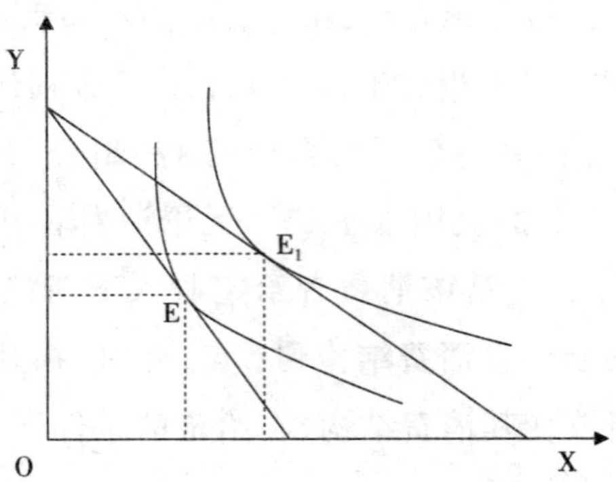

图6-2 价格—消费曲线

（一）需求曲线的推导

由消费者的价格—消费曲线可以推导出消费者的需求曲线。从

①王荧，陈豫浩，范一青．“消费者均衡”理论的图示法解析[J]．渭南师范学院学报，2013(08)：68-71.

价格—消费曲线上的两个均衡点E_1、E_2可以看出，在每个均衡点上都存在着商品X的价格与商品需求量之间的对应关系。也就是说，在均衡点E_1，商品X的价格为P_1，此时的商品X的需求量为Q_1；在均衡点E_2，商品X的价格由P_1下降为P_2，则商品X的需求量增加为Q_2。根据商品X的价格与需求量之间的这种对应关系，把每一个P数值和相应的均衡点上的X数值绘制在商品的价格—数量坐标图上，便可以得到单个消费者的需求曲线，如图6-3所示。

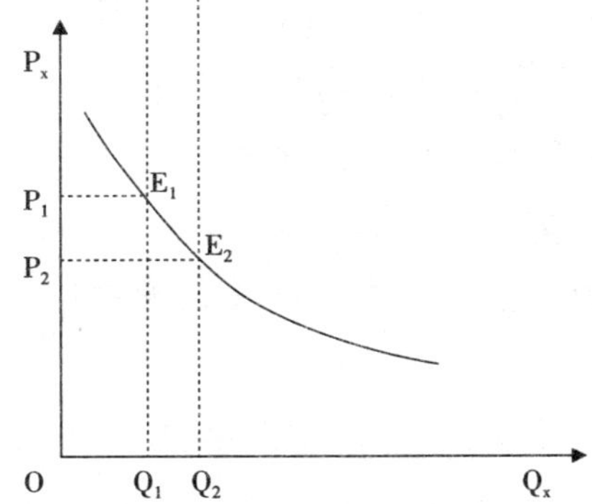

图6-3 消费者需求曲线

对市场需求的分析建立在个人需求分析的基础上。尽管个人需求是需求理论的基础，但企业管理者的主要兴趣在于总需求或市场需求。在消费者的收入和其他商品价格不变的条件下，个人需求曲线表示单个消费者愿意购买某种产品的数量与价格之间的关系。个人需求曲线的形状和水平，取决于无差异曲线反映出来的消费者偏好、消费者个人收入水平以及其他商品的价格水平。市场需求曲线表示市场上全体消费者愿意购买某种产品的数量与价格之间的关系，它等于该市场上该商品所有个人需求量之和。即在任何价格水平上的市场需求量，都等于在该价格水平上个人需求量之和。因此，商品的市场需求曲线等于个人需求曲线纵向不变、横向相加。

对生产者而言，商品的市场需求曲线是重要的概念。市场需求曲线表示，在消费者的货币收入和其他商品价格不变的情况下，在每个可能的价格上,市场上的消费者在单位时间内将要购买的商品数量。对生产者来说,得到市场需求取向方面的信息是极其重要的,据此可以知道在不同的价格上能够出售多少商品。

某种商品的市场需求曲线,是市场对生产这种商品的整个行业的需求曲线,这与市场对行业中某个企业的需求曲线不同。企业需求曲线表示单个企业面对市场上的全体消费者,愿意购买该企业生产的产品数量与价格之间的关系。从企业管理者的角度看,与定价和产量决策关系最密切的是企业面临的需求。在不同的市场上,企业面临的需求是不同的。在垄断市场上,只有一个生产厂商,市场需求就是企业需求,行业需求曲线与企业需求曲线之间没有区别。但是,如果有许多企业生产同种产品,行业需求曲线与企业需求曲线大不相同。特别是企业需求曲线比行业需求曲线的价格弹性要大,因为其他企业的产品可以替代任何一个企业的产品。

在完全竞争市场中,企业数量众多,单个企业的规模小,产品是同质的,企业提高产量对整个市场的供给不会产生多大影响。换言之,对每个企业来说,它可以尽其所能最大限度地销售它希望销售的商品数量而不会影响价格。因此,单个企业的需求曲线是一条水平线。在不完全竞争市场中,企业的需求曲线就不是水平的,它比该商品的行业需求曲线更富有弹性。边际收入不等于价格,而是低于价格。此时,企业需求和市场需求不同。企业需求和市场需求的区别有两方面:一是竞争中所做的决策;二是偏好、收入、其他商品的价格对需求量的影响程度不同。

(二)收入变化对消费者均衡的影响

在消费者偏好、两种商品 X 和 Y 的价格 P_X 和 P_Y 不变的情况下,若消费者收入发生变化,则预算线会发生左右平移,从而消费者均衡状态会发生变化。如图 6-4 所示,消费者最初的预算线 I_0 与无差异曲线 U_0 相切于均衡点 E_0,决定其最优购买组合为 X_0 单位的 X 商品和 Y_0 单位的Y商品。当消费者收入减少时，预算线由I_0左移至I_1，I_1与一条效用水平较低的新的无差异曲线U_1相切于新均衡点E_1，决定新的最优购买组合为X_1单位的X商品和Y_1单位的Y商品。反之，当消费者收入增加时，预算线由I_0右移至I_2，I_2与一条效用水平更高的新的无差异曲线U_2相切于新均衡点E_2，决定新的最优购买组合为X_2单位的X商品和Y_2单位的Y商品。可见，消费者收入变化一次，消费者均衡点就要相应变化，连接上述诸均衡点E_1、E_0、E_2……所形成的轨迹，称为收入—消费曲线，它表示在商品价格和消费者偏好不变的情况下，消费者的各种收入水平所能买到的两种商品的各种均衡组合，也就是消费者随收入变化而变化的各种均衡需求量的变动轨迹。

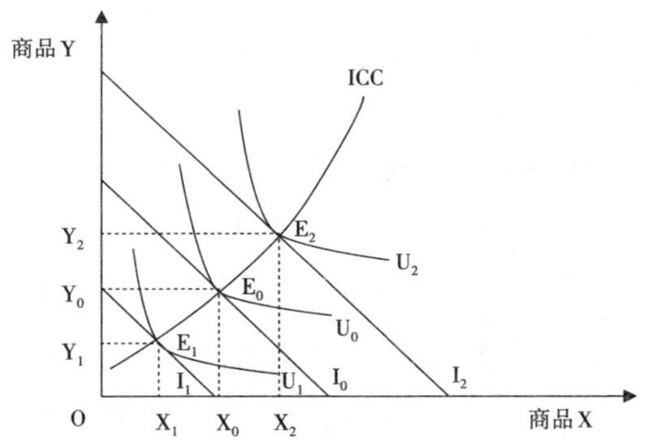

图6-4 收入—消费曲线

根据收入—消费曲线不难推导出收入—需求曲线（如图6-5），它是表示消费者收入和一种商品的均衡需求量之间关系的曲线。19世纪德国统计学家恩格尔是研究收入与消费之间关系的先驱，故收入—需求曲线又称恩格尔曲线。

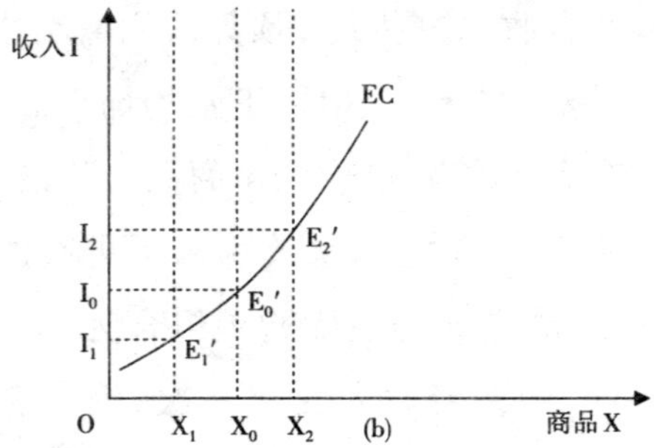

图6-5 收入—需求曲线

在图6-5中，横轴表示商品X的数量，纵轴表示消费者收入。根据图6-4的收入—消费曲线可知，当消费者收入为I_0、I_1和I_2时，X的均衡需求量分别为X_0、X_1和X_2，将上述收入水平和各自的X商品的均衡需求量之间的关系在图6-5中用点E_0'、E_1'和E_2'描述出来，并用平滑的曲线连接起来，就得到恩格尔曲线。

在消费者偏好和收入不变的情况下，如果商品的价格发生变化，预算线的位置将发生变化，从而消费者均衡会发生相应变动。为简便起见，我们假定两种商品X和Y中，仅商品X的价格P_X发生变化，而商品Y的价格P_Y不变。如图6-6所示，消费者的最初的预算线I_0与无差异曲线U_0相切于均衡点E_0，决定其最优购买组合为X_0单位的X商品和Y_0单位的Y商品。当商品X的价格P_X上升时，预算线由I_0移至I_1，I_1与一条效用水平较低的新的无差异曲线U_1相切于新均衡点E_1，决定新的最优购买组合为X_1单位的X商品和Y_1单位的Y商品。当商品X的价格P_X下降时，预算线由I_0移至I_2，I_2与一条效用水平更高的新的无差异曲线U_2相切于均衡点E_2，决定新的最优购买组合为X_2单位的X商品和Y_2单位的Y商品。可见，P_X每变化一次，消费者均衡点就会发生相应变化，连接上述诸均衡点E_1，E_0，E_2，……所形成的轨迹，称为价格—消费曲线。它表示在消费者偏好和收入既定的情况下，消费者随价格变化而变化的两种商品各种均衡需求量的变动轨迹。

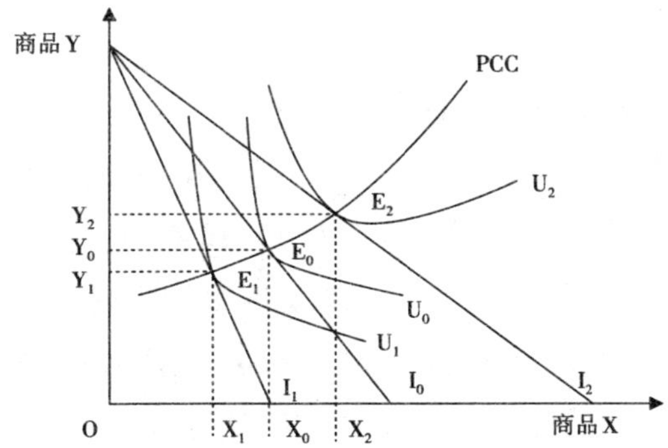

图6-6 价格—消费曲线

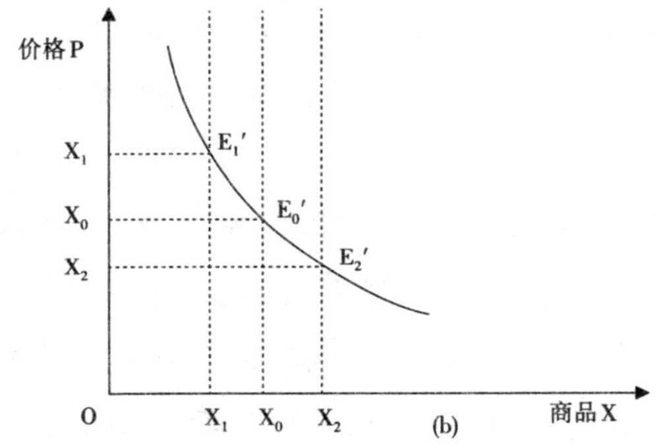

图6-7 需求曲线的求取

由价格—消费曲线不难推导出单个商品的需求曲线。在图6-7中，横轴表示X商品的数量，纵轴表示X商品的价格。根据图6-6的价格—消费曲线可知，假定当X的价格为P_{X_0}时，消费者预算线为I_0，则X的均衡需求量为X_0；当P_X上升至P_{X_1}时，消费者预算线为I_1，则X的均衡需求量相应减少为X_1；当P_X下降至P_{X_2}时，消费者预算线为I_2，则X的均衡需求量相应增加至X_2。将上述X商品的价格水平与其相应的均衡需求量之间的关系在图6-7中分别用点E_0'、E_1'和E_2'……描述出来，并用平滑的曲线连接起来，则得到X商品的需求曲线D。该需求曲线求取的基础是序数效用；由于边际替代率递减规律，需求曲线是向右下方倾斜的，其斜率为负；需求曲线上的任何一点均表示消费者满足程度或效用水平最大时的均衡点，即需求曲线是消费者对一种商品最优需求量的轨迹。

(三)替代效应和收入效应

当消费者面对的商品价格发生变动后,我们可以鉴别出两种影响:一是当某种商品如X商品的价格变化后,该商品与其他商品(在简化的分析中,即与Y商品,在实际分析中则要考虑X商品与多种商品之间的关系)之间的相对价格关系发生了变化,那么消费者会减少相对变得更为昂贵的商品,而增加相对变得较为便宜的商品,这种效应称为替代效应。二是当X商品的价格变化后,会引起消费者的实际收入水平或用其名义货币收入可以购买的商品或服务量发生变化,由此消费者会增加或减少对所有商品或服务的购买量,这种效应称为收入效应。

例如,在消费者只购买食物和衣服两种商品的情况下,当食物的价格下降时,一方面,对于消费者来说,虽然货币收入不变,但是现有的货币收入的购买力增强了,也就是说实际收入水平提高了。它会使消费者改变对这两种商品的购买量,从而达到更高的效用水平。这就是收入效应。另一方面,食物价格的下降,使得食物相对于价格不变的衣服来说便宜了。商品相对价格的这种变化,会使消费者增加对食物的购买而减少对衣服的购买。这就是替代效应。

显然,替代效应不考虑实际收入水平变动的影响,所以替代效应不改变消费者的效用水平。当名义收入给定时,某一商品或服务的价格提高后,会使一般物价水平提高,从而降低实际收入;反之,当某一商品或服务的价格降低时,会使一般物价水平降低,从而提高实际收入。不过,一般比较次要的商品或服务的价格变动对一般物价水平的影响较小,一些相对重要的商品或服务的影响就大得多,从而其价格变化对实际收入的影响也较为显著。

根据替代效应和收入效应的相对关系,替代效应对商品或服务的需求变化方向,通常与价格变化的方向相反,即价格下降时,对这种商品或服务的需求增加；反之，则对这种商品或服务的需求减少。收入效应则与价格变化方向可能相同也可能不同，即价格下降时，对这种商品或服务的需求可能增加也可能减少；反之亦然。

正常物品的需求量随着消费者收入水平的提高而增加，随着消费者收入水平的下降而减少，即正常物品的需求量与消费者的收入水平成同方向的变动。

综上所述，对于正常物品来说，替代效应与价格的变动成反向关系，收入效应也与价格的变动成反向关系，在它们的共同作用下，总效应必定与价格的变动成反向关系。

我们可以用正常商品的收入效应和替代效应来分析工资是如何决定劳动供给的。每个人的时间可以用作两部分，即工作和闲暇。一个人把多少时间用于工作，多少时间用于闲暇，取决于工资。工资的变动通过替代效应和收入效应来影响劳动供给。闲暇是没有收入的，享受闲暇就必须放弃工作所能得到的工资。替代效应指工资增加引起的工作对闲暇的替代。因此，一方面随着工资的增加，替代效应使劳动供给增加；另一方面随着工资的增加，人们的收入增加，收入增加引起人们对各种物品与劳务的需求增加。闲暇也是一种正常物品，因此随着收入增加，人们对闲暇的需求也增加。增加闲暇必定减少劳动时间，这就是工资增加引起的收入效应，收入效应使劳动供给随工资的增加而减少。工资增加引起的替代效应和收入效应对劳动供给起着相反的作用。如果替代效应大于收入效应，则随着工资的增加，劳动供给增加；如果收入效应大于替代效应，则随着工资增加，劳动供给减少。工资作为劳动的价格决定了劳动供给决策。

二、消费者行为分析的应用

（一）消费者剩余

消费者在市场中购买商品，是因为其购买行为能使消费者的情况变好。在消费者购买商品时，一方面，消费者对每一单位商品所愿意支付的价格取决于这一单位商品的边际效用。由于商品的边际效用是递减的,所以,消费者对某种商品所愿意支付的单位价格是逐步下降的。但是,另一方面,需要区分的是,消费者对每一单位商品所愿意支付的价格并不等于该商品在市场上的实际价格。事实上,消费者在购买商品时是按实际的市场价格支付的,而实际的市场价格取决于消费者购买最后一单位商品所得到的效用。于是,在消费者愿意支付的价格和实际的市场价格之间就产生了一个差额,这个差额便构成了消费者剩余的基础。

可见,消费者剩余等于消费者在购买一定数量的某种商品或劳务时愿意支付的价格减去他实际为此支付的价格。当价格和数量可以无限细分时,消费者剩余可以用几何图形来表示。简单而言,消费者剩余可以用消费者需求曲线以下、市场价格水平线之上的面积来表示,如图6-8的阴影部分面积所示。

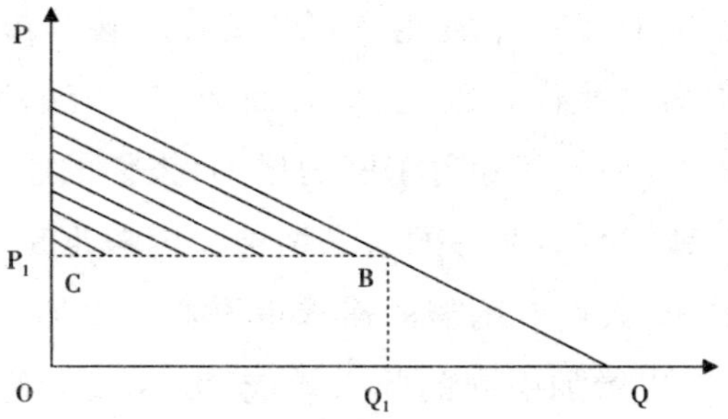

图6-8 消费者剩余

由市场中无数个体加总之后,消费者剩余度量消费者在一个市场中购买商品所获得的总收益。它可以用来评价政府公共政策的得失以及市场结构中的厂商行为。例如,政府如何决定修建水电站或修建公共广场的价值。假设政府考虑修建大型的公共广场。由于广场属于公共物品,所有人都可以免费使用,并不能带来任何收入。使用广场的收益是公民的休闲与城市环境美化对旅游经济的刺激,它用个人的消费者剩余来进行衡量。为了方便起见,假设有10000个使用者,他们在其他方面是一致的。经过估算可知，每个人可以从广场中得到400元的消费者剩余。如果总成本低于400万元，修建广场就会提高消费者的经济福利。同样的原理可以用于政府治理江河污染、治理沙尘暴等问题的决策。

（二）政府补贴的影响

经济的持续增长能够使全社会的生活水平得到提高。然而，并非社会中的每一个人都能够分享到经济增长带来的好处。由于各种原因，社会中会有一部分人的生活水平提高的速度慢于整个社会的平均水平，从而处于相对贫困状态。许多国家的政府对这些低收入家庭常常采取各种手段进行援助，以保证其在食品、住房等基本生活方面达到一定的水平。以居民住房为例，假设政府对于低收入家庭的住房条件改善有两种援助手段：一是向这些家庭提供带有价格补贴的低价福利性住房；二是向低收入家庭提供一笔相当于价格补贴的货币收入。如果在这两种不同的方式下政府的总支出相等，那对于低收入家庭而言是否也是等价的呢？

图6-9显示的是一个典型的低收入家庭的无差异曲线及预算曲线。纵坐标代表家庭收入，横坐标代表住房面积。在政府实施援助计划之前，该家庭的总收入为OI，预算曲线为IM。如果该家庭把全部收入用于住房方面，可得到的最大住房面积为OM。首先假定政府选择了向低收入家庭提供带有价格补贴的低价住房方案，这将使预算曲线的斜率发生变化，新的预算曲线为IN，在新的预算约束下该家庭在A点达到均衡状态，所获得的住房面积为OL。一般来讲，政府提供的低价福利性住房可以使消费者达到更高的效用水平，住房面积也相应地有所提高。

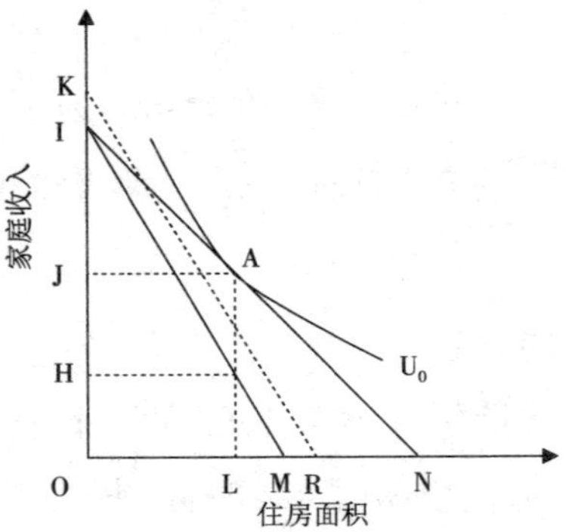

图6-9　价格补贴与收入补贴的影响

如果政府不采用价格补贴，而采用向低收入家庭提供相当于价格补贴的货币收入的方式，情况又会怎么样呢？由图6-9可以看出，如果低收入家庭选择了OL住房面积，在没有价格补贴的情况下的支出为IH，在有价格补贴情况下的支出为IJ，因此，消费者得到的补贴额为JH。如果政府将数额为JH的补贴以货币收入的形式提供给低收入家庭，那么，预算曲线将会向上平移，平移的垂直距离等于JH。当预算曲线向上平移时，定然会在某一位置（如图6-9中KR所示）与无差异曲线U_0相切，在切点处消费者达到了与价格补贴相同的效用水平。

显然，IK小于JH，这意味着同样数额的收入补贴能够使消费者达到更大的效用水平，或者说价格补贴的代价大于收入补贴的代价。在采用收入补贴的情况下，虽然消费者选择的住房面积小于采用价格补贴时的住房面积，但消费者把这笔收入的一部分用于购买其他商品，并从中获得更大程度的满足。当然，这一分析结果并非说明必须放弃价格补贴，政府之所以在一些场合选择价格补贴的方式，是因为还考虑了其他因素，不能仅仅据此就断定收入补贴一定要比价格补贴好。

（三）广告的作用分析

广告无疑是现代企业竞争的一种重要手段。一条成功的广告可以使一家名不见经传的企业一举成名。从本质上讲，广告的作用是为了促销，并提高企业在市场中的竞争地位。

广告的基本功能之一是传递有关商品的性能、质量、价格等方面的信息。在前面的分析中，我们假定消费者通过选择而使其效用达到最大化状态时已经掌握了有关商品的所有信息。显然，这一假设与现实并不完全相符。在更多的场合下，消费者在做出购买决策时，仅仅掌握了有关商品的部分信息。

如果考虑实际中消费者只掌握了有关商品的部分信息，例如，消费者不能肯定商品X的确切价格应为多少，而只知道这种商品的价格在某一范围，在这种情况下，消费者的预算曲线就不是一条确定的直线，而是在一定范围内变动。

在信息有限的情况下，消费者做出决策的一种方式是在最初所了解的几种有限的商品中做出选择，但这样会导致消费者在较低的效用水平上达到均衡；另一种做法是尽可能地去搜集有关商品的信息，以降低不确定性带来的不利后果。但搜集信息本身也是要花费代价的，这可能导致消费者用于购买商品的实际收入下降。从企业的角度来看，如果能够降低消费者搜集信息的成本，就能够使消费者在更高的效用水平上达到均衡，从而增加消费者购买商品的数量。广告最重要的功能就体现在这一点上。

广告除了向消费者提供有关商品的信息外，还能够改变商品在消费者心目中的价值，从而影响消费者的消费偏好。具体而言，广告可以改变无差异曲线的现状和位置。

第七章 管理者与管理决策、管理控制

第一节 管理工作与管理者

管理者是正式组织内拥有正式职位，运用组织授予的制度权力做出决策，负责指挥别人的活动，并承担对组织实现预期目标做出贡献和承担责任的各类从事管理活动的人，即在组织中担负计划、组织、领导、激励、协调、控制等工作以期实现组织目标的人。管理者在一个组织中往往需要完成某些工作，以协调组织内外部的资源，让组织内外部的相关人员的行为协同一致，以实现组织的目标。

一、管理工作

管理工作主要包括以下三个方面。

第一，管理一个组织，求得组织的生存和发展。首先，管理者要确定组织存在的目的、组织要达到的目标并制定实现组织目标的途径；其次，管理者要使组织通过各种管理活动获得最大利益；最后，管理者要保证组织"为社会服务"和为自身发展"创造顾客"。

第二，管理管理者。在组织的不同管理层次上，上一级管理者又是下一级管理者的管理者，不管哪一层次的管理者都有这样的职责：主导和影响被管理者，使之为组织目标的实现积极努力工作和努力奋斗；构建适合的组织结构；培养被管理者的团队合作精神；培养下一层管理者，使其管理工作技巧提高。

第三，管理工人和工作。管理者要认识两个趋势：一是管理工作性质是不断变化的，工作的承担者既有体力劳动者，也有脑力劳动者，而且随着科学技术的进步，后者的数量会大大增加，因而管理的方式需要探讨；二是处理好与各类人员的关系变得越来越重要，这要求管理者能正确认识人的特性。

二、管理者

（一）管理者的分类

根据不同的分类标准，管理者可以有如下分类。

1.按管理者在组织中所处的层次划分

按管理者在组织中所处的层次，组织中的管理者可以分为高层管理者、中层管理者和基层管理者三个层次，不同层次管理者工作的重点不同。高层管理者对整个组织的管理负有全面责任，其主要任务是确定组织的总体目标和总体战略。中层管理者的主要职责是贯彻执行高层管理者所制定的重大决策，监督和协调基层管理者的工作，或对组织中某一方面的工作进行具体的规划和参谋。他们在管理中起着上传下达的桥梁和纽带作用，负责协调和控制基层生产、业务活动，保证本部门任务的完成和目标的实现。基层管理者即一线管理人员，其主要职责是给下属作业人员分派具体工作任务，直接指挥和监督现场作业活动。

在一个组织中，除了最高层主管，其余绝大多数管理者的身份都具有相对性和两重性，他既是其下属的管理者，又是其主管的被管理者；既是管理的主体，又是管理的客体。再有，管理者的人格是双重的，即每一个管理者都位于组织的某个职位上，是该职位责任和权力的化身，是一定组织利益的代表，同时每一个管理者又是一个活生生的个人，是自身利益的代表。这两种利益有时是一致的，有时又是矛盾的。管理者要进行有效管理、提高管理效益，保证组织目标和个人在组织中价值的实现，就必须处理好这对矛盾。

2.按管理者所负责的组织活动的范围分类

按管理者在组织权力体系中的职权关系性质不同，管理人员又可以划分为直线管理人员和参谋人员。

直线管理人员是指有权对下级进行直接指挥的管理者。直线管理者是位于组织指挥链上,对整个组织或其中某个层次中的一个单位的活动,实行综合统一管理并负有全部责任的管理者,故又称为一般管理者或综合管理者。直线管理人员的主要职能是决策和指挥,与下级之间存在着领导隶属关系,是一种命令与服从的职权关系。

参谋人员是指对上级提供咨询、建议,对下级进行专业指导的管理者。他们与上级的关系是一种参谋、顾问与主管领导的关系,与下级是一种非领导隶属的专业指导关系。他们的主要职能是咨询、建议和指导。

(二)管理者的角色与管理技能

1.管理者的角色

20世纪60年代末,明茨伯格提出了管理角色理论。明茨伯格将管理者在计划、组织、领导、控制组织资源过程中需要履行的特定职责简化为10种角色。管理者通过这些角色的履行以影响组织内外个人和群体的行为。他将这10种角色划分为三大类——人际关系型、信息型和决策型。

人际角色直接来源于管理者的正式权力基础,管理者在处理与组织成员和其他利益相关者的关系时,他们就在扮演人际角色。管理者所扮演的三种人际角色是代表人角色、领导者角色和联络者角色。在信息角色中,管理者负责确保共同工作的人具有足够的信息,从而能够顺利完成工作。管理者既是所在组织的信息传递中心,也是组织内其他工作小组的信息传递渠道。在决策角色中,管理者处理信息并得出结论,并用于组织的决策。管理者负责做出组织的决策,让组织内团队和成员按照既定的路线行事,并分配资源以保证各类计划的实施。

2.管理者的技能

(1)概念性技能

概念性技能就是分析、预测和做出决断的能力。具体包括对大量的信息进行抽象概括的能力;理解事物的相互关联性从而找出关键因素的能力;理解并协调各种矛盾的关系、权衡方案优劣及内在风险的能力;透过现象抓住本质的洞察力;在深刻了解各个局部的基础上把握全局的能力等。任何管理者所处的环境都是复杂多变的,因此要求他们认清各种因素之间的内在联系,抓住问题的实质,迅速做出正确的决策。管理者所处的层次越高,其面临的环境和问题就越复杂,越需要概念性技能。

(2)人际技能

人际技能是管理者与别人沟通和打交道的能力。具体而言,是管理者所具有的识别人、任用人、团结人、组织人、调动人的积极性以实现组织目标的能力。对于各个层次的管理者,人际技能都很重要,特别是中层管理者,不仅要处理好与下级的关系,影响和激励下级有效工作,还要处理好与上级、同级之间的关系,学会如何支持和说服领导,如何与其他部门合作。①

(3)技术技能

技术技能指利用技术完成任务的能力。管理者没有必要使自己成为精通某一领域技术的专家,因为他可以依靠技术专家来解决技术问题。但管理者需要了解与其管理的专业领域相关的基本技术知识,否则他将很难与技术专家或技术主管有效沟通,从而影响他对所在业务范围内的各项管理工作进行具体指导;另外,这对管理者决策的及时性、正确性也有不利影响。但基层管理人员必须全面而系统地掌握与工作内容相关的各种技术性技能。如某机械厂的老板不一定要精通机械,但他要懂一点机械制造的知识,而车间主任则必须要精通机

①张正平.管理者须具备的四种技能[J].北京石油管理干部学院学报,2014(02):79-80.

械制造加工的技术。

高层的管理人员需要制定全局性的决策，所做的决策影响范围更广、影响期限更长，因此，高层管理者需要更多地掌握概念性技能，进而把全局意识、系统思想和创新精神渗透到决策过程中。基层管理人员，每天大量的工作是与从事具体作业活动的工作人员打交道，有责任检查工作人员的工作，及时解答并同工作人员一起解决实际工作中出现的各种具体问题。因此，基层管理人员必须全面而系统地掌握与本单位工作内容相关的各种技术性技能。当然，基层管理人员也可能面临一些例外的、复杂的问题，要协调所管辖工作人员的工作，制定本部门的整体计划，为了做好这些工作，也需要掌握一定的概念性技能。人际关系技能是组织各层管理人员都应具备的技能。因为不管是哪个层次的管理者，都必须在与上下左右进行有效沟通的基础上，相互合作，共同完成组织的目标。

（三）管理者的道德和社会责任

组织或个人都不可能脱离社会环境而独立存在。为了自身的生存和发展，组织或个人必然要与其他组织或个人发生这样那样的关系。伦理和道德正是维系这种社会关系和秩序最基本、最重要的规范。

1.管理者的道德观

通常认为，在商业道德方面有以下四种道德观点。

第一，道德的功利观。这种观点认为决策要完全依据其后果或结果做出。功利主义的目标是为尽可能多的人提供尽可能多的利益。一方面，功利主义对效率和生产率有促进作用，并符合利润最大化的目标。另一方面，它会造成资源配置的扭曲，尤其是在那些受决策影响的人没有参与决策的情况下，功利主义会导致一些利益相关者的权利受到忽视。

第二，道德的权利观。这种观点认为决策要在尊重和保护个人基本权利的前提下做出。权利观的积极一面是它保护了个人的自由和隐私。但接受这种观点的管理者把对个人权利的保护看得比工作的完成更加重要，从而在组织中会产生对生产率和效率有不利影响的工作氛围。

第三，公平理论道德观。这种观点要求管理者公平地实施规则。接受公平理论道德观的管理者可能决定向新来的员工支付比最低工资高一些的工资，因为在他（或她）看来，最低工资不足以维持该员工的基本生活。按公平原则行事，它保护了那些未被充分代表的或缺乏权力的利益相关者的利益，但是它可能不利于培养员工的风险意识和创新精神。

第四，综合社会契约理论观。这种观点主张把实证（是什么）和规范（应该是什么）两种方法并入商业道德中，即要求决策人在决策时综合考虑实证和规范两方面的因素。这种道德观综合了两种“契约”：一种是规定了做生意的程序；另一种是规定了哪些行为方式是可接受的。这种商业道德观要求管理者要考察各行业和各公司中的现有道德准则，以决定什么是对的、什么是错的。

随着个人权利和社会公平的日益被重视，功利主义遭到了越来越多的非议，因为它在照顾多数人的利益的时候忽视了个人和少数人的利益。对个人权利和社会公平的考虑，意味着管理者要在非功利标准的基础上建立道德标准。但按个人权利、社会公平和社区标准之类的标准来进行决策，要比使用诸如对效率和利润的影响之类的标准来进行决策，更让管理者为难。从而导致管理者不断发现自己处在道德困境中。

2. 影响管理伦理（道德）的因素

第一，管理者的道德发展阶段。根据西方道德心理学家的已有研究，人们的道德发展可归纳为三个发展阶段——前惯例阶段、惯例阶段、规范与原则阶段，它们代表人们道德发展的不同水平。

处于前惯例阶段的人们，其行为仅受个人利益的影响，其行为特征是为避免物质惩罚而遵守规则，或只在符合直接利益时才遵守规则；处于惯例阶段的人们，其道德行为受他人期望的影响，其行为特征是做自己周围人所期望做的事，或通过履行他人所认同的准则义务来维护传统的秩序和标准；处于规范与原则阶段的人们，其道德选择具有自主性，受自己认为正确的个人行为准则的影响，其行为特征表现为遵循自己长期所形成的道德准则，而不受外界的影响。

第二，管理者的个人特征。一个成熟的人一般都有相对稳定的个人价值准则和道德规范，即对于正确与错误、善与恶、诚信与虚假等基本信条的认识。这些认识是个人在长期生活实践中建立起来的，也是教育与训练的结果。管理者通常也有不同的个人准则，它构成了管理者道德行为的个人特征。由于管理者的特殊地位，这些个人特征很可能转化为组织的道德理念与道德准则。

第三，管理者的自信心强度。在管理过程中，一般要求管理者的谋与断、胆与识是统一的。但管理者作为一个个体，其能否把自己的价值认识转化为行动，以及在多大程度上转化为行动，其个性品质中的自信心强度是极为重要的决定因素。所以，美国著名管理学教授斯蒂芬·罗宾斯认为，管理者的自信心强度对管理者的道德选择至关重要。自信心高的人比自信心低的人更能克制冲动，也更能遵循自己的判断，去做自己认为正确的事，从而在道德判断与道德行为之间表现出更大的一致性。

第四，管理者的自我控制能力。控制中心是衡量人们相信自己掌握自己命运的个性特征，它实际上是管理者自我判断、自我控制、自我决策的能力。罗宾斯把控制中心区分为内在与外在两个方面。他认为具有内在控制中心的人，自信能控制自己的命运，故更可能对其行为后果负责任，并依据自己的内在标准指导行为，从而在道德认识与道德行为之间表现出更大的一致性；而具有外在控制中心的人则常常是听天由命，一般不大可能对其行为后果负个人责任，而更可能依赖外部的力量，因此，他们在道德认识与道德行为之间常表现出很大的差异性。

第五，组织结构。合理的管理组织结构可以对组织中的个体道德行为起到明确的引导、评价、奖惩的作用，因而也就对管理者的道德行为有约束作用。

第六，组织的文化建设。斯蒂芬·罗宾斯认为，管理组织的文化建设对管理道德的影响主要表现为两个方面：一是组织文化的内容和性质；二是组织文化的力度。一个组织若拥有健康的和较高道德标准的组织文化，这种文化的向心力和凝聚力必然对其中每个人的行为具有很强的控制能力。

另外，组织文化的力度对管理道德也有着很大的影响。如果组织文化的力度很强并且支持高道德标准，它就会对管理者的道德行为产生强烈和积极的影响。

第七，道德问题的重要程度。管理者的道德问题强度主要表现在管理者对以下几个问题的判断：管理者对其道德行为产生的危害或受益的可能性的认识；管理者与其道德行为的受害者或受益者的关系接近程度；管理者对其道德行为的受害者或受益者受到多大程度的伤害或利益的关注度和内心感受；管理者的道德行为对有关人员的影响和集中程度；管理者的道德行为与所期望的结果之间持续时间的长短等。

3. 管理者的社会责任

管理者的社会责任就是指决策者在追求自身利益发展的同时，所必须承担的一种义务，即保护和改善公众利益的义务。一般组织管理者的责任范围包括利益相关者、自然环境和一般社会福利。

（1）对利益相关者的责任

利益相关者是指位于组织内部或者外部，与组织有利害关系的任何人或团体。由于每个利益相关者在组织中的利害关系是不一样的，他们对敏感度都有不同的标准。利益相关者可以影响战略产出和对组织的收益有法定权利的个人和组织。利益相关者通过对组织的生产、竞争和利润至关重要因素的控制,实施对组织绩效的影响权。可能是客户内部的(如雇员),也可能是客户外部的(如供应商)。一般情况下,对利益相关者的责任可有如下分类。

第一,对员工的责任。不歧视员工,定期或不定期培训员工,营造一个良好的工作环境,善待员工的其他一些举措。

第二,对顾客的责任。具体包括以下内容:①提供安全的产品,安全的权利是顾客的一项基本权利。②提供正确的产品信息,要想赢得顾客的信赖,在提供产品信息方面不能弄虚作假,欺骗顾客。③提供售后服务,管理者要重视售后服务,要把售后服务看作对顾客的承诺和责任,要建立与顾客沟通的有效渠道,及时解决顾客在使用产品时遇到的问题和困难。④提供必要的指导,在使用产品前或过程中,管理者要尽可能为顾客提供培训或指导,帮助他们正确使用产品。⑤给予顾客自主选择的权利。

第三,对竞争对手的责任。在市场经济下,竞争是一种有序竞争。管理者不能压制竞争,也不能搞恶意竞争。

第四,对投资者的责任。首先要为投资者带来有吸引力的投资报酬。此外,还要将其财务状况及时、准确地报告给投资者。

(2)对环境的责任

决策者要在保护环境方面发挥主导作用,特别要在推动环保技术的应用方面发挥示范作用。企业或组织要治理环境,要以“绿色产品”为研究和开发的主要对象。

(3)一般社会福利

除了利益相关者和环境责任之外,还应当增加一般社会的福利。这方面的例子包括慈善捐款、资助慈善组织和非营利机构;资助博物馆、乐团和公共广播电视;为改善健康和教育体系做贡献。

第二节 决策的概念、类型及特征

决策是管理的核心。决策理论的研究和运用,已成为现代管理中的一个中心课题并贯穿于整个管理过程之中。无论是计划、组织、控制还是领导、创新等管理职能,都存在着决策的制定和执行问题。决策水平直接影响管理的水平和效率。决策的正确与否关系到组织和事业的兴衰存亡,因此,每一个管理者都必须认真研究决策科学,掌握决策理论、决策的科学方法和技巧,在千头万绪中找出关键之所在,权衡利弊,及时做出正确、可行的决策。

一、决策的概念

明智的决策是成功的关键,人们不论做什么事情,都是首先始于决策,最后成于决策。从现实的情况来看,决策活动几乎是无处不在,无时不有的。小到我们日常生活的衣食住行,中到企业的经营管理,大到涉及国计民生的各种发展规划,都需要通过相应的决策才能使之一一得以完成和实现。可见,决策活动与人类活动是密切相关的。

(一)决策的含义

作为管理学的一个特定术语,对于决策的含义,学者们有不同的看法,争论较多,当前主要有以下几种观点:①决策就是做出决定;②决策就是管理,管理就是决策;③决策就是选择,决策就是领导“拍板”;④决策指的是人类社会中与确定行动目标有关的一种重要活动。

这些观点都从决策的不同角度说出了一定的道理,说决策是决定、是“拍板”、是决断、是定案的人,认为决策是领导者个人的能力;说决策是管理、是选择、是确定目标行动的人,认为决策是一个过程。

到底什么是决策?现在一般认为,决策有狭义和广义之分。狭义的决策是指行动方案的确定或决定,即人们通常所说的“拍板定案”。

广义的决策是指人们为了达到一定目的,运用科学的理论和方法提出、选择并实施行动方案的全过程。现代管理学所讲的决策是广义的决策。

(二)决策的原则

决策原则是指在决策过程中必须遵循的指导原理和行为准则,它是科学决策的反映,也是决策实践经验的概括总结。在决策过程中所要遵循的具体原则是多种多样的,通常主要有以下几个原则。

1.科学性原则

科学性原则是衡量一切事物的最高准则。科学性原则主张人们的一切活动都应从事物的本质和客观规律出发,尊重客观性,反对主观性;尊重必然性,反对偶然性;尊重本质性,反对表面性。科学性原则,是决策时必须遵循的首要原则。

2.信息原则

信息是决策的依据,而信息的准确、全面、系统、可靠和及时是科学决策的基础条件。信息不准,决策必错。信息原则要求在决策时,首先必须搜集大量的信息,保证信息的完整性,这样才能对信息进行归纳、选择,提炼出对决策有效的信息;其次必须提高信息质量,保证信息的准确性;最后必须防止信息迂回、阻塞,保证信息的时效性。

3.系统原则

系统性是现代决策的重要特点之一。在现代条件下,决策对象通常是一个多因素组成的有机系统,运用系统理论进行决策,是科学决策的重要保证。系统理论是把决策对象看作一个系统,并以这个系统的整体目标为核心,追求整体效应为目的。为此,系统原则要求在决策时,首先应贯彻"整体大于部分之和"的原理,统筹兼顾,全面安排,各要素和单个项目的发展要以整体目标为准绳;其次强调系统内外各层次、各要素、各项目之间的相互关系要协调、平衡配套,要建立反馈系统,实现决策实施运转过程中的动态平衡。

4. 满意原则

决策的满意原则是针对最优化原则提出的。它是指决策不可能避免一切风险，不可能利用一切可以利用的机会，不可能达到“最优化”，而只能要求“令人满意”或“较为适宜”的方案。

最优化的理论假设是把决策者作为完全理性化的人，决策是以绝对理性为指导，按最优化准则行事的结果。但由于组织处在复杂多变的环境中，要使决策者对未来一个时期做出绝对理性的判断，必须具备以下条件：①决策者对相关的一切信息能全部掌握；②决策者对未来的外部环境和内部条件的变化能准确预测；③决策者对可供选择的方案及其后果完全知晓；④决策不受时间和其他资源的约束。显然，这四个条件对任何决策者，无论是个体还是集体，也不论素质有多高，都不可能完全具备。因此决策不可能是最优化的，而只能要求是令人满意的或较为适宜的。

5. 可行性原则

为了使决策付诸实施，决策必须切实可行。可行性原则要求决策者在决策时，不仅要考虑到需要，还要考虑到可能；不仅要估计到有利因素和成功的机会，更要预测到不利条件和失败的风险；不仅要静态地计算需要与可能之间的差距，还要对各种影响因素的发展变化进行定量和定性的动态分析。

6. 集体与个人相结合的原则

坚持集体与个人相结合的原则，又称民主集中制原则，就是既要充分发挥专家和智囊的作用，又要尽力调动各方面的积极性和主动性，使决策建立在广泛民主的基础上，并在民主的基础上进行集中。这样一方面可以充分发挥各方面的专长，提高决策质量，防止个体决策的片面性；另一方面又为决策的实施提供了保证。本原则充分体现了决策科学化和民主化的客观要求。

7. 反馈原则

反馈原则，就是建立反馈系统，用实践来检验决策和修正决策。由于事物的发展和客观环境的不断变化，决策者受知识、经验、能力的限制，致使决策在实施中可能会偏离预定目标，这就需要根据反馈情况采取措施，对原方案或目标加以相应的调整和修正，使决策趋于合理。

（三）决策的依据

做出科学的决策，凭借的是科学、准确、及时的决策依据。决策依据是科学决策的前提。

1. 事实依据

事实是决策的基本依据。在决策中，只有把决策对象的客观情况搞清楚，才能找到目标与现状的差距，才能正确地提出问题和解决问题。否则，如果事实不清楚，或者在对事实的认识和了解中掺进了个人的主观偏见，就会使决策失去基本依据，造成决策从根本上发生失误。这种情况在实际中并不少见。

2. 价值依据

这里的价值是指决策者的价值观、伦理道德观念和某些心理因素。这些因素虽然有主观性，但仍然是决策的依据和前提。这是因为对任何事物的认识和判断都会不可避免地掺进主观因素，否则就不能解释为什么对同一事物会有两种或多种截然不同的看法，为什么对同一方案会有截然不同的两种或多种选择。

我们也要正确地认识事实依据与价值依据的关系。两者最基本的关系就是价值判断要以事实为基础。如果离开这个基础，就不可能产生一种正确的价值观。如果价值观离开事实的依据，有时可能做出“好”的决策，却永远做不出正确的决策。

3. 环境、条件依据

所谓环境和条件，是指决策对象事实因素和决策价值因素以外的各种因素，如自然条件、资源条件、社会制度条件、科学技术条件，以及人们的文化传统和风俗习惯条件等。在决策中之所以考虑这些因素，是因为这些因素对整个决策，包括决策目标的确定、决策方案的选择以及决策方式的采用等都起着制约作用。也就是说，在决策中，不但要看决策对象在事实上能达到的程度，还必须看由于各种环境和条件所制约而达到的程度。

4.政策依据

严格地讲，政策依据包含在环境、条件依据之中，基于政策对决策的作用越来越大，因而很有必要把政策依据单独列出来考虑。政策是政党和国家为实现一定历史时期的政治路线或战略任务而制定的行动准则。政策的类别包罗万象，比如，以大类分，有经济政策、教育政策、医疗保障政策、计划生育政策等。每一大类之下，又有系列化的具体政策。不同时期的政策，体现着不同时期社会的需要，是组织或企业必须遵守的行为准则，也是决策的基本依据。作为一个管理者和企业家，特别应该随时关注宏观经济走势的变动，并预测政府的政策走向。政府宏观经济政策的变动大体上是有规律可循的，管理者和企业家只要长期关注，自己就会做出正确的判断。例如，在美国，许多美联储的专家在退休后被公司高薪请去当顾问。这些专家之所以被高薪聘用，是因为他们多年分析宏观经济走势与宏观经济政策的经验对这些公司至关重要。这也说明，宏观经济政策是决策的重要依据之一。

二、决策的类型及特征

决策作为一种组织活动，有着丰富的内容与多样的形式，从不同的角度，按照不同的标准，可以把决策分为不同类型。决策类型的多样性是由其内容的丰富多样所决定的。对决策的分类，主要是为了通过分类认识不同类型决策的特征，掌握不同类型决策的规律，并在实际中对不同类型的决策采取不同的决策方式和方法。

(一)决策的类型

从不同的角度,依据不同的标准,决策可以分为不同的类型。

1.战略决策与战术决策

按决策的影响范围和重要程度不同,组织的决策可分为战略决策和战术决策。“战略”“战术”是从军事学上借用过来的术语。前者涉及对整个战争的总体布局和战役安排,后者指作战方案制定或者战斗进行之中采取的基本作战策略。将这一对军事概念应用到决策活动中,战略决策与战术决策的区别可概括为以下几点。

第一,从调整对象看,战略决策调整组织的活动方向和内容,战术决策调整在既定方向和内容下的活动方式。战略决策解决的是“做什么”的问题,战术决策解决的是“如何做”的问题,前者是根本性决策,后者是执行性决策。

第二,从涉及的时间范围来看,战略决策面对的是组织整体在未来较长一段时间内的活动,战术决策需要解决的是组织在未来各个较短时间内的行动方案。因此,战略决策是战术决策的依据,战术决策是在战略决策的指导下制定的,是战略决策的落实。

第三,从作用和影响上看,战略决策的实施是组织活动能力的形成与创造过程,战术决策的实施则是对已形成能力的应用。因此,战略决策的实施效果影响组织的长远发展,战术决策的实施效果则主要影响组织的效率与生存。

2.程序性决策与非程序性决策

按决策问题的重复程度和有无既定的程序可循,组织决策可分为程序性决策与非程序性决策。程序性决策,指经常重复发生,按原定程序、方法和标准进行的决策。处理例行问题,有固定的程序、规则和方法。程序性决策是按预先规定的程序、处理方法和标准来解决管理中经常重复出现的问题,又称重复性决策、定型化决策或常规决策。

非程序化决策指具有极大偶然性、随机性、又无先例可循且具有大量不确定性的决策活动。处理例外问题,无先例可循。依赖于决策者的经验、知识、价值观、决断能力。非程序性决策则是为解决不经常重复出现的、非例行的新问题所进行的决策。这类决策又称为一次性决策、非定型化决策或非常规决策,它通常是关于重大战略问题的决策。

3.个体决策与群体决策

从决策主体来看,组织的决策可分为个体决策与群众决策。个体决策的决策者是单个人,所以也称为个人决策。群体决策的决策者可以是几个人、一群人甚至扩大到整个组织的所有成员。"厂长负责制"企业中的决策就主要是由厂长个人做出方案抉择的,尽管其决策过程中可能接受"工厂管理委员会"这类智囊机构的咨询意见。相比之下,"董事会制"下的决策则是一种群体决策,由集体做出决策方案的选择。

个体决策与群体决策各有优缺点。相对说来,群体决策的一个主要优点是,群体通常能比个体做出质量更高的决策。其原因在于,由群体来制定决策有利于提供更完整的信息,能产生更多的备选方案,并从更广泛的角度对方案进行评价和论证从而做出更准确、更富有创造性的决策。其次,以群体方式做出决策,也易于增加有关人员对决策方案的接受性。当然,群体决策的效果如何也受到群体大小、成员从众现象等的影响。要是决策群体成员不能够真正地集思广益,都以一个声音说话,其决策的质量就难以得到提高。再者,从决策群体的规模来看,参与制定决策的人员越多,提出不同意见的可能性虽然增大,但群体就需要花更多的时间和更多的协调来达成相对一致的意见。

4.经验决策与科学决策

决策的方法实际上多种多样。根据决策者是基于经验还是基于科学分析做出决策,可将决策方法区分为经验决策和科学决策两大类。所谓经验决策，是指决策者主要是根据其个人或群体的阅历、知识、智慧、洞察力和直觉判断等人的素质因素而做出决策。所谓科学决策，是指以科学预测、科学思考和科学方法为根据来做出决策。①

5. 初始决策与追踪决策

从决策解决问题的性质来看，可以将决策分成初始决策与追踪决策两种。初始决策是指组织对从事某种活动或从事该种活动的方案所进行的初次选择；追踪决策则是在初始决策的基础上对组织活动方向、内容或方式的重新调整。如果说初始决策是在对组织内外环境的某种认识基础上做出的，追踪决策则是由于这种环境条件发生了变化，或者是由于组织对环境特点的认识发生了变化而引起的。显然，组织中的大部分决策都属于追踪决策。

6. 确定型决策、非确定型决策和风险型决策

按决策问题所处条件不同，决策可分为确定型决策、非确定型决策和风险型决策。

确定型决策是指在决策过程中，所提出的各备选方案在确知的客观条件下，每个方案只有一种结果，比较其结果优劣做出最优选择的决策。确定型决策是一种肯定状态下的决策。决策者对被决策问题各种方案的条件、性质、后果都有充分了解，各个备选的方案只能有一种结果。这类决策的关键在于选择肯定状态下的最佳方案。这种决策由于没有不确定因素的干扰，便于决策方案的评估和选优。

非确定型决策是指在决策中存在许多不可控制的因素，决策过程中提出各个备选方案，每个方案有几种不同的结果，但每一结果发生的概率无法知道。在这种条件下的决策就是非确定型的决策。非确定型决策只知道每一方案产生的几种可能结果，但发生的概率并不知道。由于人们对几种可能客观状态出现的随机性规律认识不足，就增大了这类决策的不确定性程度。非确定型决策主要凭决策者的经验

①田庆有．浅谈科学决策[J]．黑龙江科学，2014(06)：183.

和智慧来做出决策。

风险型决策是指决策者对未来的情况无法做出肯定的判断，无论选择哪一种方案都有一定风险的决策。风险型决策的各种方案都存在两种以上的自然状态，在决策过程中所提出的各个备选方案，每个方案都有几种不同结果，其发生的概率也可测算。决策人虽不能完全肯定执行结果，但可以根据概率进行计算做出决策。风险型决策之所以存在，是因为影响预测目标的各种市场因素是复杂多变的，因而每个方案的执行结果都带有很大的随机性。在决策中，不论选择哪种方案，都存在一定的风险性。

（二）决策的特征

1. 目标性

任何决策都必须根据一定的目标来制定。目标是组织在未来特定时限内完成任务所预期要达到的水平。没有目标，人们就难以拟定未来的活动方案，评价和比较这些方案也就没有标准，对未来活动效果的检查便失去了依据。旨在选择中调整组织在未来一定时间内活动方向与内容的组织决策，比纯粹个人的决策更具有明确的目的性或目标性。

2. 可行性

组织决策的目的是指导组织未来的活动。组织的任何活动都需要利用一定资源。缺少必要的人力、物力、财力和技术条件的支持，理论上非常完善的决策方案也只会是空中楼阁。因此决策方案的拟订和选择不仅要考察采取某种行动的必要性，而且要注意实施条件的限制，要考虑决策的可行性。

3. 选择性

决策的实质是选择，或者说“从中择一”。没有选择就没有决策。而要能有所选择，就必须要有可以相互替代的多种方案。事实上，为了实现相同的目标，组织总是可以从事多种不同的活动。这些活动在资源需求、可能结果及风险程度等方面均有所不同。因此,组织决策时要具有选择的可能,即提出多种备选方案。从本质上说,决策目标与决策方案两者都是经由“选择”而确定的。因此在决策时最好注意两点:一是在没有不同意见前,不要做出决策;二是如果看来具有一种行事方法,那么这种方法可能就是错误的。

4.满意性

选择组织活动的方案,通常根据的是满意原则,而非最优原则。最优决策往往只是理论上的幻想,因为它要求决策者了解与组织活动有关的全部信息;决策者能正确地辨识全部信息的有用性,了解其价值,并能据此制定出没有疏漏的行动方案;决策者能够准确地计算每个方案在未来的执行结果;决策者对组织在某段时间内所要达到的结果具有一致而明确的认识。这几个方面的条件在实践中是难以达到的。

5.动态性

决策的动态性,首先,决策不仅是一个过程,而且是一个不断循环的过程。作为过程,决策是动态的,没有真正的起点,也没有真正的终点。其次,决策的主要目的之一要使组织的活动适应外部环境的变化,然而外部环境是在不断发生变化的,决策者必须不断监视和研究这些变化,从中找到组织可以利用的机会,并在必要时做出新的决策,以及时调整组织的活动从而更好地实现组织与环境的动态平衡。

第三节 决策方法和工具及决策支持系统

目前,全球经济一体化已成趋势,企业面对着激烈竞争,必须采用跨越式发展的方式,融合信息技术、现代管理技术、计算机技术和生产制造技术,从系统管理、产品开发设计方法/技术与技术装备等诸方面采取综合措施，才能在市场中立足。同时，选择合适的决策方法和工具将更好地实现组织管理决策，为了支持现代企业的整个组织管理决策过程，也迫切需要研究和开发新一代的决策支持系统。

一、决策方法和工具

随着管理的发展与科技的进步，决策的方法也在不断地扩展、分化和完善。从不同的角度，按不同的标准，决策的方法有不同的类型。有定性决策方法与定量决策方法；有选择组织活动方向和内容的决策方法，也有在既定方向下选择不同行动方案的决策方法。以下以企业决策为例，介绍几种常用的决策方法与工具。[①]

（一）定性决策方法和工具

1. 专家会议法

所谓专家会议法，就是通过召开有一定数量的专家参加的会议对决策方案的选择做出共同判断。俗话说，“三个臭皮匠，胜过一个诸葛亮”。专家会议可以使专家之间相互交流信息、相互启发思路，集思广益，产生“思维共振”，有可能在较短时间内得到富有成效的决策成果。因此，应在时间和其他条件允许的情况下，尽量运用专家会议法进行决策活动。

2. 德尔菲法

德尔菲法又称专家调查法。它是把所要决策的问题和必要的资料，用信函的形式向专家们提出，得到答复后，再把各种意见经过综合、整理和反馈，如此反复多次，直到决策的问题得到较为满意的结果的一种预测方法。德尔菲法具有匿名性、反馈性和统计性等特点。应用德尔菲法进行决策时要注意以下问题：①决策的问题要十分清楚明确，其含义只能有一种解释；②问题的数量不要太多，一般以回答者在较短时间内答完为宜；③要忠于专家们的回答，调查者在任何情况下不得显露自己的倾向；④对于不熟悉这一方法的专家，应事先讲清楚

①刘石．管理决策的一种新方法[J]．现代国企研究，2013(09)：18-19.

决策的过程与方法;⑤要制订好调查表,选择好专家。

3.头脑风暴法

头脑风暴法是在专家会议法的基础上加以改良而形成的一种直观型决策方法。运用头脑风暴法进行决策,就是依靠参加会议的专家,通过相互影响、相互启发,产生“思维共振”,即创造性设想的连锁反应,从而诱发出更多的创造性设想,达到对决策方案进行合理选择的目的。正是在这一意义上,头脑风暴法也叫做“思维共振法”。采用头脑风暴法要注意三个方面的问题:一要物色好专家,专家要有一定的实践经验;二要创造一种自由发表意见的气氛,无论是反面意见或离奇古怪的设想都不能被指责或阻碍;三要对所提的设想进行整理分析。

(二)确定活动方向和内容的决策方法和工具

这类方法旨在帮助决策者根据企业自身和外部环境的特点,为整个企业或企业中的某个部门确定其经营活动的基本方向和内容。

1.SWOT分析法

无论是对企业还是对特定的经营业务来说,决策者要成功地制定出指导其生存和发展的战略,必须在组织目标、外部环境和内部条件三者之间取得动态的平衡。企业不能孤立地看待外部环境的机会和威胁,而必须结合自己的经营目标和内部条件来识别适合于本组织的机会。环境中存在的机会只有在与本企业自身所拥有或将拥有的资源以及与众不同的能力相匹配情况下,它才有可能变成组织的机会。如果存在于环境之中的机会并不与本企业的资源和能力状况相适应,那么组织就必须首先着眼于改善和提高自身的内部条件。

SWOT分析法,就是帮助决策者在企业内部的优势(Strengths)和劣势(Weaknesses)以及外部环境的机会(Opportunities)和威胁(Threats)的动态综合分析中,确定相应的生存和发展战略的一种决策分析方法。通过环境研究,认识到外界在变化过程中可能对组织的存在造成什么样的威胁或提供什么样的发展机会，同时根据组织自身在资源拥有和利用能力上有何优势和劣势，依此两方面的结合点就可以制定出指导企业生存和发展方向的战略方案。

2. 经营业务组合分析法

这是由美国波士顿咨询公司为大企业确定和平衡其各项业务发展方向及资源分配而提出的战略决策方法。其前提假设是，大部分企业都经营有两项以上的业务，这些业务需扩展、维持还是收缩应该立足于企业全局的角度来加以确定，以便使各项经营业务能在现金需要和来源方面形成相互补充、相互促进的良性循环局面。根据市场增长率和企业相对竞争地位这两项标准，可以把企业所有的经营业务区分为四种类型。

(1)“金牛”业务

该类经营业务的特点是：企业拥有较高的市场占有率，相对竞争地位强，能从经营中获得高额利润和高额现金回笼，但该项业务的市场增长率低，前景并不好，因而不宜投入很多资金盲目追求发展，而应该将其当前市场份额的维护和增加作为经营的主要方向。其目的是使“金牛”类业务成为企业发展其他业务的重要资金来源。

(2)“明星”业务

这类经营业务的市场增长率和企业相对竞争地位都较高，能给企业带来较高的利润，但也需企业增加投资，扩大生产规模，以便跟上总体市场的增长速度，巩固和提高某市场占有率。因而，“明星”业务的基本特点是无论其所回笼的现金，还是所需要的现金投入，数量都非常大。

(3)“幼童”业务

这类经营业务的市场增值率较高，但企业目前拥有的市场占有率相对较低，其原因很可能是企业刚进入该项相当有前途的经营领域。由于高增长速度要求大量的资金投入，但是较低的市场占有率又只能带来很少量的现金回笼。因此,企业需要将由其他渠道获得的大量现金投入到该项“幼童”业务中,使其尽快扩大生产经营规模,提高市场份额。采取这种策略的目的就是使“幼童”业务尽快转变成“明星”业务。

(4)“瘦狗”业务

这是指市场销售增长率比较低,而企业在该市场上也不拥有相对有利的竞争地位的经营业务。由于销售前景和市场份额都比较小,经营这类业务只能给企业带来极微小甚至负值的利润。对这种不景气的“瘦狗”类经营业务,企业应采取缩小规模或者清算、放弃的策略。

经营业务组合分析法之所以被认为是企业经营决策的一种有效工具,是因为它通过将企业所有的经营业务综合到一个平面矩阵图中,依此可以判断企业经营中存在的主要问题及未来的发展方向和发展战略。比较理想的经营业务组合情况应该是:企业有较多的“明星”和“金牛”类业务,同时有一定数量的“幼童”类业务,这样企业在当前和未来都可以取得比较好的现金流量平衡。不然的话,如果产生现金的业务少,而需要投资的业务过多,企业发展就易陷入现金不足的陷阱中;或者相反,企业目前并不拥有需要重点投入资金予以发展的前景业务,则企业就面临发展潜力不足的战略性问题。

二、决策支持系统

决策支持系统(DSS)的概念是20世纪70年代提出的,并且在20世纪80年代获得发展。随着Internet和多媒体技术等的飞速发展,企业也朝着数字化、网络化、智能化、集成化、柔性化的方向发展,并由此涌现了各种先进的管理理念与模式,如敏捷制造、虚拟制造、绿色制造、虚拟样机、动态联盟、企业重组等。它们的共同之处是其整个过程涉及的领域非常广泛,不仅与设计生产技术有关,也与信息技术、计算机技术、经营管理与决策系统技术、现代管理技术等相融合,是新兴的多学科交叉领域。

（一）分布与群体决策支持系统

分布决策支持系统（Distributed Decision Support System，DDSS）与群体决策支持系统（Group Decision Support System，GDSS）均是20世纪80年代以来DSS研究与应用的热门方向，以满足在制造业发展虚拟企业、网络化制造的需求。其中DDSS是对传统集中式DSS的扩展，是分布决策、分布系统和分布支持三位一体的结晶。GDSS则是面向群体活动的，它为群体活动提供沟通支持、模型支持及机器诱导的沟通模式三个层次的支持。GDSS与DDSS既有区别又有联系，前者是对个体决策支持系统的扩展，后者则是相对于集中DSS而言的，两者研究的重点和关注的焦点有所不同。GDSS对群体决策的支持既可是集中式决策，又可是分布式决策。但通常情况下，群体决策是在分布环境下实施的，这就决定GDSS与DDSS有着非同寻常的联系。GDSS大多采用分布式和分散式结构，系统支持"水平方向"分布式处理，即支持对数据对象的远距离操作；系统还支持"垂直方向"的分散式处理，即通过在用户和各应用层之间的接口，来实现各个应用领域的功能。

DDSS与GDSS的这种特性使其在企业动态联盟、网络化制造、医疗等领域得到了充分的应用。有学者就针对企业动态联盟开发了一个决策支持系统，该群体决策支持系统采用开放式体系结构，既可以独立使用，也可以与AVE组织建立辅助工具联合使用。整个系统可根据具体AVE问题来建立不同类型的决策模型与决策知识，并通过决策支持系统通用开发工具定义各类决策功能对象，从而添加进系统，形成针对某类制造企业的部分通用AVE组织管理群体智能决策支持系统。而且该系统的决策模型、知识与参考模型库亦将随着时间的增加而不断扩充，适合基于Internet的计算机协同工作环境进行群体决策，为建立动态联盟的动态组织管理全过程提供问题求解与决策支持。

（二）组织决策支持系统

组织决策支持系统（Organizational Decision Support System，ODSS）是

针对目前的多人规模管理决策活动已不可能或不便于用集中方式进行而产生的，它要求在更高的决策层和更复杂的决策环境下得到计算机的支持。对于ODSS，迄今为止还没有一个统一的概念，但可通过其规模与其他类型的DSS区别开来，并且在要求上也与其他形式的DSS不同，它支持一个组织中多个不同功能领域和不同层次的决策任务，而非专注于针对一个决策问题的单个决策者或一个决策组。ODSS主要是在分布式环境中，用户可以通过系统从不同区域独立、并行地对其他用户进行访问、交流。

一般说来，ODSS应具有如下特征：①同时涉及公共数据和私有数据，同时涉及公共模型和私有模型；②一个ODSS可以跨越多个组织部门；③注重对决策者的内容支持（即提供分析工具帮助决策者进行问题分析），也注重对决策者的过程支持（即创建决策分析环境，支持决策者完成其决策过程中的各种活动）；④打破功能领域；⑤打破递阶层次；⑥有一组支持信息/过程任务的工具包，依赖计算机技术。

ODSS的上述特征使其在制造领域中得到了重视与应用。目前面向机械制造领域的ODSS的研究重点在于根据当前网络协同设计特性，将Agent技术的分布式智能控制方法与ODSS的分布特性结合起来，利用多智能体系统适于求解功能或地理上分布的复杂问题和问题求解及推理中出现的有争议的问题的特点，来完成异地协同设计与制造的协作策略、知识共事和冲突消解等问题，提高整个ODSS的智能化程度，以适应于当前网络化、分布式的计算环境。如通过采用Agent封装、改造和扩展原有决策支持系统的问题部件、数据部件和模型部件，使整个系统具有更高的柔性。

（三）自适应决策支持系统

自适应决策支持系统（Adaptive Decision Support System，ADSS）是针对信息时代多变、动态的决策环境而产生的，它将传统的面向静态、线性和渐变市场环境的DSS扩展为面向动态、非线性和突变的决策环境的支持系统，用户可根据动态环境的变化，按自己的需求自动或半自动地调整系统的结构、功能或接口。对ADSS的研究主要从自适应用户接口设计、自适应模型或领域知识库的设计、在线帮助系统与DSS的自适应设计四个方面进行，其中问题领域知识库的建立是ADSS成功与否的关键，它使整个系统具有了自学习功能，可以自动获取或提炼决策所需的知识。对此，必须给问题处理模块配备一种学习方法或在现有DSS模型上再增加一个自学习构件。归纳学习策略是其中最有希望的一种学习方法，可以通过它从大量实例、模拟结果或历史事例中归纳得到所需知识。此外，神经网络、基于事例的推理等多种知识获取方法的采用也将使系统更具适应性。

市场环境变化及产品开发过程是混沌的，因此有学者提出一种支持先进制造模式的基于自组织的决策模式及决策支持系统，系统以协同论和分形理论等自组织理论为基础，具有自学习、自适应、自身动态重组、适应混沌环境的能力，从而使企业在湍流、混沌的复杂非平衡环境下，适时、快速地设计新产品，重构制造系统，再造经营过程。

（四）基于数据仓库的DSS

在企业的生产领域中，产品开发需要全面的、大量的信息，包括需求信息、竞争情报、管理信息、产品数据等等，并且很多信息要从分布、异构的大量数据中挖掘而得，传统的DBMS难以满足这一需求。因此基于数据仓库（Data Warehouse，DW）的DSS应运而生。数据仓库系统作为面向主题的、集成的、在一定周期内保持稳定的、随时间变化的、用以支持企业或组织决策分析的数据的集合，可将来自各个数据库的信息进行集成，从事物的历史和发展的角度来组织和存储数据，供用户进行数据分析，并辅助决策支持，为决策者提供有用的决策支持信息与知识。数据仓库技术不是一种单一的技术或软件，它融合了数据库理论、统计学、数据可视化和人工智能技术等多项研究领域的成果，能在大量数据中发现有价值的知识，用于决策支持和预测未来。因此，基于这一技术的决策支持系统为决策支持系统提供了可取的数据组织方式，为决策人员提供了强有力的支持工具，能有力地推动决策的现代化进程。

基于数据仓库理论与技术的DSS的研究与开发尚处于起步阶段，但已得到了众多学者的重视，其主要研究课题包括以下方面：①DW技术在DSS系统建立中的应用以及基于DW的DSS的结构框架。②采用何种数据挖掘技术或知识发现方法来增强DSS的知识源。③DSS中的DW的数据组织与设计及DW管理系统的设计。总的说来，基于DW的DSS的研究重点是如何利用DW及相关技术来发现知识以及如何向用户解释和传达知识，为决策支持提供更有力的数据支持，有效地克服传统DSS数据管理难以忽视历史数据等问题。

（五）其他类型的DSS

DSS还有多种其他的形式，但它们均是从某个方面或某个过程出发对传统DSS进行改进而得到的，较出名的有智能决策支持系统（Intelligent Decision Support System，IDSS），另外还有支持高层决策的战略决策支持系统（SDSS）、决策支持中心（DSC）、执行信息系统（Executive Information System，EIS）、强调激发决策者灵感与创造力的积极型决策支持系统（Active DSS）等；而从技术方面则注重引入Agent技术或群件、组件技术，将各种形式的决策支持系统扩展为面向Intranet/Internet的DSS。

第四节 控制的基本原理和类型

控制就是要证实企业的各项工作是否已经和计划相符，其目的在于指出工作中的缺点和错误，以便纠正并避免重犯。

一、控制的基本原理

企业在开展生产经营活动中，由于受外部环境和内部条件变化的影响，实际执行结果与预期目标不完全一致的情况是时常发生的。对管理者来讲，重要的问题不是工作有无偏差，或者是否可能出现偏差，而在于能否及时发现已出现的偏差或预见到潜在的偏差，采取措施予以预防和纠正，以确保组织的各项活动能够正常进行，组织预定的目标能够顺利实现。

控制是管理工作过程中一项不可缺少的职能。所谓控制，从其传统的意义方面说，就是按照计划标准来衡量所取得的成果并纠正所发生的偏差，以确保计划目标的实现。在企业计划制订后，为了保证所有的人财物等按照计划进行，或是有内外环境发生了变化，控制的作用就显现出来了。控制可以使复杂的组织活动协调一致、有序地运作，以增强组织活动的有效性。控制可以补充与完善期初制订的计划与目标，有效减轻环境的不确定性对组织活动的影响。控制可以实时纠正，避免和减少管理失误造成的损失。

就整个企业组织而言，控制工作所发挥的作用可以归纳为两大方面：①防止和纠正偏差的发生，使计划执行结果符合计划目标的要求，这是控制确保组织稳定运行的作用；②修改原订计划或重新制订新的计划，通过积极调整计划目标来保证组织对内外环境的适应性，这是控制确保组织应变能力的作用。

控制的基本原理包括三个方面：①任何系统都是由因果关系链联结在一起的元素的集合。元素之间的这种关系叫做“耦合”。②为了控制耦合系统的运行，必须确定系统的控制标准Z。③可以通过对系统的调节来纠正系统输出与标准Z之间的偏差，从而实现对系统的控制。

控制系统是指由控制主体、控制客体和控制媒体组成的具有自身目标和功能的管理系统。在管理过程中，控制主体是指各级管理人员及其所属的职能部门。控制主体管理水平的高低，是直接决定组织内控制系统作用大小的决定因素。一个组织的全部行为活动构成控制的客体。控制主体对控制客体的作用需要适当的媒介物进行传递，这样的媒介物称之为控制的媒体。

二、控制的类型

（一）根据确定控制标准Z值的方法分类

根据确定控制标准Z值，控制可以分为程序控制、跟踪控制、自适应控制、最佳控制。程序控制的特点是控制标准Z值是时间t的函数。跟踪控制的特点是控制标准Z值是控制对象所跟踪的先行量的函数。自适应控制的特点是没有明确的先行量，控制标准Z值是过去时刻已达状态K_t的函数。最佳控制的特点是控制标准Z值由某一目标函数的最大值或最小值构成。

（二）三种基本控制类型

1. 现场控制

现场控制也称同步控制、及时控制，用在计划正在执行的过程中，主要是基层主管人员采取的一种控制工作方法。通过深入现场亲自监督、检查、指导来控制下属人员的活动，向下级指示恰当的工作方法和工作过程，监督下级的工作以保证计划目标的实现，发现不符合标准的偏差时立即采取纠正措施。①

2. 反馈控制

反馈控制主要是分析工作的执行结果，将它与控制标准相比较，发现已经发生和即将出现的偏差，分析其原因和对未来的可能影响，及时拟订纠正措施并予以实施，以防止偏差继续发展或再度发生。

3. 前馈控制

管理者运用最新的信息，对可能出现的结果进行认真的预测，将

①刘瑞佳，杨建君．控制类型、企业间竞合及知识创造关系研究[J]．科技进步与对策，2018，35(17)：83-90.

其同计划进行比较，在必要时调整计划或控制影响因素，以确保目标实现。

第五节 控制的过程和方法

控制是根据计划的要求，设立衡量绩效的标准，然后把实际工作结果与预定标准相比较，以确定组织活动中出现的偏差及严重程度，在此基础上，可以有针对性地采取有必要的控制纠偏措施，以实现组织可以按照既定的方向和路线前进，最后圆满地实现既定目标。

一、控制的过程

控制有三个基本环节——确立标准、衡量成效、纠正偏差。

（一）确立标准

确立标准包括确定控制对象、选择控制的重点、制订标准的方法。

标准是人们检查工作及其结果的规范。制订标准是控制的基础。控制标准的制订是控制能否有效实施的关键。控制标准主要是将效率、质量、对顾客响应和创新等具有竞争优势因素作为评估目标来制订的。控制标准有定量和定性两大类。定性，是决定事情的性质、方向；定量则是细化和量化。定量的控制标准有实物量标准（企业中的产品产量、工时定额等），货币标准（产品成本、销售收入、应交税金、利润等），时间标准（生产线的节拍、生产周期、交货期、维修间隔等），综合标准（劳动生产率、废品率、市场占有率、投资回报率等）。

财务业绩是常用的控制标准，包括利润率（投资收益率、销售毛利率等）、现金比率（流动比率、速动比率等）、杠杆比率（资产负债率、长期偿还比率等）、周转率（存活周转率、平均收账率等）。

比较理想的控制标准是可考核的标准。通常，制订控制标准应满足以下几个要求：①要使标准便于对各部门甚至每个人的工作进行衡量，当出现偏差时，能找到相应的责任单位或责任人。②建立的具体标准都应该有利于组织整体目标的实现。③标准应与未来发展相结合，应有利于组织的长期兴旺发达。④标准要根据工作而定，不能根据完成工作的人来制订。⑤标准应是经过努力可以达到的。⑥标准应具有一定的弹性，当环境发生变化时有一定的适应性，特殊情况能够做到灵活处理。

1.确定控制的对象

经营活动的成果是需要控制的重点对象。影响企业在一定时期经营成果的主要因素为关于环境特点及其发展趋势的假设、资源投入、组织的活动等。

2.选择控制的重点

美国通用电器公司关于关键绩效领域，选择了对企业经营成败起决定作用的八个方面：获利能力、市场地位、生产率、产品领导地位、人员发展、员工态度、公共责任、短期目标和长期目标的平衡。这里说的标准，是指评定成效的尺度。

3.制订标准的方法

企业可以使用的建立标准的方法有三种：①利用统计方法来确定预期结果，也叫历史性标准，是以分析反映企业经营在历史各个时期状况的数据为基础来为未来活动建立的标准；②根据评估建立标准，即根据管理人员的经验、判断和评估来为之建立标准；③工程标准，如机器的产出标准、工人操作标准、劳动时间定额等。

（二）衡量工作成效

第一，通过衡量成绩，检验标准的客观性和有效性。主要是辨别并剔除不能为有效控制提供必须信息、容易产生误导作用的不适宜标准。

第二，确定适宜的衡量频度，控制过多或不足都会影响控制的有效性。

第三,建立信息反馈系统。负有控制责任的管理人员只有及时掌握了反映实际工作与预期工作绩效之间偏差的信息,才能迅速采取有效的纠正措施。

(三)纠正偏差

第一,找出偏差产生的主要原因。在找出原因之前,要判断偏差的严重程度,是否足以构成对组织活动效率的威胁,从而值得去分析原因采取纠正措施。

第二,确定纠偏措施的实施对象。需要纠正的可能是企业的活动,或是组织的计划的标准。

第三,选择恰当的纠偏措施。具体包括使纠偏方案双重优化;充分考虑原先计划实施的影响;注意消除人们对纠偏措施的疑虑。

二、控制的方法

常用的控制方法有预算控制、生产控制、财务控制、综合控制。

(一)预算控制

根据预算规定的收入与支出标准来检查和监督各个部门的生产经营活动,以保证各种活动或各个部门在充分达成既定目标、实现利润的过程中对经营资源的利用,从而使费用支出受到严格有效的约束。

1.预算的编制

为了有效地从预期收入和费用两个方面对企业经营进行全面控制,不仅需要对各个部门、各项活动制订分预算,还要对企业整体编制全面预算。分预算是按照部门或项目来编制的,它详细说明了相应部门的收入目标或费用支出的水平。全面预算则是在对所有部门或项目分预算进行综合平衡的基础上编制而成的,它概括了企业相互联系的各个方面在未来时期的总体目标。

2.预算的种类

第一,收入预算。收入预算和支出预算提供了关于企业某段时间经营状况的一般说明,即从财务角度计划预测了未来活动的成果以及为取得这些成果所需要付出的费用。

第二,支出预算。生产活动预算,确定产品数量和得到这些产品、实现销售收入需要付出的费用。包括直接材料预算、直接人工预算和附加费用预算。

第三,现金预算。它是对企业未来生产和销售活动中现金的流入与流出进行预测。

第四,资金支出预算。可能涉及好几个阶段,是长期预算。

第五,资产负债预算。对企业年度末期财务状况进行预测;它通过将各部门和各项目的分预算汇总在一起,表明如果企业的各种业务活动达到预先规定的标准,在财务期末企业资产与负债会呈现何种状况。

3.预算的作用和局限性

预算的实质是用统一的货币单位为企业各部门的各项活动编制计划。具有如下作用:①使得企业在不同时期的活动效果和不同部门的经营绩效具有可比性;②为协调企业活动提供了依据;③预算的编制与执行始终是与控制过程联系在一起的;④为企业的各项活动确立财务标准;⑤方便了控制过程中的绩效衡量工作;⑥为采取纠正措施奠定了基础。

预算的局限性有以下方面:①只能帮助企业控制那些可以计量的、特别是可以用货币单位计量的业务活动;②编制预算时通常参照上期的预算项目和标准,从而会忽视本期活动的实际需要;③缺乏弹性、非常具体,特别是涉及较长时期的预算可能会过度束缚决策者的行动,使企业经营缺乏灵活性和适应性;④主管们的精打细算可能忽视了部门活动的本来目的;⑤预算申请多半是要被削减的,因此他们的费用预算申报数要多于其实际需要数。

(二)生产控制

我们可以把企业生产过程看成这样一个动态过程:企业首先获得原材料、零部件、劳动力等投入,经过企业系统的转换和经营,生产出有形的产品和无形的劳务。

1.对供应商的控制

对供应商的控制主要包括:在全球范围内选择供应商;建立一种长期、稳定的、合作的双赢局势;持有供货商一部分或全部股份等。

2.库存控制

库存包括原材料、在制品、产成品中以及其他备品备件。库存控制的总原则是降低库存成本,同时将库存维持在最理想的水平上。为达到此目的,可采用的库存控制方法有以下几种:①准时库存,或叫看板管理。即努力达到使生产量等于运送量的理想状况,并使库存水平接近于零。②经济订货批量。它规定什么时候订货以及每次订多少最经济合理。一般说来,保管费用随订购批量的增大而增大,而订购费用则随订购批量的增大而减少,将两者加起来所形成的总费用曲线的最低点,即为最经济的订货批量。

3.质量控制

质量管理和控制经历了三个阶段,即质量检查阶段、统计质量管理阶段和全面质量管理阶段。具体谈一下全面质量管理。全面质量管理是以保证产品质量和工作质量为中心,企业全体员工参与的质量管理体系,具有多指标、全过程、多环节和综合性的特征。全面质量管理的思想有以下几点:①永远进取,没有最好,只有更好;②提高质量,采用最广泛的质量定义;③精确衡量,比较标准,纠正偏差;④放权员工,鼓励员工参与质量管理工作。

(三)财务控制

1.比率分析

将企业资产负债表和收益表上的相关项目进行对比,形成一个比率,从中分析和评价企业的经营成果和财务状况。

第一,财务比率。具体包括以下内容:①流动比率。企业流动资产与流动负债之比。反映了企业偿还需要付现的流动债务能力。②速动比率。流动资产和存货之差与流动负债之比,是衡量企业资产流动性的一个指标。③负债比率。企业总负债与总资产之比。它反映了企业所有者提供的资金与外部债权人提供的资金的比率关系。确定合理的债务比率是企业成功举债经营的关键。④盈利比率。企业利润与销售额或全部资金等相关因素的比例关系。它反映了企业在一定时期从事某种经营活动的盈利程度及其变化情况。

第二,经营比率。经营比率也称活力比率,是与资源利用有关的集中比例关系。它反映了企业经营效率的高低和各种资源是否得到充分利用的情况。具体包括以下内容:①库存周转率。销售总额与库存平均价值的比例关系。它反映了与销售收入相比库存数量是否合理,表明了投入库存的流动资金的使用情况。②固定资产周转率。销售总额与固定资产之比。它反映了单位固定资产能够提供的销售收入,表明了企业固定资产的利用程度。③销售收入与销售费用的比率。它反映了单位销售费用能够实现的销售收入,在一定程度上表明了企业营销活动的比率。

2.经营审计

经营审计分为外部审计、内部审计和管理审计。外部审计,主要核对企业财务记录的可靠性和真实性,由外部机构审计人员对企业财务状况进行独立评估。内部审计,由内部专职人员对企业财务控制系统进行全面评估。管理审计,由外部或内部的审计人员对管理政策及其绩效进行评估。

(四)综合控制方法

随着竞争的加剧和经营复杂性的提高,现代企业需要进行控制的组织层面越来越高,所要控制的活动范围越来越广,这都需要组织采用综合的方法对企业运营的整个过程进行控制。下面两种控制方法是具有代表性的控制方法。

1.标杆控制

标杆控制指的是,以在某一项指标或某一方面实践上竞争力最强的企业或行业中的领先企业或组织内某部门作为基准,将本企业的产品、服务管理措施或相关实践的实际状况与这些基准进行定量化的评价、比较,并在此基础上制订实施改进的策略和方案,持续不断反复进行。

标杆控制有以下步骤:①确定标杆控制的项目;②确定标杆控制的对象和对比点;③组成工作小组,制订工作计划;④资料收集和调查;⑤分析比较,找出差距,确定最佳纠偏做法;⑥明确改进方向,制订实施方案;⑦沟通与修正方案;⑧实施与监督;⑨总结经验;⑩进行再标杆循环。

标杆控制的作用是全面提升企业的竞争力。当然,也有其缺陷:标杆管理和控制容易导致企业的竞争战略趋同;标杆控制容易使企业陷入"落后—标杆—又落后—又标杆"的"标杆管理陷阱"之中。

2.平衡计分卡控制

平衡计分卡是由财务、顾客、内部经营过程、学习和成长四个方面构成的衡量企业、部门和人员的卡片,之所以取名为"平衡计分卡",是因为它的目的在于平衡,兼顾战略与战术、长期和短期目标、财务和非财务衡量方法、滞后和先行指标。①

平衡计分卡的控制指标有以下几个方面:①财务方面。财务衡量在平衡计分卡中不仅是一个单独的衡量方面,而且是其他几个衡量的出发点和落脚点。②客户方面。其核心的衡量指标主要包括市场份额、客户回头率、新客户获得率、客户满意度和从客户处所获得的利润率。③内部经营过程。本着满足客户需要来制订衡量指标。现在的

①靖潇.平衡计分卡理论发展与研究综述[J].中国市场,2020(01):138-139.

内部经营过程往往是以销定产，遵循着“调研—寻找市场—产品设计开发—生产制造—销售与售后服务”的轨迹进行。④学习和成长。最关键的因素是人才、信息系统和组织程序。

平衡计分卡控制的优点在于将企业的战略置于核心地位；使战略在企业上下进行交流和学习，并与各部门、各个人的目标联系起来；使战略目标在各个经营层面达成一致；有助于短期成果和长远发展的协调统一。

第八章 经济增长与经济发展

第一节 经济增长与经济发展概述

在研究国民经济长期发展的问题时，常常涉及两个概念，即经济增长和经济发展。在宏观经济学中，经济增长通常被规定为产量的增加。在这里，产量既可以表示为经济的总产量，也可以表示为人均产量。经济增长的程度可以用增长率来描述。

一、经济增长

对于经济增长的含义，有许多经济学家对此下过定义，最具有权威性的是美国经济学家库兹涅茨对经济增长所下的定义，"一国经济增长，可以定义为给居民提供种类日益繁多的经济产品的能力长期上升，这种不断增长的能力建立在先进技术以及所需要的制度和思想意识之相应调整的基础上。"

库茨涅茨所下的经济增长这个定义包括了三层基本含义：一是，经济增长的集中体现与结果是商品供给总量的不断增加，即国民生产总值的增加，这是经济增长的核心；二是，技术进步是实现经济增长的必要条件，技术是影响经济增长诸多因素中最为关键的因素，没有技术进步就不能实现经济增长；三是，制度和意识形态的相应调整是实现经济增长的充分条件。技术进步仅仅是为经济增长提供了一种潜在的可能性，而要使这种可能性变为现实，就必须要有社会制度和意识形态与之相适应，才能使技术得到运用，才能有效地正确使用人类先进知识宝库中的创造与革新，从而促进经济增长，否则就会阻碍技术进步,阻碍经济增长。库兹涅茨根据英、美、法等14个国家近百年的经济增长统计分析,总结出现代经济增长的六大特征。

第一,人均GNP和人口加速增长的趋势。这里实际包括三个指标,即产量增长率(即实际国民生产总值增长率)、人口增长率、人均产量增长率(即人均国民生产总值增长率)。经济增长中最显著的特点就是这三个增长率都是相当高的。

第二,由于技术进步,生产率不断提高。无论从劳动生产率还是包括其他生产要素的全要素生产率来看,生产率都是高的。生产率迅速提高归功于技术进步。

第三,经济增长过程中经济结构的转变率很高。经济增长使产业结构、产品结构、消费结构、收入分配结构以及就业结构等都得到不断的改善。经济增长使农业过剩人口转向城市和工业,小业主转向大企业,促进了农业向非农产业、工业向第三产业的转变。同时,经济结构反过来推动经济增长的步伐加快。

第四,社会结构和意识形态的迅速转变。经济增长使僵化的社会结构变得较为灵活,使传统的思想观念转变为增长、工业化、城镇化、国际化等意识。

第五,经济增长不是某一个国家或地区的独特现象,而是在世界范围内迅速扩大,成为各国追求的目标。

第六,经济增长在世界范围内是不平衡的,发达国家与发展中国家的经济差距相当大,因而世界经济增长受到限制。

二、经济发展

如果说经济增长是一个“量”的概念,那么,经济发展就是一个比较复杂的“质”的概念。也就是说,经济增长是从“量”的角度来考察一国国民经济的长期发展问题,而经济发展则是从“质”的角度来考察一国国民经济的长期发展。从广义上说,经济发展不仅包括经济增长,还包括国民的生活质量,以及整个社会经济结构和制度的总体进步。总之,经济发展是反映一个经济社会总体发展水平的综合性概念。

经济发展是指一个国家或地区的经济增长达到一定程度时所引起的经济结构的演进，以及政治体制、文化法律甚至观念习俗等社会生活诸方面的变革。美国经济学家查尔斯·金德尔伯格和布鲁斯·赫里克在他们合著的《经济发展》一书中给经济发展下的定义是：物质福利的改善，尤其是对那些收入最低的人们来说；根除民众的贫困，以及与此相关联的文盲、疾病和过早死亡；改变投入与产出的构成，包括把生产的基础结构从农业转向工业活动；以生产性就业普及劳动适龄人口而不是只及于少数具有特权的人的方式来组织经济活动；以及相应地使有着广大基础的集团更多地参与经济方面和其他方面的决定，从而增进自己的福利。

经济发展不仅包括经济增长，同时，它还包括经济结构的变化。这些变化包括以下几方面。

第一，投入结构的变化。从简单劳动转到复杂劳动，从手工操作转到机械化操作，从传统的生产方法转到现代生产方法，从劳动密集型技术转到资本密集型技术和知识密集型技术。生产组织和管理形式从传统的小生产转到现代的大公司，等等。

第二，产出结构的变化。主要表现为产业结构的变化。在国民经济中，第一产业的劳动力和产值比重趋于下降，第二产业比重趋于上升，第三产业比重逐渐扩大，最终成为经济中最大的部门。每个部门内部的结构也相应发生变化，逐渐趋向平衡。在产业结构的转换过程中，农村人口向城镇迁移，城镇化与工业化同步进行。

第三，产品构成的变化与质量的改进。生产出来的产品和服务构成适应消费者需求的变化，产品与服务质量不断提高，品种更加多样化。

第四，居民生活水平的提高。具体表现为人均收入持续增加，一般居民营养状况、居住条件、医疗卫生条件和受教育程度明显改善，文化生活更加丰富多彩,人均预期寿命延长。

第五,分配状况的改善。收入和财产的不平等程度趋于下降,贫困人口趋于减少。由此可见,经济发展比经济增长包含的内容要丰富和复杂得多。

三、经济增长与经济发展的区别与联系

经济增长与经济发展是两个既相互联系又有区别的概念。首先,经济增长是经济发展的基础与前提;其次,经济增长与经济发展相互促进,经济发展了就会促进经济进一步增长,经济增长了就有可能推动经济进一步发展。

经济增长与经济发展的区别具体在如下方面:①二者对应的研究对象不同,经济增长以发达国家为研究对象,经济发展则以发展中国家为研究对象;②经济增长是经济发展的必要条件而不是充分条件;③经济增长主要是指短期的经济变动,经济发展则着眼于长期的发展趋势;④经济增长仅仅是一个数量上的概念,反映了一个国家或地区经济规模的量在外延上的扩大,经济发展不仅要看经济规模的量在外延上的扩大,更着重于经济活动效率的提高。可以说,经济发展的本质是资源利用方法上的进步。例如,利比亚因石油勘探获得经济增长,但生产的单一产品——石油却主要供美国和西欧消费。所以,尽管利比亚政府和人民从石油中获得了大量收入,但其本身的经济发展却与这项收入几乎无关,从而出现了“有增长而无发展”的现象。

四、发展水平的度量

人均GNP或GDP的增长不一定标志着人均生活水平的提高。发展的度量指标与增长的度量指标是不同的。首先,增长的度量指标是一个价值指标,用货币来表示,而发展的度量指标是一个物质指标,用加权的办法进行加总,而给予的权数带有很强的主观性和随意性;其次,增长的度量指标通常是公认指标,即GNP或GDP的增长率,而发展的度量指标则是多种指标综合在一起的指标体系,而且没有公认的权

威标准。

经济发展水平的度量主要有两个方面：一方面是采取社会、经济和政治因素相互作用的综合性指标；另一方面是采取相对简单的衡量人的基本需要是否得以满足的生活质量指标。

第一，综合性经济发展指标体系，比较有代表性的是联合国社会发展研究所提出的十六项综合发展指标和阿德尔曼与莫里斯的四十个变量的指标体系。

第二，物质生活质量指标体系（PQLI）。莫里斯从满足多数人的“基本需要”或“生活质量”出发，建立了衡量经济发展程度的物质生活质量指标体系。PQLI是由一些容易获得并能够反映大多数人的不同基本需要的一系列指标组成的较为简便的综合指数。这些指标包括预期寿命、婴儿死亡率和识字率等。

第三，人类发展指数。这个指数也是由三个指标构成的，即寿命、教育程度与生活水准。寿命以出生时的寿命预期来衡量；教育程度以成人识字率与初、中、高各级学校入学率两个指标加权平均获得（其中，给予成人识字率三分之二权数，初、中、高各级学校入学率三分之一权数）；生活水准以调整的人均GNP来表示（即人均GNP按照购买力平价和收入边际效用递减原则来调整）。人类发展指数是一个替代经济收入情况而用于综合衡量一个国家人民福祉的十分有效的指标。

五、影响经济发展的主要因素

影响经济增长的因素都是影响经济发展的因素，由于经济发展的内涵要比经济增长的内涵宽得多，因此，影响经济发展的因素也就要比影响经济增长的因素多而复杂。其中，自然因素、人口数量、科学技术、文化教育四大因素对一国经济发展具有重要影响。[①]

（一）自然因素

自然资源的特点和在人类生产与生活中的地位和作用，决定了一

①王焮．探讨影响宏观经济发展的主要因素[J]．现代营销（下旬刊），2019(01):26.

个国家所拥有的自然资源的数量、质量和构成及其分布状况,对经济发展关系极大。自然资源对经济发展的作用或影响,主要表现在以下四个方面:第一,自然资源是影响劳动生产率高低的重要因素。在一定的生产技术水平下,自然资源数量的多少、质量的优劣不同,劳动生产率也就不同。第二,自然资源是形成产品实体的物质源泉,其质量决定着社会产出品的效用,数量决定着社会产出品的规模。第三,自然资源是制约产业结构的重要因素。一般来说,一国自然资源的构成不同,会由此形成与之相适应的不同的产业部门。第四,自然资源制约着生产力布局。

(二)人口数量

人是生产者与消费者的统一,人口发展必须与物质资料生产发展相适应。一方面,人作为生产者,是社会生产力的主体,一定的人口数量是经济发展所不可缺少的,适当的人口增长也是推动经济发展的一个因素。另一方面,人作为生产者又是有条件的,不仅要同生产资料相结合,还要受年龄、体质和技能的限制。而人作为消费者又是无条件的,从出生到死亡整个周期都要消费。

(三)科学技术

科学技术作为第一生产力,不仅是经济增长的决定性因素,对经济发展的其他方面也起着巨大的推动作用。这些作用主要表现在以下方面:①它是人类认识自然、利用自然和保护自然的强大武器;②它能够促进产业结构的不断优化和高度化;③它能改变劳动者的就业结构和劳动力的构成,提高人类的生活质量;④它是促进生产关系变革和制度创新的有力杠杆;⑤它是促进文化教育知识不断更新,提高人们的文化素质,培养人才,开发人力资源的强有力的手段;⑥它为领导决策科学化、民主化、程序化奠定了基础;⑦它能促进人们生活方式的现代化;⑧它能引起世界格局的深刻变化,使世界经济发展和科技进步日趋国际化;⑨它还是一国国防现代化的基础,是维护国家安全和世界和平的强大力量。

(四)文化教育

对人力资源的开发是通过人力投资实现的,它包括两个方面:一是体力投资;二是智力投资。教育是对人的智力投资,是提高人力资源质量的各种途径中最重要的途径。教育虽然不能直接提供产品,但能提高生产产品的劳动者的智力素质和思想素质,从而是推动经济发展的重要因素和源泉。尤其在当代,如果说科学技术是带动经济发展的火车头,那么,教育则是推动这个火车头的动力源。教育对经济发展的促进作用主要表现在以下两个方面。

第一,教育能够提高普通劳动者的知识和技术素质。经过教育形成的劳动者的知识和技术的存量越大,就越会成为当代经济增长的重要源泉。现代经济增长有两个趋势:一是从资本—收入比率的长期变动来看,资金相对于收入而言使用得越来越少;二是国民收入相对于国民资源(用于生产收入的土地、实际劳动量和再生产性基金的数量)而言,增长得越来越快。产生这两个趋势的根源是人力资源的增长、人的能力的提升,这最终是教育的作用。

第二,教育是培养科技人才的唯一途径。为了加强综合国力,世界各国在高新技术领域展开了激烈的角逐。发展高新技术的竞争,其实质是知识和人才的竞争,是人们掌握和运用最新技术能力的竞争。在这场世界空前的、全球规模的经济和科技的激烈竞争中,竞争的焦点是科技竞争,而科技竞争的核心则是人才竞争。为了在国际竞争中保持领先地位,发达国家都在大幅度地增加教育投资,大力培养年轻科技人才。

六、经济发展策略

(一)扎实推进现代化经济体系建设

党的十九大报告提出了贯彻新发展理念、建设现代化经济体系的战略要求,并强调建设现代化经济体系是我国跨越关口的迫切要求和我国发展的战略目标。我们必须深刻领会其重大意义和总体思路，坚持问题导向，紧抓关键环节，扎实推进相关工作。

第一，建设现代化经济体系是中国特色社会主义进入新时代的必然要求。党的十九大报告指出："中国特色社会主义进入新时代，我国社会主要矛盾已经转化为人民日益增长的美好生活需要和不平衡不充分的发展之间的矛盾。"解决这一主要矛盾将成为新时代党和国家各项工作的出发点和立足点，而要解决这一主要矛盾，最根本的就是要促进我国经济由高速增长转向高质量发展。

第二，建设现代化经济体系必须坚持以新发展理念为指导、以供给侧结构性改革为主线。党的十八大以来我国经济建设的重大成就，是在我们坚定不移贯彻新发展理念、深入推进供给侧结构性改革中取得的。面对现代化经济体系建设的战略目标，我们必须始终坚持贯彻新发展理念，以供给侧结构性改革为主线，持续不断推动经济发展质量变革、效率变革、动力变革。

第三，加快建设适应现代化经济体系要求的产业体系和经济体制。产业体系是经济体系的内容支撑，经济体制是经济体系的制度保障，二者共同影响着经济发展的质量变革、效率变革和动力变革。加快建设协同发展的产业体系、构建全面高效的经济体制是当前建设现代化经济体系的两个着力点。

（二）大力发展实体经济

在中国特色社会主义新时代，我国社会主要矛盾已经转化为"人民日益增长的美好生活需要和不平衡不充分的发展之间的矛盾"。如何解决这个矛盾，是摆在当前的一个重大而紧迫的问题。鉴于过去实体经济与虚拟经济发展取得的成绩与存在的问题，我们认为，实体经济是国家经济的脊梁，应大力发展，以支撑现代化经济体系建设。

实体经济是国家经济基本面，是坚实的脊梁；而虚拟经济是国家经济晴雨表，显示未来的信心。但这种信心必须建立在实体经济的坚实基础上，否则，晴雨表失灵，信心会不足。同时，由于实体经济与虚拟经济关系具有多维性，二者的相对平衡关系还体现出复杂性、综合性、动态性、不对等性。这对我们把握这种相对平衡关系带来了更大的挑战与难度。我们把握好这种相对平衡关系，实体经济与虚拟经济两者就呈良性循环，使国家经济稳定、健康、可持续发展；否则，二者处于各种各样的不良循环中，会造成国家经济不稳定、不健康、不可持续发展。针对它们不对等的相互作用关系，我们认为，基于实体经济是国家经济的脊梁，因此加严监管与控制虚拟经济要比实体经济调控更为重要。这一点对于我国当前显得尤为重要和紧迫。

（三）造就可持续开放经济

造就可持续开放经济——正值反全球化浪潮日渐高涨之际，这一问题日益成为中国面临的重大考验。毫无疑问，中国必须坚持改革开放，在当前环境下更有必要扮演事实上的自由贸易旗手。因为自20世纪90年代中期以来，中国的外贸依存度就已经在全世界主要经济体中名列前茅，新的世纪以来更是跃居世界第一出口大国和数一数二的进口大国。

坚持开放经济的原则不成问题，问题的关键在于如何造就可持续的开放经济。步入“新时代”的中国，已经不是当年单纯“与国际惯例接轨”的国际市场波动的被动承受者，而是成为世界经济增长的最大贡献者与主要调控者，并正在向国际经济规则的引领者方向发展。中国要想对全球化长久发挥更大作用，要想给贸易伙伴提供更多的“搭车”共同发展机会，甚至扮演事实上的自由贸易旗手，就必须长久确保自身国际竞争力强大。换言之，我们需要追求造就一个可持续的开放经济，而一国对外经贸的表现归根结底植根于其国内经济社会。为此，我们需要从以下三个方面做出努力。

1.消除阻碍创新的壁垒

创新的重要性不言而喻，而且中国在“赶超”进程中充分利用了创新的“后发优势”。然而，随着中国跃居世界第一制造业大国、第一出口大国、第二经济大国，随着中国一系列产业和基础设施跃居世界前列，为此投下的沉没成本数额日益巨大，我们舍不得已经做出的巨额投入的惰性也在日滋月长。在理论上，一旦出现新的更先进的替代技术，完全有可能出现我们为惰性所累而不能积极跟上技术革新潮流、被今天的后发新兴市场反超的现象。须知，在现在的后发新兴市场经济体中，不乏潜心钻研中国发展之道而力图赶超者，他们当中未必没有一个两个、甚至更多国家已经具备了足够资源与能力，能够在某些领域有效整合利用其后发优势，而帮助他们发掘实现其后发优势的还可能是中国的创新者。

为避免“后发优势”双刃剑伤及我们自身，为了长久保持自己的竞争力，我们需要不断降低、消除阻碍我们采用新技术的成本和壁垒，包括客观存在的经济性壁垒与人为设置的壁垒。为了不断激励企业技术进步的内在动力，我们需要打破垄断，遏制贸易保护主义倾向。

2. 确保“中国制造”竞争力

根据开放与市场化原则调整国内产业，首要的是进一步开放上游能源、原料等初级产品行业。中华人民共和国自成立之日起就以工业化为不变目标，如今更是世界第一制造业大国。决定中国经济社会可持续发展能力的不是初级产品产业，而是下游的制造业、服务业等产业。上游能源、原料等初级产品价格居高不下，必然直接提高制造业、服务业等下游产业的成本，进而损伤其国际竞争力。

3. 警惕“福利民粹主义”陷阱

要造就可持续开放经济，对中国体制决策与行动能力的更大挑战在于能否摆脱“福利民粹主义”的陷阱。即使对于已经站上国际经济体系顶层的发达国家，“福利民粹主义”也注定不可持续，因为它一方面降低了当事国家的国民储蓄率，进而使之陷入长期的财政、贸易孪生赤字不能自拔，经济优势不断流失；另一方面在中长期内它必然使得占总人口60%左右的传统中产阶层沦为“全球化冲击”中相对损失最大的输家。对于这些国家的经济与社会稳定，这意味着什么，可想而知。

第二节 区域经济发展战略

区域经济是按照自然地域、经济的内在联系、商品流向、民族文化传统以及社会发展需要而形成的经济联合体，是特定地区国民经济整体的总称，是有别于行政区经济的经济区经济，是介于宏观经济与微观经济间的中观经济。

一、区域经济概述

区域经济不同于国民经济和企业经济。国民经济强调经济体系的完整性和长期安全，追求的是国家、行政区域和民族的利益，服从和服务于政治需要，因而是宏观经济。

企业经济强调产品市场占有额和直接的、现实的利益，因而是产品经济，是微观经济。区域经济介于二者之间，强调产业结构的合理性和空间布局的优化，是中观经济。众所周知，影响区域发展的因素主要有自然条件、人口和劳动力、资金、科技进步、资源配置和区际贸易等，发展区域经济就是要通过开发资源、区域产业结构的调整和优化、区域生产布局的调整和优化、重大项目建设的组织实施等有效途径，达到区域生产增长、技术进步、产业结构改进、资本积累和与外界经济关系的改善，最终实现区域经济量的扩张、质的改善和结构的优化。①

①曲鸥. 区域经济发展战略分析[J]. 经贸实践，2018(03)：169.

(一)区域经济政策

1. 区域经济政策的目标

区域经济政策的目标有总目标和子目标之分。区域经济政策的总目标是追求经济效率和社会公平的最大化。追求经济效率目标,就是在发展国民经济过程中,通过资源的空间有效配置,取得最佳经济效益,实现区域经济迅速、高速增长,从而增强整个国家的经济实力;追求社会公平目标,就是在发展国民经济过程中,通过运用各种手段逐步缩小区际差异,取得社会公平,实现区域之间的相对均衡发展,从而提高整个社会的和谐程度。

区域经济政策目标的具体内容包括:①经济目标。缩小区际发展水平差异,生产力的合理布局,经济空间扩大和新区开发,促进落后地区经济增长、衰退地区复兴,核心地区经济活动扩散,提高衰退区、落后区的就业率,降低衰退区(落后区)的迁移率,经济一体化等。②社会目标。缩小区际社会差异,缩小区际生活质量差异,改善落后地区教育、文化、卫生状况等。③生态目标。环境保护与国土整治等。④政治目标。国防安全、民族团结等。

2. 区域经济政策的内容

区域经济政策的内容比较广泛,包含一系列针对不同领域的具体的区域经济政策,如区域财政政策、区域税收政策、区域投资政策、区域产业政策、区域货币政策、区域外贸政策、区域就业政策、区域社会福利政策等。但各种类型的区域经济政策,一般都必须服从于相应的国家宏观经济政策,而不应该与之有矛盾和发生冲突。

区域产业政策是指政府为了实现某种经济和社会目标,以区域产业为直接对象,通过对有关产业的保护、扶植、调整和完善,参与产业或企业的生产、经营交易活动,以及通过直接或间接干预商品、服务、金融等方面的市场形成和市场机制来影响区域布局和发展政策的总和。区域产业政策主要包括区域产业结构政策和主导产业发展政策。

区域经济发展是靠主导产业来带动的，区域实行什么样的主导产业发展政策是至关重要的。

区域财政政策主要是通过财政收入与支出的地区格局，以预定的方式影响各区域的经济活动，以达到缩小地区差异和促进区域经济发展的目的。区域财政政策主要包括税收政策和财政转移支付政策。

区域投资政策是指国家用来调整区域投资的总量、资金的区域分布、优化区域投资结构的一项区域经济政策。从投资的资金渠道看，区域投资政策分为两种，即国家直接投资政策和国家间接投资政策。

我国的区域对外政策包括经济特区政策、沿海经济开放区政策、沿海经济开放城市政策和沿边地区开放政策等。

区域经济政策战略是实现区域经济政策目标所必须选择或者遵循的一条基本路径。根据不同的区域经济政策战略，选择与之相匹配的区域经济政策手段。区域经济政策体系十分庞杂，但主要涉及以下几方面内容：①救济还是开发；②根据困难程度投资还是根据发展潜力投资；③富地还是富民；④优惠不发达地区还是优惠发达地区；⑤重点发展城市还是重点发展农村；⑥竞争性增长还是共同性增长。

（二）区域分工

区域分工也就是地域分工，它是社会分工的空间形式。从个别区域的角度来看，它表现为区域生产专门化；从相互联系的区域体系来看，它表现为全社会的生产专门化体系。区域分工的必要前提是生产产品的区际交换和贸易，是产品的生产地和消费地的分离。区域分工的这一性质，决定了它的规模随着产品交换和贸易的扩大而不断扩张。从国内局部性的区域分工到国际分工，区域分工将经历一个由低级形态向高级形态转变的过程。区域分工过程的变动，是通过产业部门的区位指向机制来实现的。不同的产业部门，由于其生产函数和其他技术经济特点的差异，在空间分异过程中，都有向一定的区域集中的倾向，这种倾向就是区位指向。

区域分工可以获得专业化经济效果，扩大市场的交易规模，同时，带来了产业的集聚经济效果，增强了区域的核心竞争力。根据以产业为基础的区域分工，我们可以划分出以下形式。

第一，自然条件和资源指向型。这类产业主要是指农矿部门。

第二，燃料动力指向型。这类产业主要是指高耗能、高耗水部门，包括火电站、铝、镁、钛等有色金属精炼，稀有金属生产，合成橡胶生产和石油化工等，其区位一般指向能源地。例如，在煤矿附近建设坑口电站，变输煤为输电，既降低了成本，又减轻了铁路运输的压力，综合经济效益显著。

第三，原料地指向型。这类产业主要是指原料用量大、原料可运性小或产品失重大的部门，包括钢铁、建材、森林工业等。

第四，消费地指向型。这类产业主要是指产品失重小，或产品易腐、易损，不耐运输、不易贮存，为当地消费者服务的部门，如鲜食品加工、家具制造等。

第五，交通枢纽指向型。由于交通运输事业的迅猛发展，世界各国、各地区有许多产业是分布在综合运输枢纽、海港、铁路枢纽、航空港附近的，如世界上典型的“临海型”“临空型”布局就是由这种指向形成的。

第六，劳动力指向型。这类产业主要有两类：一类是对劳动力需求量大的产业，如纺织、制鞋、缝纫、制药、塑料制品等；另一类是对劳动力素质要求高的科技产业，如电子、新型材料等。

第七，特殊环境指向型。这类产业对环境质量要求高，即对空气、水、电等的要求高，如电子原件、真空产品产业、旅游业、疗养业等。

第八，无定指向型。这是指布局指向不甚明显的部门，其特点是各地区基本上都具备发展条件，原料和成品运输在费用上大致相似，如大多数的粮油食品加工业。

二、区域经济理论

区域经济理论是研究生产资源在一定空间(区域)优化配置和组合,以获得最大产出的学说。生产资源虽然是有限的,但有限的资源在区域内进行优化组合,可以获得尽可能多的产出。正是由于不同的理论,对于区域内资源配置的重点和布局主张不同,以及对资源配置方式选择不同,于是便形成了平衡发展理论、不平衡发展理论、区域分工贸易理论、增长极理论、梯度转移理论、“点—轴”开发理论、网络开发理论、累积因果理论、“中心—外围”理论、城市圈域经济理论等不同的理论派别。

(一)增长极理论

增长极理论认为,一个国家要实现平衡发展只是一种理想,在现实中是不可能的,经济增长通常是从一个或数个“增长中心”逐渐向其他部门或地区传导。因此,应选择特定的地理空间作为增长极,以带动经济发展。增长极包含了两个明确的内涵:一是作为经济空间上的某种推动型工业;二是作为地理空间上的产生集聚的城镇,即增长中心。增长极在此便具有了“推动”与“空间集聚”意义上的增长之意。

该理论认为,增长极应由主导部门和有创新能力的企业在某些地区或大城市通过聚集发展而形成,它具有生产中心、贸易中心、金融中心、信息中心、交通运输中心、服务中心、决策中心等多种功能,能够产生吸引或辐射作用,由此促进自身和推动其他部门、地区的经济增长。

(二)梯度转移理论

梯度转移理论源于美国经济学家弗农提出的工业生产生命周期阶段理论。他将这一理论引入到区域经济学中,便产生了区域经济发展的梯度转移理论。该理论的实质有两点:一是区域经济发展按梯度由高向低推进,符合利润最大化原则;二是区域经济发展速度应以区域所能提供的条件为基础。梯度转移理论的主要论点有以下几点。

第一,区域经济的盛衰主要取决于其产业结构的优劣,而产业结构的优劣又取决于地区经济部门,特别是主导专业化部门在工业进程中所处的发展阶段。如果其主导产业部门由处于创新阶段的专业部门所构成,则可将该区域列入高梯度区域。

第二,创新活动是决定区域发展梯度层次的决定性因素,一般创新活动大多发生在高梯度地区,随着时间的推移及生命周期阶段的变化,生产活动逐渐从高梯度地区向低梯度地区转移,而这种梯度转移过程主要通过多层次的城市系统扩展。

第三,梯度推移主要是通过多层次城市系统传递的。创新在空间上的扩散有局部范围和大范围两种形式。局部范围的扩散是创新活动由发源地向经济联系密切的邻近城市推移。大范围的扩散是创新活动由发源地按区域城市系统的等级顺序展开。

(三)"点一轴"开发理论

"点一轴"开发理论是增长极理论的延伸,但在重视"点"增长极作用的同时,还强调"点"与"点"之间的"轴",即交通干线的作用。"点一轴"开发中的"点"是指区域中的各级中心城市,它们都有各自的吸引范围,是一定区域内人口和产业集中的地方,有较强的经济吸引力和凝聚力。"轴"是联结点的线状基础设施束,包括交通干线、高压输电线、通信设施网络、供水线路等工程性线路。线状基础设施束经过的地带称为"轴带",简称"轴"。轴带的实质是依托沿轴各级城镇形成产业开发带。区域内各个城镇是成等级系统的,同理,联结城镇的发展轴也是可分若干等级的。不同等级的轴线对周围的区域具有不同强度的吸引力和凝聚力。

在区域规划中运用"点一轴"开发方式,分析和确定"点"及"轴"的位置与等级,是一件事关全局的工作。工作步骤通常是,首先,在区域范围内确定若干具有有利发展条件和开发潜力的线状基础设施经过的地点,作为发展轴,予以重点开发;其次,在各条发展轴线上,确定若干个点,作为重点发展的城镇,并且要明确各个重点发展城镇的地位、性质、发展方向和主要功能，以及它们的服务、吸引区域；再次，确定点和轴线的等级体系，形成不同等级的“点—轴”系统。

在一定的地域范围内，重点发展的轴线、城镇应与其等级、开发先后次序相适应。一般应着重有限开发重点发展轴线及沿线地带内若干高等级、区位好的点（城市、镇）及其周围地区。以后，随着发展轴及重点发展城市实力的增强，开发中心将逐步转移到级别较低的发展轴和中心城镇，并使发展轴逐步向不发达地区延伸，促进次级轴线和线上的城镇发展，最终形成由不同等级的发展轴及其发展中心组成的具有一定层次结构的“点—轴”系统，从而带动整个区域的发展。

三、产业布局概述

（一）产业布局的影响因素

产业布局是产业结构在空间地域上的投影。任何社会经济活动总是要落实到一定的区域或地点。不同的产业部门具有不同的分布形态，不同的区域又具有不同的产业结构，即使在同一地区，不同的发展阶段其产业结构也各不相同，因而产业在空间上表现出不同的分布形态。对于某一地区（或国家）来讲，究竟应选取何种布局模式，应根据区域条件、产业结构特点及发展阶段来确定。但是，一国在安排产业布局时，一般要受到以下因素的影响。

第一，地理位置因素。地理位置是对国家和地区经济发展经常有影响的因素，它能加速或延缓地区经济的发展。因为地理位置不仅关系到自然条件，还关系到交通、信息和一系列社会经济条件。

第二，自然因素。自然因素包括自然条件和自然资源两个方面。自然条件是人类赖以生存的自然环境，包括未经人类改造、利用的原始自然环境，也包括经过人类改造利用后的自然环境。自然资源是指自然条件中被人利用的部分。自然因素是产业布局形成的物质基础和先决条件。

第三，人口因素。人既是生产者，又是消费者，这两方面的属性对产业布局都有深刻的影响。

第四,社会经济因素。影响产业布局的社会经济因素主要有历史基础、市场条件及国家的政策、法律宏观调控、国际政治条件、价格与税收等。

第五,科学技术因素。科学技术是构成生产力的重要组成部分,是影响经济发展与产业布局的重要条件之一。

(二)产业布局模式与演进

1.产业布局模式

一般而言,区域开发并非在所有地点上同时发生,总是先从某一两个开发条件较好的结点上开始。随着经济发展点与点之间的经济联系构成轴线,轴线经纬交织而形成网络。因此,产业布局主要有三种模式,即增长极模式、“点—轴”开发模式、网络开发模式。由于前两种模式我们已经做过阐述,这里简单介绍一下第三种模式。网络是结点与轴线的结合体,结点(极核)是网络的心脏,轴线则是结点与结点、结点与域面、域面与域面之间联系的纽带和通道。主要通过人流、商品流、技术流、资金流、信息流形成各种流通网络,其中对产业布局影响最大的是交通运输网络。网络型开发模式一般应用于经济发达地区。

在这类地区,一方面要对老区进行整治,包括对传统工业的技术改造与扩散,国家亦可采取分散化的政策措施,以加强对落后地区的开发;另一方面又要开发新区,如上海对浦东新区的开发。新区的开发一般应先采取“点—轴”开发形式,而不是全面铺开,当新、老点轴逐渐扩散和交织时,就会在空间上形成经济网络。

2.产业布局演变及其运行机制

国内外的实践经验表明,各国、各地区的产业布局并非固定不变,而是一个动态的过程,随着社会生产力的发展和产业结构的变动而不断地发生变化。在农业社会,传统的农业生产以土地和动植物为劳动对象，这时的产业布局表现为地区差异不十分明显的均质化。近代工业的出现，不仅有力地促进了生产力的发展，同时也打破了产业布局的均质化格局。工业企业总是选择一些区位条件比较优越的地点进行配置，通过产业集聚而形成工商业活动集中的城市，并成为带动周围地区经济发展的中心，在地域上表现为增长极模式。随着中心城市规模的不断扩大，产业部门的不断衍生，经济活动日益频繁，对外联系日益广泛，连接城市与周围地区的交通运输线路得到了建设。当城市经济实力扩大到一定程度，也就是产业集聚达到一定水平之后，就将出现向外扩散的趋势，而这种扩散首先是沿着交通线路进行的，产业布局便出现以城市（点）和交通路线（轴）相联结的产业带，即点—轴模式；当地区经济发展达到较高水平，产业布局经纬交织，则终于形成以城市为结点、产业密集带为脉络的产业布局形态，即网络型布局模式。从均质布局、点状布局、“点—轴”布局到网络布局，是产业布局演变的一般规律。

第三节 循环经济

一、循环经济概述

循环经济是一种以资源的高效利用和循环利用为核心，以“低消耗、低排放、高效率”为基本特征，符合可持续发展理念的经济增长模式，是对“大量生产、大量消费、大量废弃”的传统增长模式的根本变革。

传统经济是一种由“资源—产品—污染排放”所构成的物质单向流动的经济，在这种经济中，人们以越来越高的强度把地球上的物质和能源开发出来，在生产加工和消费过程中又把污染和废物大量地排放到环境中去，对资源的利用常常是粗放的和一次性的，通过把资源持续不断地变成废物来实现经济的数量型增长，导致许多自然资源的短缺与枯竭，并酿成了灾难性环境污染后果。

与此不同，循环经济倡导的是一种建立在物质不断循环利用基础上的经济发展模式，它要求把经济活动按照自然生态系统的模式，组织成一个“资源—产品—再生资源”的物质反复循环流动的过程，使得整个经济系统以及生产和消费的过程基本上不产生或者只产生很少的废弃物。只有放错了地方的资源，而没有真正的废弃物，其特征是自然资源的低投入、高利用和废弃物的低排放，从而从根本上消解长期以来环境与发展之间的尖锐冲突。简言之，循环经济是按照生态规律，利用自然资源和环境容量，实现经济活动的生态化转向。它是实施可持续战略的必然选择和重要保证。①

（一）循环经济的主要特征

循环经济作为一种科学的发展观，一种全新的经济发展模式，具有自身的独立特征。其特征主要体现在以下几个方面。

第一，新的系统观。循环是指在一定系统内的运动过程，循环经济的系统是由人、自然资源和科学技术等要素构成的大系统。循环经济观要求人在考虑生产和消费时不再置身于这一大系统之外，而是将自己作为这个大系统的一部分来研究符合客观规律的经济原则，将“退田还湖”“退耕还林”“退牧还草”等生态系统建设作为维持大系统可持续发展的基础性工作来抓。

第二，新的经济观。在传统工业经济的各个要素中，资本在循环，劳动力在循环，而唯独自然资源没有形成循环。循环经济观要求运用生态学规律，不是沿用19世纪以来机械工程学的规律来指导经济活动。不仅要考虑工程承载能力，还要考虑生态承载能力。在生态系统中，经济活动超过资源承载能力的循环是恶性循环，会造成生态系统退化；只有在资源承载能力之内的良性循环，才能使生态系统平衡地发展。

①张洪坤．循环经济与经济可持续发展分析［J］．中国市场，2019(36)：70-71.

第三，新的价值观。循环经济观在考虑自然时，不再像传统工业经济那样将其作为“取料场”和“垃圾场”，也不仅仅视其为可利用的资源，而是将其作为人类赖以生存的基础，是需要维持良性循环的生态系统。在考虑科学技术时，不仅考虑其对自然的开发能力，而且要充分考虑到它对生态系统的修复能力，使之成为有益于环境的技术。在考虑人自身的发展时，不仅考虑人对自然的征服能力，而且更重视人与自然和谐相处的能力，促进人的全面发展。

第四，新的生产观。传统工业经济的生产观念是最大限度地开发利用自然资源，最大限度地创造社会财富，最大限度地获取利润。而循环经济的生产观念是要充分考虑自然生态系统的承载能力，尽可能地节约自然资源，不断提高自然资源的利用效率，循环使用资源，创造良性的社会财富。同时，在生产中还要求尽可能地利用可循环再生的资源替代不可再生资源，如利用太阳能、风能和农家肥等，使生产合理地依托在自然生态循环之上；尽可能地利用高科技，尽可能地以知识投入来替代物质投入，以达到经济、社会与生态的和谐统一，使人类在良好的环境中生产和生活，真正全面提高人民生活质量。

第五，新的消费观。循环经济观要求走出传统工业经济“拼命生产、拼命消费”的误区，提倡物质的适度消费、层次消费，在消费的同时就考虑到废弃物的资源化，建立循环生产和消费的观念。同时，循环经济观要求通过税收和行政等手段，限制以不可再生资源为原料的一次性产品的生产与消费，如宾馆的一次性用品、餐馆的一次性餐具和豪华包装等。

（二）发展循环经济的重大意义

第一，发展循环经济是缓解资源约束矛盾的根本出路。我国资源禀赋较差，总量虽然较大，但人均占有量少。为了减少经济增长对资源供给的压力，必须大力发展循环经济，实现资源的高效利用和循环利用。

第二，发展循环经济是从根本上减轻环境污染的有效途径。目前，我国正处于环境污染和生态破坏十分严重的时期。我国主要污染物排放量已大大超过环境承载能力，环境污染相当严重。这些复杂多样的环境问题成为经济社会发展的“绊脚石”。大力发展循环经济，推行清洁生产，可将经济社会活动对自然资源的需求和生态环境的影响降低到最小程度，从根本上解决经济发展与环境保护之间的矛盾。

第三，发展循环经济是转变经济增长方式、提高经济效益的重要手段。我国之所以产生环境问题和低经济效益，最突出的原因是粗放型增长方式。这种高开采、高消耗、高排放、低利用的“三高一低”的线形经济发展模式，不仅经济效益低，还导致许多自然资源的短缺与枯竭，产生大量和严重的环境污染，造成社会经济、人体健康的重大损害。因此，采取坚决有力的措施，转变经济增长方式，大力发展循环经济，提高资源的利用效率，增强国际竞争力，已经成为我们面临的一项重要而紧迫的任务。

第四，发展循环经济是实现由就业减少型社会向就业增加型社会转变的现实选择。与传统线形经济缩短经济链条不同，循环经济是通过延长经济的链条而增加就业机会的。因此，全面建成小康社会要解决中国就业问题，发展循环经济是一个有效的途径。

第五，发展循环经济是实现可持续发展的本质要求。全面建成小康社会不仅要追求经济效益，还要讲求生态效益；不仅要促进经济增长，更要不断改善人们的生活条件，要真正做到这一点，必须大力发展循环经济，走可持续发展的道路。

第六，发展循环经济能够应对新贸易保护主义。近几年，一些发达国家在资源环境方面，不仅要求末端产品符合环保要求，而且规定从产品的研制、开发、生产到包装、运输、使用、循环利用等多环节都要符合环保要求，它对我国发展对外贸易特别是扩大出口产生了日益严重的影响。我们要全面推进清洁生产、大力发展循环经济，逐步使我国产品符合资源、环保等方面的国际标准，不断提高我国产品的出口竞争能力。

二、产业生态学的基本思想

清洁生产的理论基础是工业生态学。工业生态学又译为产业生态学,是模仿自然生态学建立起来的一门学科。它的基本思想是将工业系统乃至整个经济系统作为特殊的生态系统看待,将其纳入到生物圈中。在生物圈中,围绕着各个物种在不同环境中的代谢活动,物质流、能量流和信息流都有恰到好处的构造和运作方式。生态学家认为,最了解自然的,当然是自然本身。

产业生态学试图仿照自然界的物质循环,通过企业间的系统耦合,使产业链显示生态链的性质,实现物质循环利用和能量的多级传递、高效产出和资源的永续利用。在自然生态系统中,生产者的生产量、消费者的消费量和再生者是相对简单而稳定的,但生态工业系统无论是技术水平还是相互之间的联系,还远没有达到自然界的水平。

(一)产业生态学的三个层次

产业生态学涉及三个层次:①宏观上,产业生态学可以作为国家产业政策的重要理论依据,促进国家以及全球生态产业的发展;②中观上,产业生态学的原理是指导企业生态能力建设的主要途径和方法,其中涉及企业的竞争力、管理水平、规划方案等。如企业的“绿色核算体系”“生态产品规范与标准”等;③微观上,产业生态学还可以指导具体产品和工艺的生态评价与生态设计方法。

(二)产业生态学的基本内容

产业生态学的基本内容可归纳为以下几方面。

第一,研究工业活动与生态环境的关系。包括对资源和能源的利用,废料和污染物的排放,工业污染物在环境中扩散、迁移和转化,工业毒理学,工业污染物的环境监测和评价等。

第二,探索工业生态化的途径。包括开发利用可再生能源;开发与环境相容的工业生产技术等。如生物技术、资源综合利用、提高能效、减少物料消耗(非物质化)、拒绝废料、物料再循环、为环境的工业设计等。

第三,在工业的规划和管理中运用生态原则。包括组织符合生态原则的工业供需链;保持不同行业、企业间适当的相互比例—结构调控;与周围环境相容的工业区选点和布局;在区域范围内组织清洁生产;有效的反馈机制—政策调控;组织再循环社会等。

可以说,产业生态学是清洁生产的理论基础,清洁生产是产业生态学的核心内容和发展阶段。从优化社会与自然的关系来看,清洁生产称得上是一次新的产业革命。

三、循环经济的评价方法和指标体系

(一)循环经济的“3R”原则

循环经济要求以“3R”原则为经济活动的行为准则。

第一,减量化原则(reduce),要求用较少的原料和能源投入来达到既定的生产目的或消费目的,进而达到从经济活动的源头就注意节约资源和减少污染。减量化有几种不同的表现,在生产中,减量化原则常常表现为要求产品小型化和轻型化。此外,减量化原则要求产品的包装应该追求简单朴实而不是豪华浪费,从而达到减少废物排放的目的。

第二,再使用原则(reuse),要求制造产品和包装容器能够以初始的形式被反复使用。再使用原则要求抵制当今世界一次性用品的泛滥,生产者应该将制品及其包装当作一种日常生活器具来设计,使其像餐具和背包一样可以被再三使用。再使用原则还要求制造商应该尽量延长产品的使用期,而不是非常快地更新换代。

第三,再循环原则(recycle),要求生产出来的物品在完成其使用功能后能重新变成可以利用的资源,而不是不可恢复的垃圾。按照循环经济的思想,再循环有两种情况:一是原级再循环,即废品被循环用来产生同种类型的新产品,如报纸再生报纸、易拉罐再生易拉罐等;二是次级再循环，即将废物资源转化成其他产品的原料。原级再循环在减少原材料消耗上面达到的效率要比次级再循环高得多，是循环经济追求的理想境界。

“3R”原则有助于改变企业的环境形象，使它们从被动转化为主动。典型的事例就是杜邦公司的研究人员创造性地把“3R”原则发展成为与化学工业实际相结合的“3R”制造法，以达到少排放甚至零排放的环境保护目标。

（二）循环经济的评价方法

一般而言，评价方法可以根据对象的范围、性质、特点等基本条件选择；对同一评价对象而言，评价的目的不同，采用的评价方法可能不同，指标体系也有差别。在评价一个国家、一个地区、一个企业的循环经济发展状况或进展时，需要有相应的评价方法和指标体系。此外，评价方法与循环经济的理论密切相关；方法离不开理论，但侧重点又有不同。循环经济的理论基础大多借用了自然科学、社会科学的基础，评价方法也离不开这些领域学科评价方法的综合运用，如系统分析、物质流分析与管理绿色核算、生命周期分析、全成本核算、环境管理等。

（三）循环经济的指标体系

设计循环经济指标体系，一是要紧扣“3R”原则，科学地将“减量化、再使用、再循环”从资源利用的源头到最终的废弃物的排放这样一个大的“循环”经济的体系用统计指标及统计数据进行客观科学的描述；二是既要从宏观管理的角度考察总量指标，又要涉及经济个体如企业在生产和流通过程中的行为，将广泛意义上的微观活动用宏观指标体现出来。

具体而言，主要包括以下四个方面：①从生产环节中资源的开发、利用到废弃物的排放这样一个广义上的循环过程中，根据“减量化、再使用、再循环化”原则进行描述；②从消费环节进行描述，主要是指生活垃圾的排放和处理等；③对循环经济操作中具有代表性的行业着重进行描述;④选择主要的能源、原材料、废弃物进行描述。

与此同时,建立循环经济指标体系,要充分考虑国家统计工作的实际情况。许多统计数据来源于相关部门,如资源部门和环境部门,因此,要将国家统计局的数据与部门统计数据密切结合起来,充分利用现有部门数据。在建立指标体系时,不仅要考虑国家的需要,还要考虑地区测算的可行性。要尽可能采集、加工现有数据,尽量减少基层统计部门的负担。

四、循环经济的实践

(一)典型的卡伦堡模式

卡伦堡是丹麦的一个滨海小镇,是世界上工业生态系统运行得最为成功的典范。所谓工业生态系统,是指将生态学中动植物在一个系统内共存共生的原理应用于工业活动中,形成一个企业“链”。在卡伦堡生态工业园中(见图8-1),不同的企业通过“废弃物变原料”的贸易被紧密地联系在一起。卡伦堡生态工业园中的主体工业企业是电厂、炼油厂、制药厂和石膏板厂。以这四个企业为核心,将生产过程中的废弃物或副产品,通过贸易形式供其他企业作原料使用,或替代部分原材料;在这个企业链中,还有大棚养殖场、养鱼场、硫酸厂、供热站、水泥厂、农场等。

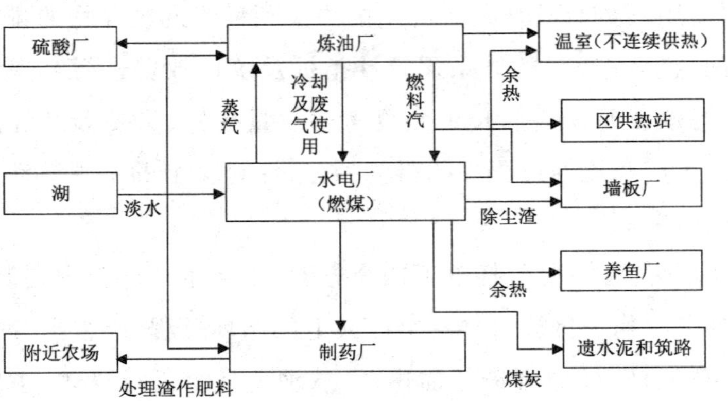

图8-1　丹麦卡伦堡生态工业园示意图

(二)我国循环经济的实践

1.发展循环经济的基本途径和重点

当前和今后一个时期,我国发展循环经济要重点抓好以下五个环节。

第一,在资源开采环节,要大力提高资源综合开发和回收利用率。对矿产资源开发要统筹规划,加强共生、伴生矿产资源的综合开发和利用,实现综合勘查、综合开发、综合利用;加强资源开采管理,健全资源勘查开发准入条件,改进资源开发利用方式,实现资源的保护性开发;积极推进矿产资源深加工技术的研发,提高产品附加值,实现矿业的优化与升级;开发并完善适合我国矿产资源特点的采、选、冶工艺,提高回采率和综合回收率,降低采矿贫化率,延长矿山寿命;大力推进尾矿、废石的综合利用。

第二,在资源消耗环节,要大力提高资源利用效率。加强对钢铁、有色金属、电力、煤炭、石化、化工、建材、纺织、轻工等重点行业的能源、原材料、水等资源的消耗管理,实现能量的梯级利用、资源的高效利用和循环利用,努力提高资源的产出效益。发动机、汽车、计算机、家电等机械制造企业,要从产品设计入手,优先采用资源利用率高、污染物产生量少以及有利于产品废弃后回收利用的技术和工艺,尽量采用体积小、重量轻、可再生的零部件或材料,提高设备制造技术水平。包装行业要大力压缩无实用性材料的消耗。

第三,在废弃物产生环节,要大力开展资源综合利用。加强对冶金、有色金属、电力、煤炭、石化、建材、造纸、酿造、印染、皮革等废弃物产生量大、污染重的重点行业的管理,提高废渣、废水、废气的综合利用率。综合利用各种建筑废弃物及秸秆、畜禽粪便等农业废弃物,积极发展生物能源,推广沼气工程,大力发展生态农业。推动不同行业通过产业链的延伸和耦合,实现废弃物的循环利用。加快城市生活污水再生利用设施建设和垃圾资源化利用。充分发挥建材、钢铁、电力等行业废弃物的消纳功能,降低废弃物最终处置量。

第四,在再生资源产生环节,要大力回收和循环利用各种废旧资源。积极推进废钢铁、废有色金属、废纸、废塑料、废旧轮胎、废旧家电及电子产品、废旧纺织品、废旧机电产品、包装废弃物等的回收和循环利用;支持汽车、发动机等废旧机电产品再制造;建立垃圾分类收集和分选系统,不断完善再生资源回收、加工、利用体系;在严格控制“洋垃圾”和其他有毒有害废物进口的前提下,充分利用两个市场、两种资源,积极发展资源再生产业的国际贸易。

第五,在社会消费环节,要大力提倡绿色消费。树立可持续的消费观,提倡健康文明、有利于节约资源和保护环境的生活方式与消费方式;鼓励使用绿色产品,如能效标识产品、节能节水认证产品和环境标志产品等;抵制过度包装等浪费资源的行为;政府机构要发挥带头作用把节能、节水、节材、节粮、垃圾分类回收、减少一次性用品的使用逐步变成每个公民的自觉行动。

2.加快发展循环经济的主要措施

第一,发展循环经济,要坚持以科学发展观为指导,以优化资源利用方式为核心,以提高资源生产率和降低废弃物排放为目标,以技术创新和制度创新为动力,采取切实有效的措施,动员各方面力量,积极加以推进。

第二,加强对发展循环经济的专题研究,加快节能、节水、资源综合利用、再生资源回收利用等循环经济发展重点领域专项规划的编制工作。建立科学的循环经济评价指标体系,研究提出国家发展循环经济战略目标及分阶段推进计划。

第三,加快发展低耗能、低排放的第三产业和高技术产业,用高新技术和先进适用技术改造传统产业,淘汰落后工艺、技术和设备。严格限制高耗能、高耗水、高污染和浪费资源的产业,以及开发区的盲目发展。用循环经济理念指导区域发展产业转型和老工业基地改造,促进区域产业布局合理调整。开发区要按循环经济模式规划、建设和改造，充分发挥产业集聚和工业生态效应，围绕核心资源发展相关产业，形成资源循环利用的产业链。

第四，要研究建立完善的循环经济法规体系，当前要抓紧制定《资源综合利用条例》《废旧家电及电子产品回收处理管理条例》《废旧轮胎回收利用管理条例》《包装物回收利用管理办法》等发展循环经济的专项法规。加快制定用能设备能效标准、重点用水行业取水定额标准、主要耗能行业节能设计规范以及强制性能效标识和再利用品标识等发展循环经济的标准规范。加大执法监督检查的力度，逐步将循环经济发展工作纳入法制化轨道。同时，通过深化改革，形成有利于促进循环经济发展的体制条件和政策环境，建立自觉节约资源和保护环境的机制。结合投资体制改革，调整和落实投资政策，加大对循环经济发展的资金支持；进一步深化价格改革，研究并落实促进循环经济发展的价格和收费政策；完善财税政策，加大对循环经济发展的支持力度；继续深化企业改革，研究制定有利于企业建立符合循环经济要求的生态工业网络的经济政策。

第五，要组织开发和示范有普遍推广意义的资源节约和替代技术、能量梯级利用技术、延长产业链和相关产业链接技术、“零排放”技术、有毒有害原材料替代技术、回收处理技术、绿色再制造技术等，努力突破制约循环经济发展的技术瓶颈。在重点行业、重点领域、工业园区和城市，开展循环经济试点工作。

第九章 商业模式的分类和业态形式

第一节 商业模式的分类

商业模式的不断演进和扩充使得商业模式的内涵更为丰富，而不同企业适合于不同的商业模式定位，因此对商业模式的分类变得更为重要。在分类的时候，我们既要顾全所有商业模式的组成要素，又要脉络清晰合理。目前的分类方法中主要有基于价值链、价值维度、破坏性创新等的商业模式分类，还有基于“3-4-8构成体系”的商业模式分类研究。分类的角度和定位不同，就会有不同的分类结果，但是好的分类方法一定是边界清楚、概括全面、有理有据的。这就要求我们在分类的时候不仅有顾全大局的统筹，还要有前瞻性。

一、国内外对商业模式的分类情况

商业模式的划分从不同的角度可以有不同的分类。从产业价值链的角度来看，有小系统（企业内）和大系统（企业所处整个产业价值链）的商业模式。从空间定位来看，有现实空间的商业模式，如联想、海尔、国美、青岛啤酒等实体企业商业模式的成功运用。同时，也有虚拟空间的商业模式，如新浪、搜狐等门户网站以及百度、腾讯、淘宝网等服务网站利用互联网运营亦大获成功。

从企业资本的构成来看，可以分为三类：一是以产业资本为主的商业模式，如格力、长虹等为代表的以生产加工为主的企业模式；二是以商业资本为主的商业模式，如沃尔玛、易初莲花等；三是以金融资本为主的商业模式，如银行、信托公司、投资公司等。当然这种以企业资本的特征来划分商业模式并没有绝对的界限，如国美、苏宁等企业则融合了产业资本、商业资本构成新的商业模式。

从企业生存的依赖度划分，也可以分为四类：一是以偏重于融资模式为主的商业模式，即对金融工具有很高依赖度的模式，如余额宝、零钱宝等；二是以偏重于管理模式为主的商业模式，即对企业的运行效率进行改变就能改变公司命运的模式；三是以偏重于营销模式为主的商业模式，如直销公司等；四是以偏重于生产加工为主的商业模式，如格兰仕等。

国外对于商业模式的分类方法可以归纳为两大类：第一种分类方法，人们采取的是先定义商业模式的维度或组成要素，然后再对各维度（或组成要素）的类型或等级分类，组合后形成不同的商业模式类型。第二种分类方法则是通过案例归纳，类似枚举的方法，而且往往集中在某些行业里，如互联网行业。国内还没有真正建立起来一个全面、清晰、实用，并且令人信服的商业模式分类体系，主要有以下两个原因：一是商业模式涉及的面过于宽泛，而研究者在对商业模式进行分类的时候，又需要将所有的商业模式因素都考虑在内，因此是非常困难的；二是在当今迅速变化的时代里，新因素、新问题层出不穷，研究者要想建立一个能够经受住时间变迁的“万能框架”，不仅非常困难，而且几乎是不可能的。

在对商业模式进行定义之后，对所有的商业模式进行系统的分类有助于对商业模式进行系统深入观察，从而也能促进商业模式的创新。目前国内外已经有大量的学者专家对商业模式进行了分类，由于分类角度不一样，各种分类方法差别很大。

真正对商业模式进行系统细致分类的，首先是国外学者狄莫斯的价值链和交互模式结合的分类体系。学者狄莫斯从价值链的解构和重组的角度出发，识别价值链上的各个要素并识别出可能的信息交互模式，并最终列出十一种商业模式：电子商店、电子采购、电子商场、电子拍卖、虚拟社区、协作平台、第三方交易市场、价值链集成者、价值链服务提供者、信息中介、信用和其他第三方服务。

国外学者威尔和威塔尔从电子商务业务运营的基本模式出发，按照商业特征总结了八个电子商务原子模型，即内容提供商、直接面向客户、完全服务提供商、中介、共享基础设施、价值网络集成者、虚拟社区、整体企业或政府。

在国内学者中，中国社科院财贸所课题组基于B2B和B2C模式进行了细分，按照为消费者提供的服务内容不同将B2C模式分为电子经纪、电子直销、电子零售、远程教育、网上预定、网上发行、网上金融等七类；将B2B模式分为目录模式、B2B和B2C兼营模式、政府采购和公司采购、供应链模式、中介服务模式、拍卖模式、交换模式等七类。其中中介服务模式又可以细分为信息中介模式、中介服务模式、网络服务模式、银行中介服务模式等四种。

国内学者吕本富和张鹏在《IT经理世界》发表的《77种网络经济创新模式》中将电子商务盈利模式分为B2B、网上金融、网上销售、网上拍卖/买、网络软服务、网络硬服务、数字商品提供者、技术创新、内容服务、网络门户、网上社区、旁观者等十二种。其中B2B模式根据职能又划分为采购、销售、物流、售后服务等类型；网上金融模式根据金融领域又划分为网络证券、网络银行、网上保险、个人理财、风险资本等类型。这是一种混合分类方式，因此难免存在分类有交叉、分类体系缺乏一致性的问题。

北京科技大学的赵毅凝则根据企业在价值链中所处的不同位置，将盈利模式分为基础型、制造商主导型、交易型、服务型和内容型五种，上述所有分类各有侧重。如基于不同的维度进行分类，相互之间难以进行比较。当然我们也注意到所有分类体系均有一个共同特点：价值因素在各种分类中都不同程度地加以考虑。①

①李鸿磊，柳谊生．商业模式理论发展及价值研究述评[J]．经济管理，2016，38(09)：186-199.

二、商业模式常见的分类方法

事实上，商业模式包含的内容非常广泛，商业模式分类方法也不应当唯一，不同视角下的商业模式研究应当采取不同的分类方法。在有关商业模式的分类方法上，有学者提出了基于内在构成要素的分类、基于外在环境的分类以及基于价值链理论的分类方法。我们对现有的分类方法进行总结，主要有以下几个方面。

（一）基于价值链理论的商业模式分类

国内学者曾楚宏、朱仁宏、李孔岳以价值链理论为基础根据商业模式的本质提出了衡量商业模式特征的价值链定位、竞争优势和潜在利润三个维度变量，并依此为标准，将现有的商业模式分为四种类型，其具体特征之间的比较如表9-1所示。

表9-1 四种类型商业模式性质的比较

类别	聚焦型商业模式	一体化型商业模式	协调性商业模式	核心型商业模式
定位	产业价值链创新环节	产业价值链现有环节	价值网络现有环节	价值网络创新环节
竞争优势	在价值链中的位置	互补性战略资产	互补性战略资产	在价值网络中的位置和互补性战略资产
潜在利润	小	较大	大	最大

他们指出，针对具体的企业而言，它所采用的商业模式类别不是一成不变的，会随着所在产业的生命周期在四种类型的商业模式之间表现出规律性的演化趋势。

（二）基于价值维度的商业模式分类

国内学者罗倩、李东基于“价值创造”与“价值获取”两个维度的商业模式理论分析框架，采用定类量尺工具测评，基于七大战略新兴产业的176家上市公司有效样本作为分析，提出了有关企业商业模式分类的方法（见表9-2）。虽然采用了前沿的方法和理论，但是主要集中在技术资金密集的制造型企业，对互联网企业和其他特殊企业有较弱的适用性。

表9-2 商业模式分类的二维价值指标分解

商业模式组成板块	价值创造	价值获取
价值主张	高:重点清晰的、差异化产品定位,可以充分满足顾客需求,顾客满意度高	高:顾客规模大、定位接近于终端市场、单位顾客利益的可再生性或顽固性高
	低:标准化的定位,目标企业的定位与顾客需求不完全相符,不能完全满足	低:顾客规模小、定位于产业链中间市场、顾客利益可再生性或顽固性低
价值网络	高:网间合作更高效地帮助顾客传递价值,或者传递更多的顾客价值	高:企业占据价值网络的主导地位,对价值网络控制程度高(如主导型/标准制定型)
	低:价值网络间合作没有体现在顾客价值中	低:企业在价值网络中占据从属和被动地位
核心资源	高:企业打造的核心资源可以给顾客带来高附加价值,贴近顾客界面	高:可复制性、可控制性和顾客锁定性高
	低:核心资源与顾客无直接关联	低:可复制性、可控制性和顾客锁定性低
收入组合	高:收入要价合理,收入结构有吸引力(如赠品赠券、免费服务、积分满减等优惠活动)	高:收入要价高,利润附加值高;收入结构合理,持续性收入多,顾客锁定性高
	低:收入要价过高,无优惠组合,卖家砍价能力强	低:单一收入结构,收入要价不高

(三)基于破坏性创新的商业模式分类

国内学者王志玮、蔡贞秀在追溯商业模式概念界定与构成体系基础上,结合破坏性创新的概念界定与分类研究,提出将破坏性的商业模式分为低端市场破坏性、新市场破坏性、混合市场破坏性三种(见表9-3)。

表9-3 基于破坏性创新的三种商业模式

比较维度		新市场破坏性	低端市场破坏性	混合市场破坏性
提供（产品/服务）	价值主张	全新的价值主张	基于原有价值网络的最低端	基于原有价值主张的启示面提出某方面新的价值主张
客户	客户细分	发掘“非消费者”	吸引低端市场的潜在消费者	吸引非消费者和低端市场的潜在客户
	分销渠道	创建新渠道为主	基于原有渠道为主	在原有渠道的基础上适当建立新渠道
	客户关系	提供全新的产品或服务	提供客户够用前提下的产品或服务	提供够用的新产品或服务
基础设施	核心资源	新技术、新渠道	高效渠道	两者的结合
	关键业务	敏锐的市场洞察力，快速的切入市场需求	整合资源快速满足	快速识别市场机会并整合资源
	网络伙伴	为开发新业务的非竞争者或战略联盟伙伴	供应商关系为主	维持多种合作伙伴
财务生存能力	成本结构	搜寻目标市场、简历渠道、宣传产品或服务等为主	整合资源引起的成本为主	两者的结合
	收益来源	先入优势	规模经济	先入优势与规模经济结合

（四）基于商业模式“3-4-8”构成体系的商业模式分类框架

国内学者原磊、张婷婷通过对商业模式的本质，即企业的价值创造逻辑，对企业价值创造活动进行全方位考察和抽象总结，并在参考国外众多关于商业模式构成要素观点的基础上，提出了商业模式的“3-4-8”构成体系（如图9-1）。其中：“3”代表联系界面，包括顾客价值、伙伴价值、企业价值；“4”代表构成单元，包括价值主张、价值网络、价值维护、价值实现；“8”代表组成因素，包括目标顾客、价值内容、网络形态、业务定位、伙伴关系、隔绝机制、收入模式、成本管理。“3-4-8”构成体系实质是一种从“远—中—近”三个层次对商业模式进行全面考察的立体架构。基于这个体系，他们提出一种商业模式分类的研究框架，其中包括三种分类思路：一是基于内在构成要素的商业模式分类；二是基于外在环境因素的商业模式分类；三是基于二者混合的商业模式分类。

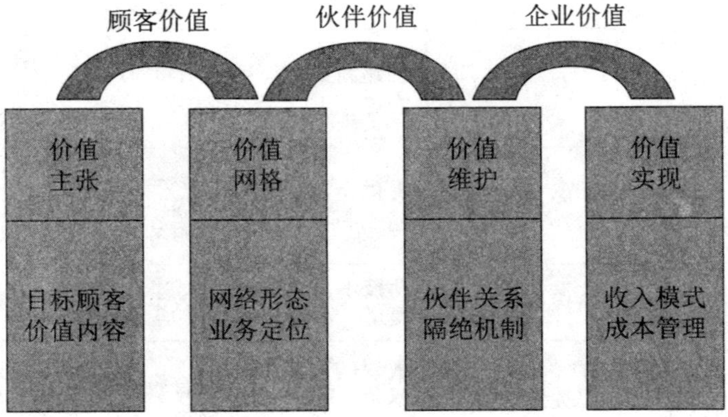

图9-1　商业模式的“3-4-8”构成体系

1.基于内在构成要素的商业模式分类

根据“3-4-8”构成体系，商业模式包括价值内容、目标顾客、网络形态、业务定位、伙伴关系、隔绝机制、收入模式、成本管理八种构成要素，而这八种要素中任何一种或者几种，都可以成为分类的标准，研究者可以根据需要，采取不同维度的分类方法。

事实上，绝大部分的现有研究都是采取了这种分类方法，例如，国外学者德瑞斯巴克提出的基于提供品形式的一维商业模式分类体系、学者瑞帕提出的基于价值主张和价值实现的二维商业模式分类体系、杜波森等提出的多维商业模式分类体系。

在商业模式“3-4-8”构成体系的基础上，建立一种基于内在构成要素的商业模式分类思路（如图9-2所示）。这是一种八维的商业模式分类方法,研究者可以根据研究的需要自由设定分类标准,设定分类程度。同时,如果用坐标轴表示这八种分类维度,那么可以进一步得到基于内在要素的商业模式蛛网模型(如图9-3所示)。其中,任何一种蛛网形态都代表着一种商业模式类别。

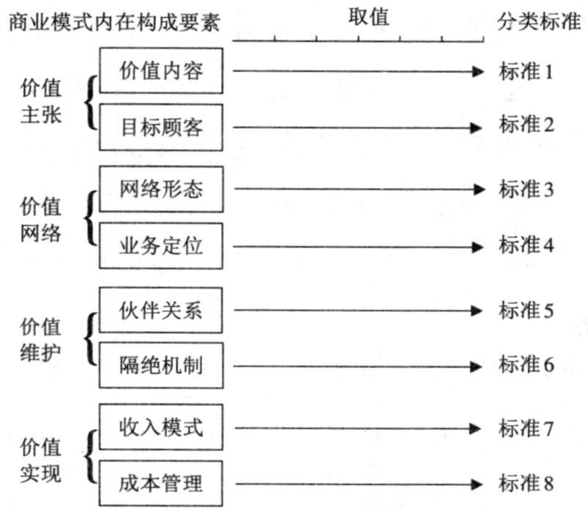

图9-2 基于内在构成要素的商业模式分类

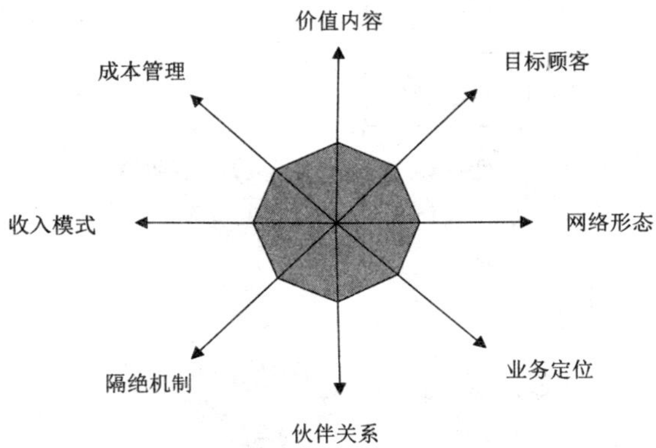

图9-3 基于内在构成要素的商业模式蛛网模型

2. 基于外在环境因素的商业模式分类

商业模式必须要依托一定的外部环境才能存在,这些外部环境包括宏观环境、行业环境、企业环境、顾客环境等。不同外部环境下的商业模式往往体现不同的特点,因此这些外部环境同样可以作为商业模式分类的标准,例如,根据企业规模可以将商业模式分为大型企业商业模式、中型企业商业模式、小型企业商业模式。从现有研究来看，只有个别研究者采用基于外部环境因素的分类思路，例如，学者班博瑞从新经济出现的商业模式与旧经济中已有的商业模式差异出发，将互联网中的商业模式分为移植于真实世界的商业模式和互联网与生俱来的商业模式。对此，提出基于外在环境因素的商业模式分类思路，如图9-4所示。这是一种四维的商业模式分类方法。研究者可以根据研究的需要自由设定分类标准，设定分类程度。此时，我们同样可以用坐标轴表示这四种分类维度，进一步得到基于外在环境因素的商业模式蛛网模型（如图9-5所示）。其中，任何一个蛛网形态都代表着一种商业模式类别。

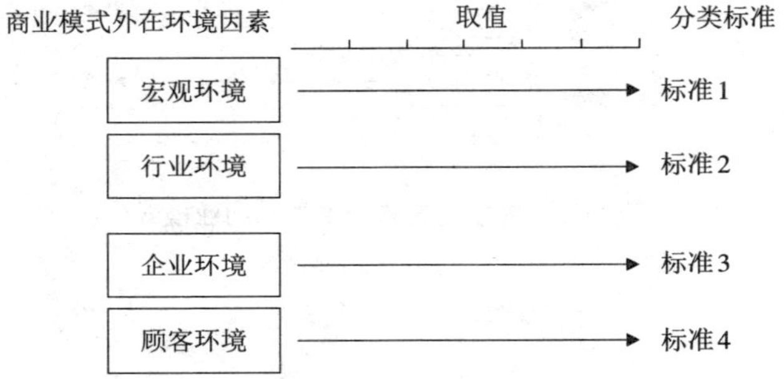

图9-4　基于外在环境的商业模式

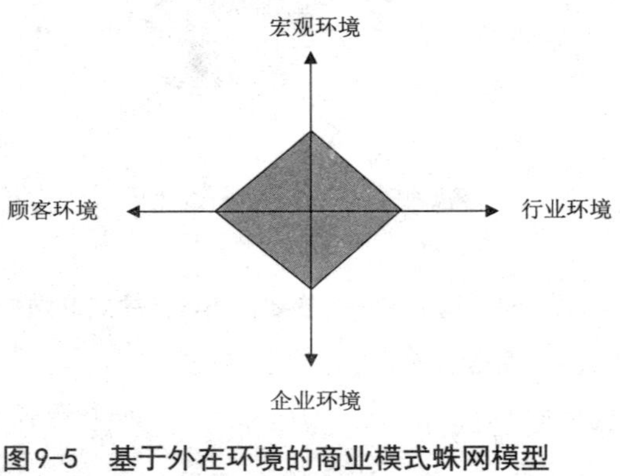

图9-5　基于外在环境的商业模式蛛网模型

3. 基于内外混合的商业模式分类

基于内在构成因素的商业模式分类和基于外在环境因素的商业业

模式分类之间并不是相互冲突的，而是可以交叉混合的。研究者可以同时选择某些内在构成要素与某些外在环境因素进行组合，采用内外混合的思路对商业模式进行分类。例如，研究者可以同时采取内在构成因素中的价值内容和外在环境因素的行业环境进行商业模式分类。从现有研究来看，几乎没有研究者明确地采用了此种商业模式分类思路。从分类维度上看，基于内外混合的商业模式分类可以从二维到十四维之间进行灵活选择，以满足研究的不同需要。从蛛网模型上看，研究者可以从内在构成因素和外在环境中选择不同的分类标准组成坐标轴，通过这些坐标轴的不同取值，获得每种商业模式类别的具体蛛网形态。

（五）基于盈利维度的商业模式分类

国内学者王婷婷根据现有的由客户价值、企业资源和能力构成的二维商业模式评价坐标，添加了重要的盈利方式的维度，并基于客户价值、企业资源和能力、盈利方式构成的三维立体模式将商业模式分类为“封闭的”和“开放的”两种。她指出“封闭的”商业模式是指企业从成立之日起就坚持既定的商业信条和收入模式，有关竞争定位的重大决策在基本确定后，在很大程度上就不可能在短期或是中期改变。

相反，“开放的”商业模式是指企业更加关注具体的财务收益，而非某种既定的竞争定位战略。这类企业倾向于拥有更广的主营业务领域，而且可能随着时间的改变极大地改变自己的组织结构。通用电气公司从1892年的仅仅生产电灯泡、发动机以及小器械的生产商发展成为广泛多样化的联合大企业，它已经成为开放企业商业模式的典范。

“开放的”商业模式企业以多种形式存在，并不像那些有封闭商业模式的企业那样易于归纳概括。开放商业模式如果运用得当，它将持续为利润增长以及利润重塑提供盈利机会，而这些机会在封闭的商业模式环境中很可能是不存在的。开放商业模式就是企业为了最大化商业价值，打破组织界限，整合企业利益相关者的所有知识和资源，通过内外部资源相耦合，从而增强企业的价值创造和利益的一种商业模式。现实中，不同企业商业模式的开放程度是不一样的，基于美国学者切萨布鲁夫等的研究，根据企业在价值创造过程中分享和整合外部资源程度的不同，可以将开放商业模式分为三种模型：①分享式商业模式——高内部资源共享，低外部资源整合；②吸收式商业模式——低内部资源共享，高外部资源整合；③多元式商业模式——高内部资源共享，高外部资源整合。

（六）基于互联网的新型商业模式分类

国内学者陈铁、隋丹基于电子商务商业模式（EBM）的含义，提出了一个EBM的多维分类框架，将电子商务商业模式分为网上商店/服务、网络经纪商、价值链服务提供商、虚拟社区、广告商五大类共十八种，对它们的功能和特点进行了描述（见表9-4）。

表9-4　基于互联网的EBM多维分类框架具体描述

模式种类	子类别	说明
网上商店/服务	销售商的网上商店	批发商和销售商的在线销售
	制造商的网上商店	制造商通过该模式直接出售产品并提供服务
	在线服务	传统服务业的在线实现
	网上采购	网上商店与服务的买方主动模式
网络经纪商模式	信息中介	为撮合买卖双方的交易建立信息发布平台
	电子拍卖	传统拍卖的在线实现
	第三方交易市场	由第三方建立的网络交易平台，常为行业性的交易场所
	电子购物中心	汇集众多电子商店，为消费者提供类似商场的购物环境

	金融经纪商	金融业务的网上经纪与咨询
	其他服务经纪	旅游、保险等服务行业的网上经纪模式
价值链服务提供商	内容订阅	有偿提供高质量的内容订阅服务
	网上银行	支持网络交易的电子支付和资金划拨
	第三方物流	由第三方建立，支持网络交易的物流配送的商业模式
	软件支持	为网络交易的实施提供软件支持
	通信服务	为交易者的网络接入与维护提供支持服务
	CA认证机构	网上安全电子交易认证，签发数字证书等服务
广告商模式		以网络广告为主要收入的模式
虚拟社区		网上论坛，互联网用户沟通与交流的场所

第二节 现代典型的商业模式业态形式

随着互联网浪潮的冲击，几乎所有的商业模式都与互联网有所接触。不管它是属于本身移植于真实世界的商业模式（简称为移植模式——那些在真实世界当中存在的，被移植到互联网环境中的商业模式），还是互联网与生俱来的商业模式（简称为禀赋模式——那些现实世界中没有的，只在互联网中存在的商业模式），因此我们不必非要清楚地把传统商业和电子商务划分得泾渭分明，因为传统商业模式走向电子商务商业模式是一种必然，哪怕它只与电子商务有很小的接触。我们将分析几种熟知商业模式，通过对这些商业模式的了解，更容易把握商业模式的核心价值,体验商业模式带来的商业变革。[①]

一、B2B

B2B(Business To Business)是指进行电子商务交易的供需双方都是商家(或企业、公司),它们使用了Internet的技术或各种商务网络平台,完成商务交易的过程。中国比较成功的B2B网站并非所有都是在线交易模式,尤其是B2B行业网站,许多都没有做在线交易,更多是基于交易为目的的网络营销推广和打造品牌知名度。

纵观当前国内B2B领域,大量存在的是两种模式:一种是行业垂直类B2B电子商务网站,即针对一个行业做深、做透,比如中国化工网、全球五金网等。此类网站无疑在专业上更具权威性。另一种则是水平型的综合类B2B电子商务网站。覆盖整个行业,在广度上下功夫,比如阿里巴巴、环球资源等。

(一)行业综合性B2B模式

此模式较成熟、风险低,但模式单一、陈旧,包括以“供求商机信息服务”为主的、以“行业咨询服务”为主的、以“招商加盟服务”为主的、以“项目外包服务”为主的、以“在线服务”为主的、以“技术社区服务”为主的模式。买麦网、商格里拉、华联B2B网上交易平台、中企动力“一大把”、中国网的“中国供应商”、亿喜网等网站均处于踟蹰不前的状态,这一切表明,B2B需要商业模式创新,依靠单一陈旧模式难以超越同行。

(二)行业垂直类B2B模式

垂直类网站服务和专业化网站服务因其易出奇、出新、灵活而将成为各个B2B公司和大型企业争夺的焦点,也是未来B2B市场的另一新的发展方向。虽然垂直类B2B模式中的企业占中国B2B份额小。却是许多风险投资家所看好的模式,也涌现出了几匹黑马,如沱沱网、雅

①惠云云. 基于价值链的O2O电子商务商业模式评价研究[D]. 南京:南京邮电大学,2016.

蜂、东商网、金银岛等。根据对当前比较成功的B2B行业网站的分析研究,以下总结了十种B2B行业网站经营模式,以及相应的组合方案。

第一,以提供产品供应采购信息服务为主要经营模式的B2B行业网站。这类网站要建立分类齐全、产品品种多、产品参数完善、产品介绍详细的产品数据库,尤其是要注重产品信息的质量,要不断更新,有更多最新、最真实、最准确的产品信息及时发布,全面提升采购体验,吸引更多采购商和供应商来网站发布信息、浏览查找信息。这类网站的盈利模式主要是向中小供应商企业收取会员费、广告费以及竞价排名费、网络营销基础服务费等。

第二,以提供加盟代理服务为主要经营模式的B2B行业网站。产品直接面对消费者的企业,一般会找加盟商、代理商来销售产品,这种企业的经营模式为“设计+销售”类型或“设计+生产+销售”类型。此类网站都是围绕品牌公司、经销商的需求来设计功能和页面,比如服装网站,就要做好动态图库、流行趋势等行业资讯内容,全面收集服装品牌信息,建立数量大、准确度高的加盟商、代理商数据库。这类网站的盈利模式主要是收取品牌企业的广告费、会员费,尤其是广告费会占大部分比例。

第三,以提供生产代工信息服务为主要经营模式的B2B行业网站。以生产外包服务为主的行业具有的特点是,此类B2B行业网站盈利模式为收取工厂的钱,为工厂寻找更好的订单,可以提供实地看厂拍照,确保收费的主推工厂生产实力信息的真实、丰富和准确性。

第四,以提供小额在线批发交易服务为主要经营模式的B2B行业网站。经营这类网站,要非常了解零售商的需求,要建立完善的在线诚信体系,完善的支付体系,产品种类丰富、信息详细,当前综合、大行业的网站更易成功。

第五,以提供大宗商品在线交易服务为主要经营模式的B2B行业网站。这类网站的盈利模式主要就是收取交易佣金、提供行业分析报告、举办行业会议等。买卖双方诚信的审核、支付的安全性、物流的快捷等可采用第三方合作伙伴来解决。要进入这类网站首先要选好行业，其次准入门槛也比较高。这类网站可以在一些新兴的市场发展。

第六，以提供企业竞争性情报服务为主要经营模式的B2B行业网站。团队核心管理层内要有行业背景，否则找不到信息来源，大型企业不愿意买账。该类网站适合那些从此类网站辞职的分析员，以及行业协会、商会、贸易商等同行业并具有一定行业背景的人来开办。此类网站市场需求比较大，很多行业都允许几个网站共存。盈利模式包括会员费、报告销售、咨询、期刊、会议、广告费等。

第七，以“商机频道＋技术社区”服务为主要经营模式的B2B行业网站。技术社区的盈利模式包括招聘求职服务、技术会议服务、培训学校广告、软件广告服务、设备广告等。更重要的是为商机栏目增加用户黏性，运营时要服务好技术新手和技术高手，让高手在社区展示自己和产品，并能获得精神满足，让新手在这里能学知识，向技术高手提问，这样技术社区才能有内在的推动力，获得长远的、持续不断的发展。一般包括问答、博客、图库、招聘求职、下载、个人空间、微博、会议等栏目。

第八，以“B2B行业网站+《商情期刊》《行业大全》”服务为主要经营模式。一定要注意控制成本，开始不要印刷得太多，同时多采用线下的渠道来推广，一般都是参加全国各地的展会免费派发，以及通过快递免费派发给目标的读者和广告客户，找到更认可纸媒的客户，发行一定要精准。盈利模式包括封面、前彩页广告，内插页、页眉、页脚、书签、总目录右边等广告位，都可以赠送给购买前彩页及封面、封底的客户，包括访谈、软件等推广服务，还能提高网站的诚信度。

第九，以“B2B行业网站+《商情期刊》《行业大全》+展览、会议服务”为主要经营模式。这类网站在举办会议的时候，需要与行业高层建立好关系，包括协会、地方政府、高校、科研院所。在举办会议的时候，网站需要上述机构和组织捧场，会议才能变得更高端，才能有更多企业高层参会。可以结合B2B行业社区来运营，通过社区吸引行业用户的关注，然后将这些用户集中在一起开会，解决一些问题。

第十，以“B2B行业网站+域名空间+网站建设+搜索引擎优化”服务为主要经营模式。要做好这类网站，团队要有企业网站建设操作经验、行业网站运营经验、企业网站搜索引擎优化排名经验。一些有企业网站建设背景、企业网络营销推广服务背景的公司选择这种模式来建设B2B行业网站，盈利模式也比较成熟。只是很多公司由于缺少B2B行业网站运营背景，结果B2B行业网站就成了一个摆设，并未发挥实质性的推广作用。成功运营B2B行业网站的公司选择这样的经营模式更容易成功。

二、B2C

B2C(Business To Consumer)是电子商务按交易对象分类中的一种，即表示商业机构对消费者的电子商务。这种形式的电子商务一般以网络零售业为主，主要借助于Internet开展在线销售活动。如经营各种书籍、鲜花、计算机、通信用品等商品。B2C即企业通过互联网为消费者提供一个新型的购物环境——网上商店。消费者通过网络在网上购物、在网上支付。由于这种模式节省了客户和企业的时间和空间，大大提高了交易效率，对于工作忙碌的上班族，这种模式可以为其节省宝贵的时间。B2C电子商务网站由三个基本部分组成：①为顾客提供在线购物场所的商场网站；②负责为客户所购商品进行配送的配送系统；③负责顾客身份的确认及货款结算的银行及其认证系统。

目前国内市场上的主流B2C电商品牌当属天猫、京东和凡客。这三家巨头代表着三种B2C电商模式，这三种B2C电商模式各有优势。

三、O2O

O2O(Online To Offline)是指将线下的商务机构与互联网结合，让互联网成为线下交易的前台，这个概念最早来源于美国。O2O的概念非常广泛，只要产业链中既可涉及线上，又可涉及线下，就可通称为O2O。

（一）O2O与团购

其实O2O模式，早在团购网站兴起时就已经开始出现，但是O2O不只是团购，只不过消费者更熟知团购的概念。团购商品都是临时性的促销，而在O2O网站上，只要网站与商家持续合作，商家的商品就会一直"促销"下去。O2O的商家都是具有线下实体店的，而团购模式中的商家则不一定。

（二）O2O的关键和优势

O2O商务模式的关键在于在网上寻找消费者，然后将他们带到现实的商店中。它是支付模式和为店主创造客流量的一种结合（对消费者来说，也是一种"发现"机制），实现了线下的购买。它本质上是可计量的，因为每一笔交易（或者是预约）都发生在网上。这种模式应该说更偏向于线下，更利于消费者，让消费者感觉到消费得踏实。

整体来看O2O模式运行得好，将会达成"三赢"的效果，对本地商家来说，O2O模式要求消费者网站支付，支付信息会成为商家了解消费者购物信息的渠道，方便商家对消费者购买数据的搜集，进而达成精准营销的目的，更好地维护并拓展客户。通过线上资源增加的顾客并不会给商家带来太多的成本，反而带来更多利润。此外，O2O模式在一定程度上降低了商家对店铺地理位置的依赖，减少了租金方面的支出。对消费者而言，O2O提供丰富、全面、及时的商家折扣信息，能够快捷筛选并订购适宜的商品或服务，且价格实惠。对服务提供商来说，O2O模式可带来大规模高黏度的消费者，进而能争取到更多的商家资源。掌握庞大的消费者数据资源，且本地化程度较高的垂直网站借助O2O模式，还能为商家提供其他增值服务。

O2O的优势在于把网上和网下的优势完美结合。通过网购导购机，把互联网与地面店完美对接，实现互联网落地。让消费者在享受线上优惠价格的同时,又可享受线下的贴心服务。同时,O2O模式还可实现不同商家的联盟。

第一,O2O模式充分利用了互联网跨地域、无边界、海量信息、海量用户的优势,同时充分挖掘线下资源,进而促成线上用户与线下商品与服务的交易,团购是O2O模式的典型代表。

第二,O2O模式可以对商家的营销效果进行直观的统计和追踪评估,规避了传统营销模式的推广效果不可预测性,O2O将线上订单和线下消费结合,所有的消费行为均可以准确统计,进而吸引更多的商家进来,为消费者提供更多优质的产品和服务。

第三,O2O在服务业中具有优势,价格便宜,购买方便,且折扣信息等能及时获知。

第四,将拓宽电子商务的发展方向,由规模化走向多元化。

(三)客户驱动的O2O商业模式

1.需求驱动型客户

需求驱动型客户是指在商品搜索和发现过程中,消费者本身就有较为强烈明确的主观消费意愿。比如说消费者要买房、找工作、找酒店、找餐馆等。

对应需求驱动型的O2O商业平台模式中,最典型的就是分类信息平台模式。在这方面比较典型的代表企业就是赶集网、58同城和百姓网等。分类信息平台模式的基本特点是实用,它以满足消费者个人生活实用信息为主。此外具有较大规模性,大量同类的资讯或广告放在一起,形成网上各类消费物品和服务的超级市场,方便消费者比较选择。此外,分类信息平台的信息发布价格低廉,部分发布信息是免费的,即便在收费的部分,相对于其他传媒而言,价格也是便宜的。分类信息网站还具有自助性,从本质而言,它属于Web2.0的模式,相当多内容由用户主动填写。分类信息网站还具有比较明显的社区性,对于每个帖子可以通过回帖的形式,或者通过垂直社区互动的形式进一步完善。

2. 价格驱动型客户

价格驱动型客户顾名思义就是在商品的搜索和发现过程中，价格相对敏感的客户。

O2O平台对应于此类消费者的典型模式是比较购物搜索。比较购物搜索是一种专业化的垂直搜索引擎，它主要是通过海量商品信息的采集和整理，向消费者提供可对比的商品资讯。这种购物搜索引擎与一般的搜索引擎的主要区别在于，它可以进行商品价格的直接比较，而且可以对于产品和在线商店进行评比，而这种评比往往对消费者的最终消费决策有较大影响。作为在搜索和发现环节的筛选者，专业化的比较购物搜索会对商务的产品质量进行检测，确保用户在购买的商品中有质量保障。

这种比价搜索网站一般不收取用户的任何费用，而是从消费者在所点击进入网站的购物支付中赚取收入，后端的商家要么缴纳这些比较搜索网站的摊位费，要么为比价搜索引擎带来的流量的每次点击付费。国内已经有比较多的这种搜索比价的网站，比如像机票类的“去哪儿”，书刊杂志类的琅琅比价网，电子产品类的比价网等。在国外，同类的网站也有很多，比如日本的价格比较网站Kakaku。

除了比价搜索之外，团购是最典型的一类价格驱动型O2O代表。与传统电子商务的电子市场加物流配送的模式相对比，团购的模式事实上是“电子市场+到店消费”的模式。近几年，团购几乎是互联网领域最火的概念之一，团购就是通过线下商业机构利用网络线上揽客，消费者通过网络筛选并到线下接受服务。即便在电子商务最发达的美国，线上电子商务也只占8%，也就是说线下基于实体的消费比例仍然高达92%，那么将线上的客源与实体店面消费进行对接，其中蕴含着巨大的商机。消费者大部分消费时间都花在商场、餐厅、电影院、美容美发店、KTV、健身房、干洗店、加油站等商业服务场所，O2O团购在这一类服务类的店面是大有发展空间的。

团购正在发生商业模式的变化，比如从短期促销慢慢转向长线的消费，也就是把团购网站、消费者、商家由一种短期的联系关系变为一种长期的关系，不希望消费者只是一次消费，而是希望长期保持客户忠诚。因此可以看到，团购网站除了优惠券的模式，也在拓宽商品的范围甚至加入许多社区的要素，采取这些目的都是对于团购商业模式本身进行优化。

3.经验驱动型客户

经验驱动型客户是指在搜索和发现环节中，非常在意别人曾经有过的体验的客户。

经验驱动型客户催生出一类非常重要的商业模式，那就是O2O里面的点评模式。这里面的典型代表首推大众点评网。总体来讲，这种点评网站的盈利模式大体上包括收佣金、收会员费、出版美食评论书籍等。大众点评网始终不介入预订，使自己保持一个独立社区的地位。从本质上讲，大众点评网作为典型O2O模式的一种，事实上就是在搜索和发现环节，通过大量曾经消费过的信息帮助消费者降低搜索成本，有效捕捉自己的消费对象，这就是这一类商业模式存在的空间。在旅游领域，点评类的O2O模式出现得也越来越多，如马蜂窝。

总体来看，在用户消费的搜索与发现环节中，以为用户创造愉悦体验为出发点，围绕着如何让用户更便利的去发现，如何更快速的去搜索，如何更完善的去比较，蕴藏了大量的移动互联网商机。

第十章 商业模式的设计及评价

第一节 现代商业模式的设计

商业模式已进入设计时代，因此，不管如何定义和解构商业模式构成要素，都需要进一步给出商业模式描述方法、设计原理及工具，这是商业模式优化升级重构的基础。

一、商业模式设计的定义

企业商业模式的设计是指结合对企业商业模式本质的认识，在对企业内部组织特征、行业竞争结构进行深入分析的基础上，对商业模式结构体系进行设计，对商业模式进行维度界定并形成系统的过程。通过对设计要素和设计维度的分析，为新创商业模式或既有商业模式的转型提供依据，从而避免在模式设计和后期实施过程中，因为模式构成要素和主要维度的缺失而导致企业经营的失败。

商业模式是一个综合性概念，企业商业模式是一个复杂的商业系统，其中包含着一系列的要素和构建机制。企业商业模式以盈利和企业的可持续发展为目的。尽管如此，商业模式并非仅仅指单纯的盈利模式。商业模式将价值创造与价值获取有机地结合起来，形成价值发生和获取两种机制在企业内部的平衡。商业模式设计是一个动态变化的过程。一方面，随着企业的发展与壮大，企业在管理、竞争等方面的能力在逐步提升，也会进一步促进企业改进升级商业模式；另一方面，企业所处的外界环境在不断发生变化，外界条件的动态变化给企业经营带来不确定因素，为此，企业的商业模式也不会一成不变，而需要根据外界环境的变化、客户需求的变动做相应调整。

商业模式有助于保证企业快速、健康地成长。商业模式以价值为中心,包含价值创造与获取的内在经济逻辑,是对企业系统的整体描述。企业进行商业模式创新,意味着构建特有的资源组合形式,它难以被其他企业复制,却有可能改变整个产业的经济性,具有巨大的经济潜力,也有可能为企业快速成长打下基础。另外,商业模式关注企业系统平衡,较好地减轻或避免了企业快速成长引发的问题和不对称现象,从而能实现企业快速成长过程的平稳发展。

商业模式有助于增强我国企业应对全球化竞争的能力。当前,我国企业必须与国外企业在全球展开激烈的竞争,并竞相追逐发展机会。在发达国家向我国产业转移的大背景下,我国企业依靠劳动力的低成本优势在国际市场竞争中成绩斐然,但这种优势很难持久保持,并且已成为我国企业素质提高的障碍。要想继续战胜来自全球的竞争对手,我国企业必须根据建立具有创造性的商业模式的思路,利用当前各种资源和环境条件,围绕市场提供的特殊机会构建独有的商业模式,从而提高全球化竞争的能力。①

二、商业模式设计的原则

(一)商业模式设计以价值创新为灵魂

商业模式的灵魂在于价值创新。企业必须借助商业模式进行价值创造、价值传递和价值实现,从而实现企业价值最大化。成功的商业模式应该回答一系列的问题:向什么客户提供价值,怎样为客户提供价值,企业如何实现价值等。增强企业创新能力要注重三点,即企业软实力、构造企业价值网络和为广义的客户创造价值。

中国科学院教授韩友生认为,价值创新是一个广泛的概念,是不断研究客户的思维特点,以客户的价值为核心,研究怎样给客户提供

①陈学猛.商业模式设计与领导力的关键作用研究[D].合肥:中国科学技术大学,2014.

具有创新性价值的过程。如果没有价值上的创新,企业的产品和服务就会处于同质化,很可能给企业带来价格战,但如果企业研究并进行价值创新,可能结果就完全不同了。对于企业来说,不仅要争第一,更重要的是要做唯一,这就是价值创新的内涵所在。因此,企业不能仅仅把精力放在怎样跟竞争对手争夺客户资源上,而是要创造出属于自己的客户,通过价值创新增强客户黏性,这是一种新的思维方式,而且一定要仔细研究未来的变化。无论是技术的改变,还是客户需求的细微改变,都会对企业的创新带来极大的好处。

(二)商业模式设计以占领客户为中心

商业模式设计必须以客户为中心,由企业本位转向客户本位,由占领市场转向占领客户,为客户创造价值,帮助客户实现价值。认真考虑客户所期望获得的利益,把竞争的视角深入到为用户创造价值的层面中,从而进入游刃有余的竞争空间。实施以客户为中心的主张,需要精心研究客户需求、实施客户关系管理,同时注重为客户创造新的附加值。

随着IT技术的进步,特别是互联网技术的进步,客户、信息与资金、人才等成为企业经营的基本要素。在信息化条件下,整个价值链包括若干因素,只有得到客户的确认并最终通过交换,价值增值的愿望才会实现。所以,有了客户资源,才能得到使一切要素投入转化为利润的可能,从需求产生到价值实现的价值链形成过程来讲,客户就成为企业创造价值、实现盈利的第一资源。

客户不仅是资源,还是投资者。也就是说,企业通过客户资源取得经营增值的同时,还必须树立为客户创造新的价值的观念,只有为客户创造价值,才能实现企业自身的价值。

(三)商业模式设计以企业战略联盟为载体

战略联盟是两个或两个以上的经济实体(一般指企业,如果企业间的某些部门达成联盟关系,也适用此定义)为实现特定的战略目标而采取的任何股权或非股权形式的共担风险、共享利益的长期联合与合作协议。据统计，目前企业创造的价值曲线，1/3源于企业内部，2/3源于企业之间。新的商业模式不再是企业孤军奋战，而必须以企业间的战略联盟为载体，发展联盟经济。通过合作，聚合彼此价值链上的核心能力，创造更大的价值并形成更强的群体竞争力。

同其他竞争策略相比，战略联盟具有如下优势：①协同性，整合联盟中分散的公司资源凝聚成一股力量；②提高运作效率，尤其是当大公司与小公司联合时更是如此；③共担风险、共享机遇，使公司能够把握伴有较大风险的机遇；④加强合作企业之间的技术交流，使他们在各自独立的市场上保持竞争优势；⑤与竞争对手结成联盟，可以有效避免双方投入大量资金展开两败俱伤的恶性竞争；⑥通过联盟可获得重要的市场情报，顺利地进入新市场，与新客户搞好关系，这些都有助于销售的增长；⑦增强资本实力，大公司以股票或R&D合约方式的投资将会给小公司注入一笔资本，加强企业的资本运作实力；⑧由于许多联盟形式不含稀释股权的投资，因而有助于保护股东在各公司的股东权益；⑨组成联盟可给双方带来工程技术信息和市场营销信息，使他们对于新技术变革能够做出更快速的调整和适应；⑩营销领域向纵向或横向扩大，使合作者能够进入新的市场，进入单方难以渗透的市场。

（四）商业模式设计以应变能力为关键

如果说商业模式决定了企业的成败，那么应变能力则是商业模式成败的关键。应变能力是企业面对复杂多变市场环境的适应能力，是企业竞争力的基础。对企业来讲，应变能力反应两个层面的含义，一方面是企业对外部环境的反应能力，能够迅速觉察感知外界环境的变化，这就要求企业建立良好的市场反应机制，能够及时准确地感知、传递来自客户、竞争对手、供应商、技术创新等外界市场变化；另一方面，在及时感知的基础上能够变通应对，做出合理的应对策略。企业增强应变能力，要注重以下几点，即建立健全的市场反应机制，注重时间观念、建立JIT管理系统。

（五）商业模式设计以信息网络为平台

新的商业模式必须重视信息网络的力量，在信息经济时代，脱离信息网络平台，企业将无竞争力可言。事实证明，网络平台可以并造就了无数商业神话。企业必须具有敏锐的商业意识，抓住商机，驰骋在网络世界，同时很好地与现实相衔接。企业要搭建精良、敏捷、具有创新精神的扁平化“动态网络”结构，建立学习型组织。企业以信息网络为平台构建商业模式，要注重三个方面，即构造虚拟经济的竞争力、加快企业商务电子化和推动流程再造。

以上是商业模式设计的五条基本原则，在实践中，企业应当因地制宜，灵活应用，结合实际进行设计和创新。任何商业模式都有其适合的环境和生存的土壤。好的商业模式必须始终保持充分的灵活性和应变能力，只有具有动态匹配商业模式的企业才能获得成功。

三、设计商业模式的基础条件

企业商业模式的设计应该考虑三个基本条件，即企业对所处环境的认知与假设、企业对自身根本目标的假设和企业实现预定目标的优势理解。这三项基本条件构成了企业经营和运作存在合理性的基础，也是进行商业模式设计的前提条件。

（一）企业对于所处环境的认知与假设

商业模式的设计应该以一个组织对其所处环境的认识和理解为基础，并以此做出对外界环境的假设。企业关于所处环境的假设决定了企业商业模式是影响和改变环境还是适应环境，这个假设使企业往往陷入模式选择的两难困境。在企业经营中我们常遇到的问题是，公司究竟是选择适应环境，还是创造性改变环境？这是一个公司经营的重大问题，非常值得企业管理团队思考。麦肯锡咨询公司高级管理顾问库特尼建议，决策者需要深刻理解企业所面临的不确定性程度及其本质。只有这样,他们才能提出更丰富的可行方案,做出更好的选择。适应环境的企业会接受既定的产业结构和行为方式。当市场稳定时,环境适应者努力在现有的产业结构中界定出具有防御能力的定位;当高度不确定性出现时,他们就试图快速反应,识别并捕捉到市场变化中的新机会。在环境不确定性程度更高的情况下,如果企业采取的行为可以影响行业市场中的关键性不确定因素,选择影响环境的战略才是合理的战略。高效的环境影响者往往通过开发并制定产业技术标准,整合产业链中的上下游企业或供应商,团结一批竞争企业,甚至为所在产业提供新的商业模式等方式,以期给市场竞争带来新秩序。不过,随着竞争的发展,制定标准的企业被其他竞争对手效仿的可能性也提高了。在这种情况下,由于很难判定决策中是否已经了解全部的信息,企业采取适应环境还是影响环境的做法就难以选择。

国外学者格罗夫等人的三维界定则从环境本身的特性、特征的角度很好地解释了环境的作用机制,他认为环境可以从“三个核心维度”进行分析,即环境的动态性、环境的复杂性、环境的容量,这三个核心纬度共同构成了外界环境对企业的作用机制(如图10-1)。

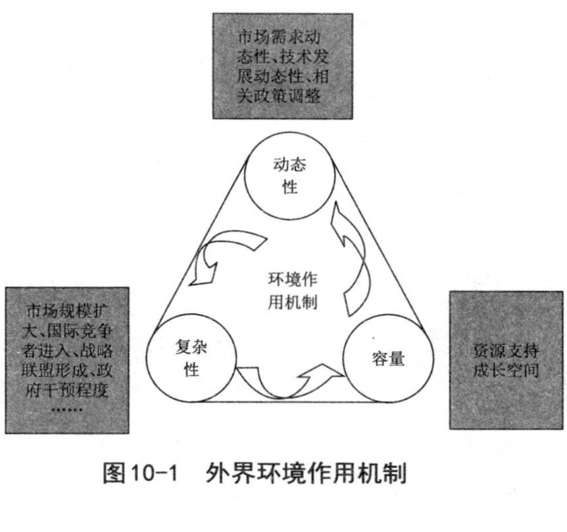

图10-1 外界环境作用机制

1. 动态性

动态性是指环境变化的速度和幅度。现在的市场环境不再像以前一样表现出一如既往的稳定性，更多的时候它呈现出一种动态变化的特征。这种动态性不仅表现在竞争者数量的激增、竞争程度的加剧，同时以信息网络技术为代表的新科技成果的创新与发明也有加快的趋势，各种技术发明和创新为企业提供了无限的市场机遇。另外，随着社会经济的发展、人类文明的进步，人们的消费需求也在发生潜移默化的改变。消费者的需求出现多样化、层次化的特点，不同群体、不同地区、不同年龄的消费者有着不同的需求，这是企业必须关注的变化。

2. 复杂性

复杂性是环境特征的又一个维度，它主要从内部刻画环境的影响因素、相互关系等特点。具体到市场环境，其复杂性是指参与者的数量、规模、差别产品、技术差异及其应用的规模和速度、新产品的出现、新竞争者的进入频率、供应链、客户关系、政府干预的程度等。目前市场环境的影响因素众多纷繁，错综复杂，而从众多因素中找出其相互的联系和关键影响因素，做到化繁为简，充分发掘并利用有利条件则是企业必须具备的能力，正是分析环境复杂性的意义所在。另外，复杂性也包含着另外一层含义，即不确定性。随着20世纪90年代以来通信技术的不断创新以及经济的全球化发展，环境的不确定性特征越来越显著，并为此给企业带来相应的风险。

环境越复杂，企业所面临的环境就越具有多样性、动态性，就越难以预测。根据环境的这种特性，学者克尔克兰德等针对企业所面临的实际环境，提出了四种不同的情况（如图10–2）。情形1中，企业面临着非常明确的发展前景；情形2中，企业未来的发展将会面临几种不同的选择，而每种不同的选择都将可能给企业带来不同的结果；情形3中，企业未来面临着在一定范围内的选择及其可能的结果；情形4中，企业则要面临真正的不确定性，在这种情形下，企业很难预知未来可能要发生的事情。

环境的复杂性与不确定性互为补充,一方面,高度的复杂性增强了各种约束条件变化的不确定性;另一方面,不确定性的增强也让企业面临的环境更加复杂化。

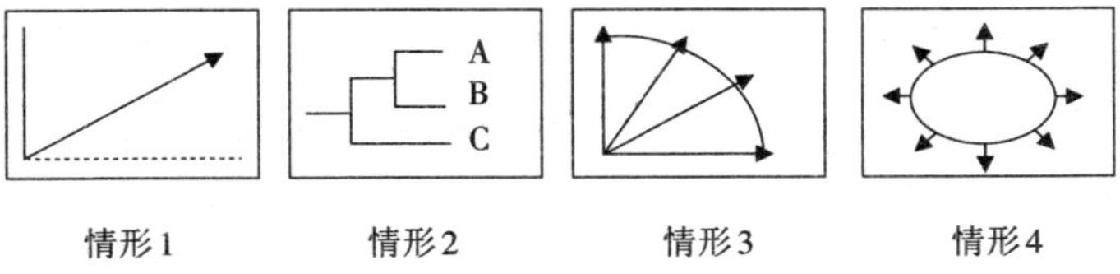

图10-2 环境不确定性四种情形

3.环境的容量

环境的容量是指环境能够为企业发展提供的资源支持和成长空间。企业是一个开放复杂的自组织系统,它需要从外界环境中摄取足够的资源、信息和能量,如原材料、新资本、动态环境带来的机会和威胁等,以获得成长的动力,满足企业自身生存和发展的需要。同时,它也向外界环境输出产品和服务。为此,合理评估环境所能为企业提供的资源总量、成长的空间就显得至关重要。只有当环境具备充裕的后备资源和巨大的成长空间(可以理解为可预期的较高的利润增长)时,才能足以支持企业的长远发展。

国外学者格罗夫等人的三维界定能够分别从不同的角度对环境的作用机制予以阐释,这对于深刻认识、理解外界环境对企业的影响和作用具有很大的帮助。三维界定主要是从环境特征方面定性地对外界环境的变化进行描述。

通过对环境动态性、复杂性和容量三个维度的特征勾画,从而达到对环境有一个全面、深入地了解,以便在环境变化时采取相应对策,或对战略做出及时的调整。

(二)企业对于自身核心价值观、宗旨或根本目标的假设

1.企业核心价值观

核心价值观就是指企业在经营过程中坚持不懈,努力使全体员工都必须信奉的信条,是“一个企业本质的和持久的一整套”原则。核心价值观是企业哲学的重要组成部分，它是解决企业在发展中如何处理内外矛盾的一系列准则，如企业对市场、对客户、对员工等的看法或态度，它是企业表明企业如何生存的主张。价值观深深根植于企业内部，既不能被混淆于特定企业文化或经营实务，也不可以向企业的财务收益和短期目标妥协。它是没有时限地引领企业进行一切经营活动的指导性原则，在某种程度上，它的重要性甚至要超越企业的战略目标。

企业的目标（帮助实现某个任务的特定目标）不是企业的价值观，企业的使命和经营目的（企业生存的最基本原因），也不是企业的价值观。所谓价值观也不应该被混淆于企业的愿景（关于设想中未来图像的描绘）。所有这些词在成功的企业中自有他们的位置。然而，价值观是所有企业的目标先驱，是一切企业目标为之奋斗的基础。

与可以枯竭的物质资源不同，坚持不懈的组织宗旨和核心价值观、企业文化、企业家精神等是支持企业可持续发展的支柱。组织宗旨体现在其核心价值观之上。简单来讲，首先，一个组织是追求长治久安、做“百年老店”还是追求短期利益，这一核心价值观的不同，直接影响着组织的成长状态；其次，企业成长可持续性的关键是它追求长治久安的核心价值观要被接班人确认，接班人又具有自我批判的能力。这样才能使核心价值观在适应技术与社会环境变化的前提下得以继承延续。可以说，企业对自身核心价值的追求在一定程度上影响了企业对其商业模式创新的走向。

2. 企业宗旨、愿景与使命

美国斯坦福大学教授柯林斯和波拉斯在《基业常青》一书中写道：“能长久享受成功的公司一定拥有能够不断地适应世界变化的核心价值观和经营实务。”

此书中阐述了在传统管理学研究基础上的愿景学说，并把宗旨、愿景和使命称为组织的总体目标。企业自身宗旨回答了“企业为什么存在”的哲学命题。他们认为,“宗旨是一个组织之所以存在的一系列基本理由,它是组织中人们从最宽泛和最持久的意义上希望组织对外部世界和内部利益相关者所做出的贡献”,“宗旨是人们持续不断地工作的方向,但同时人们又永远不可能彻底实现宗旨。它可以在核心层次上拨动人们的心弦,并且能够为组织及其成员指明前进的方向”。

如果我们对宗旨进行进一步的分析就会发现,宗旨一般可以分为两个组成部分——外部宗旨和内部宗旨。所谓的外部宗旨是指人们希望这个组织做什么的问题;所谓的内部宗旨是指人们希望这个组织是什么的问题。这两个问题都从哲学层次上说明组织长期健康成长的根本性问题,这是具有永久性意义的问题。

企业愿景是指企业长期的发展方向、目标、目的、自我设定的社会责任和义务,明确界定公司在未来社会范围里是什么样子,其“样子”的描述主要是从企业对社会(也包括具体经济领域)的影响力、贡献力、在市场或行业中的排位(如世界五百强)、与企业关联群体(客户、股东、员工、环境)之间的经济关系来表述。企业愿景主要考虑的是对与企业有投入和产出等经济利益关系的群体产生激励、导向、投入作用,让直接对企业有资金投资的群体(股东)、有员工智慧和生命投入的群体、有环境资源投入的机构等产生长期的期望和现实的行动,让这些群体、主体通过企业使命的履行和实现感受到实现社会价值的同时,自己利益的发展得到保证和实现。

企业使命是在界定了企业愿景概念的基础上,对企业在社会经济发展中所应担当的角色和责任的描述。在社会领域里,该企业是做什么的,在哪些经济领域里为社会做贡献。企业使命主要考虑的是对目标领域、特定客户或社会人在某确定方面的供需关系的经济行为及行为效果。

从企业愿景和企业使命等理论概念的关系来讲,企业使命是企业愿景的一个方面,换句话说,企业愿景包括企业使命,企业使命是在企业愿景中具体说明企业经济活动和行为的理念，如果要分开来表述企业愿景和企业使命，企业愿景里就不该包括企业经济行为的领域和目标，以免重复或矛盾。

世界上著名的长寿公司有一个共同特征，就是他们都有一套坚持不懈的组织宗旨和核心价值观，有一种崇拜式的企业文化，有一种有意识地灌输核心价值观的行为。如著名长寿企业杜邦公司将“可持续发展”作为其核心价值观，认为这是永不动摇的承诺，渗透在所有的经营行动中，这些核心价值观是杜邦公司传统的一部分，将继续指导今后的经营决策和商业行动。

成功的组织领导者都会把财务回报的目标作为宗旨的附属品来看待，宗旨与利润并不矛盾。财务上的生存能力固然非常重要，但如果将其作为核心目标，它并不能够鼓舞人们创造出最大的业绩。宗旨远比财务回报更持久，影响力更大，更具有鼓舞性和动员性。实践反复证明，凡是朝着实现其宗旨的方向前进的组织，通常都能够在这一过程中创造出效果显著的利润。

管理学之父德鲁克认为，企业只有一个利润中心，那就是客户钱袋；经营只有一个目标，那就是创造客户。无论是营利组织还是非营利组织必须有明确的宗旨和使命，这是有效管理的基础。对现代企业来讲，这一规律同样适用。要想提高运作效率，企业首先必须确定衡量工作效率的标准。利润是最重要的衡量指标，企业在管理方面的成功在很大程度上是因为它们有这个明确的评价标准。

3. 企业价值观、宗旨、愿景、使命与商业模式设计

企业商业模式的设计与创新是实现企业使命的最重要的手段。使命是组织力图实现的结果和经营范围的正式说明，一般限定了组织的经营活动或可能强调的组织的价值、市场和客户等。柯林斯和波拉斯强调，使命是一个清晰的、可以界定的、具有激励性的聚焦点，即它是一个能够达到的目标，是某一次努力的终点线。如果领导者们能够

把一个宽泛而持久的宗旨转换成一个具体的、具有实质内容的，人们看得见、摸得着的使命，那么他们就最具影响力。有了一个努力的焦点将会有助于人们始终朝着同一个目标前进，而不会迷失了方向。无论什么样的企业商业模式设计与创新，必须对企业使命有一个清晰透彻的认识和理解。企业使命说明书应当包括九个基本内容，即客户、产品或服务、市场、技术、增长与盈利水平、经营哲学、自我概念、公众形象和对雇员的考虑。

综合以上分析，要使企业商业模式设计与创新在企业中扎根，有三个必要的条件：①企业商业模式设计与创新必须反映组织成员们内在的个人需求、个人价值观和个人动机，换言之，商业模式设计与创新必须遵循企业核心价值观；②企业商业模式设计与创新中必须有真实的个人承诺；③企业商业模式设计与创新强调沟通与强化的作用，这里所说的强化就是界定和测度创新的进程，制定相应的测度标准，以便衡量企业各项工作的进展情况。如果一个企业家缺乏社会责任感、道德感和人文关怀意识，缺乏对规律和秩序的尊重，缺乏系统的职业精神，他就不可能按客观规律办事。而企业商业模式再造的目的就是用理性替代冲动，用规律替代盲目，用规则替代混乱。所以，企业商业模式的设计与创新，迫切需要首先重建企业的自身核心价值观、宗旨或根本目标，这是包括企业在内的所有企业商业模式建立和运营的前提假设条件。

（三）企业需要认清能确保实现预定目标的核心能力

不管企业进行何种形式的商业模式设计与创新，离开了其实现的保障就无从谈起，这需要企业对自身能力有清醒的认识，特别是对核心能力的认识。企业对外界环境的认知和理解是构建商业模式的基础条件，明确企业核心价值观、企业宗旨、愿景与使命则是设计商业模式的根本依据。同样，对企业来讲，核心能力则是企业设计商业的主要着力点和支撑力量。

核心能力是一个战略概念,用于界定企业的能力即最擅长做什么,而价值观把握的是企业的支持与主张,以及企业存在的理由与依据。

"竞争战略之父"迈克尔·波特指出,获取超常业绩是每个企业的最主要目标。超常业绩来自于企业能向消费者提供更大的价值,或者以更低的成本提供这种价值。最好的情形是两者兼备。为此,企业设计并进行了各种活动,成本就是进行这些活动的花费。企业开展活动的效率比竞争对手高,就会出现成本优势。企业利用各种管理工具与技能进行活动体现着它的运营效能。运营效能包括效率,但不局限于效率,它能使企业更好地利用其投入,减少产品的不足之处,或者以更快的速度开发出更好的产品。在这里,企业活动成为企业获取竞争优势的基本单位。整体的竞争优势或竞争劣势,取决于企业的全部活动。

国外学者普拉哈拉德和哈迈尔强调了企业核心能力的重要作用。所谓核心能力,就是所有能力中最核心、最根本的部分,它可以通过向外辐射,作用于其他各种能力,影响着其他能力的发挥和效果。一般说来,核心能力具有如下特征:①核心能力可以使企业进入各种相关市场参与竞争;②核心能力能够使企业具有一定程度的竞争优势;③核心能力应当不会轻易地被竞争对手所模仿。核心能力理论认为,现代市场竞争与其说是基于产品的竞争,不如说是基于核心能力的竞争。企业的经营能否成功,已经不再取决于企业的产品、市场的结构,而取决于其行为反应能力,即对市场趋势的预测和对变化中的客户需求的快速反应,因此,企业经营的目标就在于识别和开发竞争对手难以模仿的核心能力。只有具备了这种核心能力,企业才能很快适应迅速的市场变化,满足客户的需求,才能在客户心目中将企业与竞争对手区分开来。另外,企业要获得和保持持续的竞争优势,就必须在核心能力、核心产品和最终产品三个层面上参与竞争。在核心能力层面上,企业的目标应是在产品性能的特殊设计与开发方面建立起领导地位，以保证企业在产品制造和销售方面的独特优势。

企业运作的主要内容是如何培育组织独特的战略资源，以及最大限度地优化和配置这种战略资源的能力。在市场竞争实践中，每个企业的资源和能力是各不相同的，同一行业中的企业也不一定拥有相同的资源和能力。这样，企业战略资源和在运用这种战略资源的能力方面的差异，就成为企业竞争优势的源泉。20世纪80年代，国外学者库尔和申德尔通过对制药业若干个企业的研究，进一步确定了企业的特殊能力是造成它们业绩差异的重要原因。国外学者普拉哈拉德和加里·哈迈尔在对世界上优秀公司的成功经验进行研究的基础上提出，竞争优势的真正源泉在于“管理层将公司范围内的技术和生产技能合并为使各业务可以迅速适应变化机会的能力”。商业模式创新一方面是基于企业具有的核心能力；另一方面，成功的模式创新进一步强化了企业的核心能力。因此，对商业模式的选择应综合考虑企业的战略资源和运用这些资源的核心能力。将企业的战略资源和核心能力作为企业设计商业模式的主要着力点和支撑力量，这样才能够实现核心能力和商业模式的融合与互补，使得二者相得益彰。

商业模式设计必须考虑其行业背景，分析企业资源和技术特点，这样才能找到适合自身发展的设计模式，“量力而行，量体裁衣”。商业模式设计是企业保持竞争优势及应对不断变化的外部环境的方法，这也是企业提高绩效、获取竞争优势的整体思路。基于以上考虑，商业模式设计可以分为三步。

第一，考虑企业所处的环境和分析自身资源状况。这个过程主要分析企业自身所处行业或者竞争企业的商业模式，同时总结企业自身的资源配置情况，包括企业内部的资源配置（人力资源、资金以及相关物质资源等）、外部资源（上下游的交易合作者）以及企业的战略（目标客户），这是一个知己知彼的过程。

第二，根据实际情况选择适合自身发展的商业模式设计的思路和方法。首先根据企业的战略确定目标客户群体，寻找市场空缺，对企业资源进行评估后，设计出能最大化利用现有资源的连接外部合作者的合作方式。如效率型设计专注于降低交易成本，而创新型设计专注发掘更多的潜在参与者。然后将其纳入商业模式中，即要利用商业模式中所有参与者的资源和力量来发展。

第三，关注环境，保持专注，争做商业模式设计某一领域的领先者。企业一旦确立了其商业模式后，一方面要专注于该模式的运行，发展该模式的成功之处，修正存在的问题；另一方面也要关注该模式所处环境的变化，是否能满足客户的需求，是否能与合作者保持一致的目标。因为外部环境的变化往往能让模式失去价值，只有时刻保持警惕，关注模式的适用性，才能让商业模式达到最大的价值。此外，往往行业领先者都是商业模式的开创者，而每一种模式在流行之前都经过多次的修正才变得完善，所以企业找到适合自身的商业模式后，挖掘身边潜在资源，扩大商业模式参与者范围，利用商业模式的生态圈来取得整体利益最大化，从而提升自身价值，这是商业模式创新的过程，也是利益相关者价值提升的过程。

第二节 商业模式评价的目的和特征

一、商业模式评价的目的

商业模式评价的目的主要有以下几个方面：①与竞争者的商业模式比较；②帮助公司改进商业模式；③识别商业模式创新中的风险和压力；④评判创新的商业模式的可行性和盈利水平。

商业模式评价的目的，事实上可以归纳为两大类：一是服务于企业的商业模式创新的评估；二是对商业模式的适用性（或称为业界领先性）进行评估。如果适用性评估能够做出，自然既可以评判其自身的好坏,又可以和竞争者的商业模式进行比较。从技术经济问题分类的角度来看,商业模式问题属于四种层面当中企业层面的技术经济问题(另三种分别是国家、产业、项目层面)。商业模式评估应立足于企业本身,根据企业自身商业模式的特征,评判其适用性达到的程度;通过评估,找出其自身的薄弱环节或最需要改进之处,为下一步创新提供方向和指导。①

二、商业模式评价的特征

对商业模式进行评价是一个比较复杂和困难的问题,并且在某种程度上需要在各种商业模式研究领域研究成果的基础上进行,因此关于商业模式评价的研究可能是商业模式研究中最不成熟的领域。商业模式评价的对象可以拆解为几个方面,纵观以往学者对商业模式的评价,有单纯从商业模式要素方面对其价值主张进行评估,也有从商业模式架构的逻辑性对其逻辑的可行性和复制性进行评估,还有从商业模式对企业运营产生的价值结果进行评估。从时间跨度上来看,商业模式的评价可以分为对选择合适商业模式的事前评估和对现有商业模式是否达到预期绩效的事后评估。从空间跨度上来看,商业模式评价还可以分为横向评价和纵向评价,既可以对不同行业或者相同行业之间不同企业的商业模式进行横向评价,又可以对同一企业不同时段采取不同商业模式而带来绩效成果变化进行纵向评价。从商业模式评价研究现状来看,绩效评估方法相对比较传统,如从销售额、利润、市场份额、专利数量、创新性、客户满意度、创新成本等来衡量。

商业模式评估是商业模式研究的重要环节,在众多的商业模式创意中挑选那些更具潜力的商业模式,并且在实施过程中根据实际情况进行不断调整,是企业成功进行商业模式变革、攫取超额利润的必要条件。国内外许多研究者对如何进行商业模式的评估进行了探索。其结果大致可以分为两种:一是事前评估,就是对企业现有商业模式

①王卓,李剑玲,丁杰.商业模式创新与评价研究[M].北京:知识产权出版社,2015.

的盈利性和适用性进行预测;二是事后评估,就是分析企业在实施了某种商业模式以后发生了哪些方面的变化,此时不再是一种预测,而是对实际效果的衡量。事前评估是一种静态评估,更多是对商业模式构成要素的横向评估;事后评估是一种动态评估,更多的是对商业模式实施的纵向评估。二者互为补充,回答人们关于商业模式在不同阶段的好坏问题。由于商业模式的理论体系尚未正式确立,评估的基础,包括某种商业模式的构成要素也是仁者见仁、智者见智,所以对其进行评估也比较复杂。这种评估常常需要先明确商业模式研究的特定商业领域、构成要素、研究目的等。

(一)事前评估

在事前评估方面,加里·哈迈尔、高德金等和莫里斯等学者进行了很有意义的尝试。

学者加里·哈迈尔识别了确定商业模式利润潜力的四个因素。他认为一个好的商业模式必须能够创造高于平均水平的利润,因此主要从财富潜力的角度对商业模式进行评估。他提出可以从效率、独特性、合适度和盈利性四个方面来评价商业模式:①效率,在何种程度上,商业模式是一个送递客户利益的有效方式;②独特性,在何种程度上,商业模式是独特的,商业模式越接近,超过平均利润的机会越小;③合适度,商业模式元素之间的配合程度;④盈利性,在何种程度上,商业模式能够充分利用一些有潜力产生高额利润的方法(如增加回报、驱逐竞争者、战略经济、战略弹性)。

荷兰学者高德金等认为,商业模式评估的关键在于分析不同参与主体之间的价值流动情况。高德金的商业模式评估方法是e3-value方法的一部分,通过评价商业模式所有参与者的价值和创造一个利润表,高德金用定量的术语评估了商业模式的经济可行性。商业模式的可行性意味着所有参与者能够制造利润或增加他们的经济效用。这种评估更适宜于评价商业模式思路是否合理,而不是精确地计算利润。此外，高德金还介绍了使用假设分析来分析商业模式，这将帮助利益相关者理解商业模式关于它的参数（如金融、未来趋势或客户行为）的灵敏性。

学者莫里斯等认为，商业模式评估的关键在于评估商业模式的匹配性，包括内部匹配性和外部匹配性。前者主要指商业模式构成因素内部之间的相互匹配；后者主要指商业模式构成因素与外部环境之间的匹配。同时，他指出企业必须在内部匹配和外部匹配之间进行平衡，当企业面临动态变化的外部环境时，内部匹配性过高的商业模式可能会导致企业的外部适应能力下降。企业必须不断突破自身和竞争对手的优势，降低商业模式的内部匹配性，或者引入新的因素，提高现有因素的动态性。

（二）事后评估

美国密歇根大学教授阿兰·阿福亚赫博士和瑞士洛桑联邦科技学院科技管理学助理教授克里斯多夫·L·图西博士从盈利能力的角度来评价商业模式的潜力。他们从三个层次衡量商业模式：①盈利性因素，包括收入和现金流，如果公司商业模式的盈利性优于其竞争对手，则意味着它有竞争优势；②盈利性预测因素，包括利润率、市场份额、收入增长率等，公司商业模式的盈利性预测因素也反映了公司是否具有竞争优势；③商业模式组成部分，包括客户价值、客户范围、定价、收入来源、关联活动、实现、能力和持久性等，每个部分均有一整套评价指标，这是对商业模式综合性的衡量。阿福亚赫博士等的评价方法比较系统，三个步骤之间具有很强的逻辑性，因此是比较成熟的商业模式评估方法之一。但他们没有采用更为详细或者定量的描述方法，在衡量商业模式各构成因素的过程中，所有指标只有“高”和“低”两个定性取值，因此无法详细评估不同商业模式之间的差别。

瑞士洛桑大学学者马格利·杜波森等人参考学者卡普兰和诺顿的思路，使用平衡记分卡方法来评价商业模式。他们对自己提出的商业模式框架的四个组成要素进行评价，每个要素分别用一些量化指标来度量。瑞士学者奥斯特瓦德提出了一套对其构建的商业模式本体论进行评估的方法，它包括四个定性方法和两个定量方法。但这不是对具体商业模式的评估，而是对所建立的商业模式架构是否合理和有效的评估。

国内学者袁新龙、吴清烈认为，应该把企业看作一个有机系统，从系统层次和结构、系统组成部分的联系和互动上来全局性地把握业务模式。这种系统论和全局论反映在两个方面：一是企业自身形成一个价值链系统，该系统由各个业务阶段的价值创造活动构成；二是企业与其供应商、分销商及顾客和其他价值活动者所组成的产业链，其原因在于任何单个企业一般很难完成产品和服务所涉及的所有价值活动。

第三节　商业模式评价的原则

商业模式的评估要立足于其构成要素，立足于其评价指标体系，才有可能准确反映商业模式的内在本质。通过对商业模式的探讨，可以看出，成功的企业商业模式能够显著增强企业的盈利能力，有效提高企业的竞争优势，持续提升企业的市场影响力和市场地位，不断扩大企业的知名度和美誉度，以及促进企业持续快速地成长。这些由企业商业模式实施所带来的易于观察和衡量的结果为评价企业商业模式及创新提供了思路。虽然财务结果最为直观，也最为创新者所看重，但评价企业商业模式是否有效至少应该符合以下七项基本原则。①

一、盈利性原则

简单地讲，企业通过对商业模式的实施，不断增强自身的盈利能力，实现企业的终极目标，因此，评价企业商业模式的成功与否，首先

①雷雄．O2O商业模式评价体系及其实证研究[D]．北京：北京邮电大学，2017.

要遵循盈利性原则。

二、成长性原则

通过实施企业商业模式，企业的竞争实力能够得到显著提高，企业的市场影响力会持续增强，企业在行业中所处的地位会不断提升。有效的企业商业模式能够为企业带来丰厚的利润回报，企业可以利用这种资本积累方式进行持续的再投资，进而不断扩大企业的整体规模，增强企业的综合能力，实现企业快速健康地成长。

三、创新性原则

通过有效的企业商业模式，不仅能够增强企业的核心竞争力，而且还能使企业长期保持竞争优势，保证企业的持续盈利和快速成长。如果企业商业模式的创新性很弱或极易为其他竞争对手所模仿和赶超，那么竞争对手就可以通过效仿而构建类似的商业模式，从而使企业失去相对竞争优势。

四、持续性原则

众所周知，企业也存在生命周期，即存在初创期、成长期、成熟期和衰退期。企业生命周期受到众多因素的共同影响，如产业特征、市场结构及产品生命周期等。随着竞争的日益激烈，虽然众多企业的平均寿命在3～5年，但是仍有许多成功企业已经存在几十年，甚至上百年，如可口可乐、麦当劳、肯德基、GE和沃尔玛等。因此，企业商业模式是否有效还要看它是否能使企业在较长时间范围内持续存在。那些一味追求短期利益（甚至采取损害消费者利益的短期逐利行为）而放弃长期发展的企业商业模式，即使它们短期的盈利能力再强、成长速度再快，也不能被认为是有效的。

五、共赢原则

所谓共赢，是指企业与它的主要利益相关者之间实现长期共赢，包括企业与客户、供应商、股东及其他利益相关者之间的利益共赢。

在企业实施商业模式的过程中，企业应该与其内外部主要利益相关者和谐共处，或者建立更加紧密的伙伴关系，从而使企业在实现自身经营目标的同时，也为利益相关者创造更多的价值。那些侵损了主要利益相关者利益的企业商业模式不能被视为有效。

六、科学性原则

商业模式的理论体系虽然尚不成熟，但商业模式的存在价值和作用却是实实在在的，商业模式研究的理论和现实意义是巨大的。基于此，商业模式的评价，一定要考虑商业模式自身存在及其创新的客观规律，符合其内在机制。只有在确定评价内容、选择评价方法和设计评价指标体系时，根据商业模式存在及创新的自身要求和内在逻辑，符合商业模式产生和发展的客观规律，才可能做出有价值的评价。

七、全面性原则

商业模式是一个结构或者体系，包括组织内部结构和组织与外界要素的关系结构，这些结构的各组成部分存在内在联系，它们的相互作用形成了模式的各种运动。也就是说，商业模式是在全面审视企业所处政治、经济、社会、市场环境的基础上，分析企业自身能力和可用资源，在企业构成和运作的各要素之间构建有机联系，形成企业完整的运营机制和方法。它本身是包含各种要素的一整套逻辑关系，因此，对商业模式的评价必须全面综合，否则，评价的就不是商业模式，而是企业经营的某个方面。

第四节 商业模式评价的主要方法

对于商业模式的评价而言并没有通用的方法，很多学者通常借鉴一般性的评价方法对商业模式进行评估，如学者周卫军采用综合评价法对搜索引擎商业模式进行综合评价，学者王鑫鑫针对软件企业商业模式创新绩效的评估构建了模糊综合评价模型等。在这里针对e3-value法、平衡记分卡法、雷达图示法、商业模式可行性分析框架、容器效应评估法等方法，选取比较有代表性的一般性的评价方法进行比较分析。①

一、一般性的评估方法

（一）层次分析法

层次分析法是将与决策总是有关的元素分解成目标、准则、方案等层次，在此基础之上进行定性和定量分析的决策方法。此方法是美国运筹学家沙蒂教授在20世纪70年代提出的一种实用的多方案或多目标的决策方法。其特点是具有高度的系统性、逻辑性、简洁性和实用性，所需定量数据信息较少，并把定性与定量的决策结合起来，按照思维心理的规律将决策过程层次化、数量化。层次分析法应用中存在的主要问题是每项指标的权重难以确定；另外如何构造判断矩阵的一致性也是一个突出问题。实际应用AHP时多数是凭经验和技巧进行修正。AHP方法经过几十年的发展，逐渐形成了如模糊评价法的新的研究方法。

（二）关键业绩指标法

关键业绩指标法是通过对组织内部流程的参数进行设计、抽样、运行、结果分析后，来评估流程绩效，量化管理的指标，是把企业的战略目标分解为可操作的工作目标的工具，是企业绩效管理的基础。此理论的基础是“二八原理”，此经济原理是意大利的经济学家帕累托提出的，也就是企业在创造价值的过程里，各个部门和各个员工80%的任务是通过20%的关键行为实现的，抓住这20%的关键，也就抓住了任务主体。绩效关键指标一般数量较少，但是却对企业绩效评估、战略管理乃至组织设计具有举足轻重的意义。KPI的指标比较难界定，

①佟海威．科技创新创业企业的商业模式评价研究[D]．天津：天津大学，2018.

KPI更多是倾向于定量化的指标,这些定量化的指标是否真正对企业绩效产生关键性的影响,如果不运用专业化的工具和手段,则较难界定。

(三)灰色关联分析法

1982年,我国华中理工大学的邓聚龙教授开创性地提出了“灰色系统”的含义,创立了灰色系统的理论。随后,这一理论被深入研究,在众多领域获得了应用。灰色关联分析是对灰色系统理论的实施应用,它是将因素之间发展趋势的相似或相异程度作为衡量因素间关联程度的一种方法。灰色关联度分析法对一个系统的发展变化态势提供了量化的度量,非常适合动态历程分析。其优点是:思路很清晰,计算较简单,无需归一化处理数据,同时可以直接计算原始数据;不需要大量样本的计算。其缺点是需要对各项指标的最优值进行现行确定,主观性较强,同时部分指标最优值难以确定。此方法不能处理评价指标的相关性导致的评价重复,所以选择合适的指标就变得尤为重要。

(四)模糊综合评价

模糊数学产生于1965年,它的创始人是美国专家乍得教授。此方法是通过隶属度的理论将定性的评价转而用定量指标来评价,也就是通过应用模糊数学对被多种因素制约的对象做相关的总体评价。其特点是:评价的结果为集合,能较为准确地刻画事物本身的模糊状况,模糊综合评判结果在信息的质和量上都具有优越性;对多指标进行综合处理,可以建立指标分级体系,以确保评价模型的科学性和可行性;较好地解决定性指标的定量化问题。模糊综合评价既可用于主观指标的综合评价,又可用于客观指标的综合评价,应用范围更广。此方法存在的缺点是:各因素权重的确定带有一定的主观性,在某些情况下,隶属度函数的确定有一定困难,尤其是多目标评价模型,要对每一目标、每个因素确定隶属度函数,过于烦琐。

二、专门性的评价方法

（一）e3-value评价法

荷兰学者高德金从价值观的角度出发，认为商业模式评估的关键在于分析不同参与主体之间的价值流动情况。通过基于价值网络建模的可视化工具——e3-value建模工具创建参考模型，该方法可清晰地描述企业价值创造和转移的过程，并实现对商业模式的仿真运算，以数值体现企业商业模式的获利和有效性，从而帮助企业对当前商业模式进行有效评估。

e3-value评价法是利用利润/效用表进行的，首先是确认商业模式参与主体及其产生的价值行为；其次是对各价值目标进行评估，明确不同部分是如何产生价值或是消耗价值；最后对评估结果进行汇总，分析优劣势，并提出相应的愿景。

基于e3-value工具编制一种利润/效用表，将模拟结果以一种直观形象的方式告诉企业管理者该商业模式方案运行的效果，这样借助商业模式模拟仿真工具的方法对商业模式实施评估，使得整体评估结果更准确可信。通过对商业模式不同部分的价值进行计算，不仅有助于评估某种商业模式的好坏，而且有助于认清其好坏的原因，针对所得到的数据发现新的商业机会以及机会存在的基本条件。此外，通过对所选参数的调整和测算能进一步揭示其商业模式内在机制，帮助企业发现模式好与坏的部分，进而制定切实可行的创新措施。

（二）平衡计分卡法

平衡记分卡是在财务、客户、内部流程和学习与发展四个不同的侧面将企业愿景和战略转化为目标和考核指标，从而实现对企业绩效进行全方位的监控和管理。美国学者卡普兰和诺顿于1992年发明并推广BSC，用顾客、内部程序，以及创新和改善这三个维度的绩效评估指标对传统的财务指标进行补充，避免了以往只注重财务指标评价企业绩效的现象，这种思路使其发展成为适合信息时代商业需求的一种评价方法。他们指出，运用这一方法的前提是企业应当已经确立了一致认同的战略。

使用平衡记分卡对商业模式进行评估，进一步实现了商业模式在各方面的“平衡”，包括短期指标和长期指标的平衡，而不至于为了眼前的利益忽略了长远利益；财务指标与非财务指标的平衡，更加注重商业模式的整体能力的提升；内部指标与外部指标的平衡；滞后指标与前导指标的平衡，实现事前商业模式设计的合理性和事后商业模式的可获利性的统一。

商业模式是一个多主体参与的复杂系统，传统平衡记分卡强调企业内部与外部客户的平衡，而针对商业模式的平衡记分卡将企业的利益相关者同时列入评估范畴，针对不同层面对不同价值模块的作用设计评估指标体系，从而使得整个商业模式的评估更全面。

（三）雷达图示法

工程师和研发人员由于其自身的背景和关注点的缘故，对商业模式并不熟悉，据此，学者福米亚克·萨提、哈瑞库·萨库玛等在研究商业模式重构方法时制定了评估商业模式的五个维度，分别是环境、商业创意、技术、模型、收益能力。根据这五个评估要素，他们细分制定一个评估评价表，并用雷达图表示评估的结果，以帮助对商业模式了解较少的工程师和研究人员有更好的直观认识。

他们提出了评估商业模式的五步法：①商业概念，主要考察商业模式与公司使命、愿景是否匹配，是否能为企业带来与众不同的差异性与竞争优势；②环境分析，分析宏观环境可以使用PEST（Politics政治，Economy经济，Society社会，Technology技术）分析法，中微观层面上的可以使用五力分析；③技术竞争力分析，关注企业技术创新是否具有领先性，其市场化之后为企业带来销售额的增长程度，以及技术研发的成本；④模式化，经由情境规划法评估时间和驱动力、竞争战略等，对比不同态势的商业模式；⑤盈利分析，识别利润空间与收益方式、进一步分析利润来源与结构并实施财务模拟作业。

在明确五个步骤之后，学者福米亚克·萨提采用了雷达图这一可视工具对上述的评估结果进行总结，得出五个部分的平均得分并将其列入雷达图上，寻找最低分的方面，并且针对最低分的方面，将其各个具体选项的得分用雷达图表示，就此发现商业模式重构的项目，最后需要将重构之后的商业模式各项与之前模式进行对比，以检验新的商业模式是否有效。

（四）商业模式可行性分析框架

随着泛在技术日益成为信息技术产业中的新典范，商业环境变得更加复杂多变，使得企业越来越关注商业模式及其相应的评估手段。基于此，学者彼洋、耐基、崇桑里姆等提出了商业模式可行性分析框架（BMFA）用以对商业模式的评估，该方法创造性地在泛在技术环境下将技术、战略、市场三个视角结合起来共同评估商业模式。

将商业模式评估分为事前和事后评估两个方面，并针对不同方面的特点提出具体的评估指标。商业模式的事前评估是针对商业模式实施前的预测性评估，是对企业现有商业模式未来将可能为企业所带来的利润水平以及该模型的适用范围等方面进行预测；事后评估关注的是商业模式实施后为企业带来的实际组织绩效的变化，观察企业在实施了某种商业模式以后在哪些方面发生了变化或在哪些方面有改进，此时的评估不再是一种预测，更强调的是商业模式的实际成效。

（五）容器效应评价法

学者李东基于规则（行为准则或惯例）视角提出关于商业模式构成本质的新理论，将商业模式基本构件落脚为规则，使商业模式的基本内容具体化，再针对具体化的基本内容进行相应的评估，由此提出了面向容器效应的评价方法。

评估商业模式的容器是由定位板块、利益板块、收入板块以及成本板块四大功能板块构成的。这一方面决定了商业模式为企业带来的价值;另一方面决定了商业模式为顾客创造的利益,其中,收入板块和成本板块是从企业角度评估商业模式的,定位板块和利益板块则更为强调顾客的利益。可见企业自身的价值以及顾客所获得的利益共同决定了商业模式的有效性,即这两方面共同实现的空间便是商业模式评估的结果。

容器评价法具体的实施主要分为两个步骤,一是对规则的评价阶段,主要评价规则所促进新的顾客价值,以及规则所降低的不确定性;二是对商业模式与战略的匹配性进行评价。结合情景—匹配状况,将组合关系分为强—匹配、强—不匹配、弱—匹配、弱—不匹配四类,根据不同的评估结果组合,企业制定不同的策略用以提升企业绩效,促进企业发展。

三、专门性商业模式评价方法的比较

任何一种评估方法都有其自身的特点、优势和缺陷。从商业模式评估方法的主要特征、适用领域、评估目的以及存在的优势与缺陷进行比较,如表10-1所示。

e3-value和容器效应评估法都注重评估商业模式所实现的价值,但e3-value则注重各参与主体间的价值流动,容器效应评估法的重点则主要包括企业与顾客两方面。e3-value和BMFA两种评估方法更适用于电子商务、信息技术产业领域;平衡记分卡法、雷达图示法以及容器效应评估法则适用于各企业乃至各组织形式。各评估方法的评估目的是相似的,都是为了提高企业商业模式的能力,但各有侧重,e3-value和平衡记分卡法主要是为了提高企业间或企业利益相关者的协同;BMFA则是以企业内部的协同提供为目标;雷达图示法主要是通过评估企业内外部之间的协同以提升企业商业模式整体效应;容器效应评估法关注企业最重要的参与主体——企业与顾客。

表10-1 商业模式评价方法的比较

	e3-value	平衡记分卡法	雷达图示法	商业模式可行性分析框架	容器效应评价法
主要特征	编制利润/效用表用以考察企业、顾客等不同行为主体间的价值创造与转移过程	关注“平衡”：短期与长期的平衡，财务与非财务的平衡，内部与外部的平衡，滞后与前导的平衡	以环境、商业创意、技术、竞争力、收益能力五个维度构建评估表，并用雷达图的形式对结果予以表示	以泛在技术为指导，从战术、战略、市场三个视角予以评估，并将商业模式评估分为事前和事后评估	以顾客价值创造与企业价值获取中心进行评估
适用领域	企业间网络、电子商务领域	企业网络	企业	信息技术产业	企业
评估目的	提高企业间的协同	提高企业各利益相关者之间的协同	提高企业内外部之间的协同	提高企业各职能的协同	提高顾客与企业之间的协同
优势	原理简单，便于操作，利用仿真使结果更客观可信	多维度、完整	简便直观	指标详实，操作性强	逻辑性强，操作性强，具有动态性
缺陷	缺乏理论依据，缺乏代表性	个别指标难以量化	过于粗略，缺乏系统性	过于强调技术的重要性，而忽略其他因素	涉及主体过少，难以准确衡量整体效应

在对不同商业模式评估法的了解与比较的基础上，企业可以根据企业自身的性质及评估对象的不同特点等选择合适的评估方法，实现对商业模式评估的准确判断，制订出最优的商业模式方案，并及时调整商业模式以适应动态环境的变化，从而提升商业模式的创新水平。

第十一章 现代商业模式的创新

第一节 现代商业模式创新的内涵

商业模式创新作为一种新型创新形态，人们关注它的时间很短，也就是十余年。商业模式创新引起广泛的重视，与20世纪90年代中期计算机互联网在商业世界的普及应用密切相关。互联网是一种具有创造性破坏特点的媒介技术，它有许多特性，如无处不在；消除时间的局限；具有无限的虚拟容量；减少了信息不对称；降低了交易成本等。正是由于这些特性，互联网的出现改变了基本的商业竞争环境和经济规则，标志“数字经济”时代的来临。互联网使大量新的商业实践成为可能，一批基于它的新型企业应运而生。新涌现的一些企业，如Yahoo、Amazon及eBay等，在短短几年时间，就取得巨大发展并成功上市。许多人也随即成为百万甚至亿万富翁，产生了强力的示范效应。他们的赚钱方式，明显有别于传统企业，于是，商业模式一词开始流行，它被用于刻画描述这些企业是如何获取收益的。这些基于互联网的新型企业的出现，对许多传统企业产生了巨大的冲击。如Amazon仅用短短几年就发展为世界上最大的图书零售商，给传统书店带来严峻挑战。新型商业模式显示出强大的生命力与竞争力。1998年后，美国政府也因此对一些商业模式创新授予专利，给予积极的鼓励与保护。无论对准备创业的还是已有企业的人，这些都激励他们在这个经济变革时期，从根本上重新思考企业赚钱的方式，思考自己企业的商业模式，因此商业模式创新开始受到重视。到2000年前后，商业模式作为人们最初用来描述数字经济时代新商业现象的一个关键词，它的应用已不仅仅局限于互联网产业领域，而是被扩展到了其他产业领域。不仅企业家、技术人员、律师和风险投资家们等商业界人士经常使用它，学术界研究人员等非商业界人士也开始研究并应用它。随着2001年互联网泡沫的破裂，许多基于互联网的企业虽然可能有很好的技术，但是由于缺乏良好的商业模式而破产倒闭。尽管有一些企业技术最初可能不是最好的，但由于拥有好的商业模式，依然保持很好的发展势头。于是，商业模式的重要性得到了更充分的认识。人们认识到，在全球化浪潮冲击、技术变革加快及商业环境变得更加不确定的时代，决定企业成败最重要的因素不是技术而是它的商业模式。2003年前后，创新并设计出好的商业模式成了商业界新的关注焦点，商业模式创新开始引起人们的普遍重视。商业模式创新被认为能够带来战略性的竞争优势，是新时期企业应该具备的关键能力。①

一、技术创新学视角的商业模式创新概念

技术创新学者从其学科的“创新”核心议题出发，把理解“商业模式创新”概念的重点放在了“创新”上。自经济学家熊彼特提出“创新”概念并把创新分为产品创新、技术创新、市场创新、资源配置创新、组织创新五种创新以来，技术创新学者一直把注意力聚焦于产品创新和技术创新管理等研究领域。但随着互联网和信息技术的不断普及，以切萨布鲁夫和罗森布洛姆为代表的技术创新研究学者开始逐渐认识到技术本身并没有特定的客观价值，技术的潜在经济价值必须通过商业模式创新来实现，于是把注意力转向产品和技术领域以外的商业领域创新，也即商业模式创新。

学者克里斯滕森率先提出了破坏性技术创新的概念。他强调，为了与破坏性技术相匹配，企业必须进行破坏性商业模式创新，并且把“破坏性商业模式创新”理解为从为顾客创造价值出发来发现非顾客

①杨琳．共享经济下企业商业模式创新发展研究[J]．价值工程，2019，38(34)：23-24.

消费群体，通过争夺非顾客消费群体来参与竞争，瞄准最不可能购买现有产品的消费者，找出阻碍他们消费的原因。随着时间的推移，一旦破坏性技术能够满足非顾客消费群体的需求，企业就能开拓新的高增长市场，并能不断“蚕食”其他企业的既有顾客。尽管学者克里斯滕森并没有对商业模式创新进行明确的定义，但他却把商业模式创新发现顾客需求的作用与传统营销学所倡导的反应性市场导向区分开来。在学者克里斯滕森看来，企业的既有顾客并不是企业进行顾客分析和市场调研的唯一对象，也不是企业理解和确定顾客价值的唯一途径，顾客价值分析还存在技术等其他途径，从而为企业实施商业模式创新开辟了一条新的途径。学者切萨布鲁夫提出了开放式创新理论。他认为，企业必须创立与其核心技术相匹配的商业模式。商业模式创新是企业建立启发式逻辑，并把技术与其蕴含的潜在经济价值联系起来的过程。学者切萨布鲁夫的贡献就在于明确指出了商业模式创新对于技术创新的重要性，技术创新和产品创新的成功离不开商业模式创新，技术发明并不能保证取得商业成功，新技术还必须依靠商业模式创新来实现商业化应用。例如，苹果公司既不是MP3数字音乐制式技术的发明者，也不是数字音乐播放器的发明者，但基于iPod和iTunes相结合的商业模式创新却使得苹果公司后来居上，并且开创了一个全新的数字音乐产业。蒂德和贝赞特从创新概念出发，将创新重新分为产品创新、流程创新、定位创新和范式创新四种类型。商业模式创新与产品创新、流程创新等传统类型的创新不同，它是一种全新的范式创新。范式创新反映的是影响企业业务的潜在思维方式变化，源自于新进入者对问题和游戏规则的重新定义和重构。学者蒂德和贝赞特的贡献就在于从创新的角度出发，通过区分不同类型的创新来说明商业模式创新是一种不同于传统创新的全新创新，在“创新”种类中对商业模式创新进行定位。不仅如此，学者蒂德和贝赞特还从创新程度的角度阐明了商业模式创新的属性，即商业模式创新是一种非连续性创新。斯坦福大学教授谢德荪认为,创新从本质上可以分为科技创新和商业创新两大类,其中科技创新是指有关自然规律的新发现,他把这种创新称为“始创新”,而把商业创新理解为“创造新价值”,又进一步细分为“流创新”和“源创新”,并且认为商业模式(商业模型)创新属于“源创新”。商业模式创新的意义不在于创造新科技、新产品或新服务,而在于创造新价值,即通过实施新的理念来推动对人们日常生活或工作有价值的活动。新的理念可以由新产品或新科技所催生,也可通过组合现有资源来实现。谢德荪的贡献在于明确把商业模式创新视为一种商业创新,并且认为新理念(具体而言是顾客价值主张)是商业模式创新的源头和出发点,商业模式创新并非源于技术发明本身,而是源于对顾客需求的洞察,对价值主张(即价值理念)的重新定义。

综观不同学者基于创新视角界定的商业模式创新概念可以看出,他们普遍把商业模式创新定义为一种全新的创新,并且普遍强调商业模式创新对于技术创新的重要性,即技术创新必须与商业模式创新进行有效的结合,才能更好地实现其自身的商业化。商业模式创新的源头在于新理念的提出或产生,或者是对问题和游戏规则的重新定义和重构。细加分析不难发现,这些学者所界定的商业模式创新概念仍存在一定的局限性。在他们看来,商业模式创新只不过是一种技术商业化手段而已,他们仅仅把商业模式创新作为一种新的创新方式。显然,这些学者偏重于从技术角度来阐述技术商业化问题,而忽略了商业模式创新同时也是一种企业层面的战略变革行为。

二、战略学视角的商业模式创新概念

与技术创新学者重点关注“创新”不同,战略学者主要从变革的视角来认识和理解商业模式创新,他们将商业模式创新理解为企业的一种变革方式,重点关注企业如何改变自己的商业模式以及这种改变所带来的结果。学者哈迈尔把商业模式创新理解为一种战略创新,并且认为商业模式创新就是为了打乱竞争对手的阵脚,为顾客创造新价值并为利益相关者创造新财富而重构行业现行商业模式。这种创新有助于企业事半功倍地分享产业所创造的价值。学者哈迈尔揭示了商业模式创新的战略意义,从企业战略层面对商业模式创新进行了解读,即商业模式创新是企业层面的一种战略行为,企业之间的竞争在某种程度上就是商业模式竞争,不同企业周而复始地创造性破坏和持续不断地商业模式创新是推动行业发展的一种重要动力。在学者马克特斯看来,商业模式创新就是"为了引入可盈利商业模式而打破既有游戏规则",也就是说,商业模式创新会颠覆既有商业规则,并引入新的商业规则。对既有规则的颠覆可通过重新确定顾客细分标准、顾客需求、产品生产与交付方式或者开发新产品等手段来实现。可见,马克特斯强调了商业模式创新的颠覆性,商业模式创新从某种程度上说是对行业既有假设和成规的颠覆。例如,在苹果公司iPhone手机问世之前,以诺基亚为代表的功能机和以黑莓为代表的传统智能机都把语音通话和短信服务定义为手机的核心功能,而苹果公司的iPhone手机则把手机的功能重新定义为移动多媒体通信终端,从而改变了手机行业的既有假设,通过商业模式创新开创了全新的智能手机产业。

学者斯克勒吉尔米琪等认为,商业模式创新是一种战略性创新,通过颠覆既有规则和改变竞争性质来重构企业既有的商业模式和市场,在大幅度提升顾客价值的同时,实现企业自身的高速增长。可见,斯克勒吉尔米琪等更加关注商业模式创新对于提升顾客价值和推动企业成长的作用,并且着重强调了商业模式创新可以使企业获得快速成长的现实表现。学者博克等把商业模式创新看作一种不同于其他类型组织创新的全新变革过程,一种企业层面开发利用新机会的过程,并且认为一旦渐进式变革和产品创新滞后于外生不连续性,组织管理层就会利用商业模式创新来面对层次更高、为期更长的挑战。商业模式创新是一种不同于其他类型组织创新的新颖变革过程,因而可能是一种非常规的特殊创新。可见,博克等学者更加强调商业模式创新的过程性和特殊性，把商业模式创新看作是一种不同于一般渐进式组织变革的非常规、激进式长期组织变革过程。

综观以上学者从战略学视角对商业模式创新所做的阐述，不难发现他们对商业模式创新的认识具有以下一些共同点。首先，商业模式创新是一种企业层次的战略变革行为，因此就变革层次而言远高于一般的产品创新、渠道变革、品牌塑造等业务层次的变革；其次，商业模式创新具有很强的颠覆性，是对行业既有假设和思维定势的颠覆；最后，商业模式创新是一种组织变革过程，是组织为应对外生不连续性而进行的一种非常规的激进式组织变革过程。商业模式创新的上述特点决定了这种创新在企业实践中是比较罕见、极难实现的。然而，也正是它的罕见性和极难实现性使得企业一旦取得商业模式创新成功就能获得快速成长，甚至改变整个行业的竞争格局。苹果公司艰难的二次重生和重生后实现的快速发展，就是商业模式创新上述特点的真实写照。不过，与技术创新学者一样，战略学者对商业模式创新的认识也存在一定的局限性。例如，一些战略学者狭义地认为，商业模式创新仅仅是企业进行战略规划的一种工具。长期以来，竞争一直是战略研究的一个核心议题，因此，战略学者总是或多或少地认为，商业模式创新是竞争导向型的，而忽略了商业模式创新特有的“竞合”特点。更重要的是，战略学者更多地从表现形式和可能产生结果的角度去审视商业模式创新，而忽视了对商业模式创新的源头——顾客和消费者的关注。

三、营销学视角的商业模式创新概念

顾客和消费者始终是营销学关心的核心对象，因此，营销学专家主要从商业模式创新的源头——顾客和消费者出发来认识和研究商业模式创新。

第一，导向问题一直是营销学研究的一个热点问题，因此，营销学专家主要从导向视角来界定商业模式创新概念。

学者阿斯帕等指出，商业模式创新是由主动(或前瞻)性市场导向而不是由反应性市场导向驱动的。主动性市场导向型创新的特点在于企业更加关注消费者的潜在需求，通过发掘他们的潜在需求来创造新顾客和创建新市场，而反应性市场导向型创新的特点则是企业只是为了适应现有的市场结构或者回应消费者已有的显性需求而反应性地进行创新。在比较分析了主动性市场导向型创新和反应性市场导向型创新以后，阿斯帕等把商业模式创新定义为“一种重塑既有市场结构、面向消费者潜在需求、实现顾客价值跳跃式增长、设计独一无二的业务系统、开发新渠道或者彻底改变竞争规则的创新”。

第二，顾客细分可以说是商业模式创新的前期准备，因此，学者伊森曼等从顾客的角度探讨了双边市场问题。双边市场是一种不同于传统单边市场的市场。在单边市场上，价值按照从企业到顾客的单一流向在价值链上传递；对于企业来说，左边是成本，右边是收入。在双边市场上，企业要同时面对两类截然不同的用户，如谷歌公司在搜索业务上就要同时面对搜索服务使用者和企业广告客户这两类用户，企业在市场的左右两边都有成本发生和收入进账。学者伊森曼等和技术创新学者谢德荪曾先后指出，双边市场是商业模式创新的重要特征之一，商业模式创新要求企业同时面对两类截然不同的用户，通过双边市场来对他们的不同需求进行匹配。在网络效应的作用下，这个需求匹配过程遵循规模递增和赢家通吃的规则。营销学者从商业模式创新的前端来研究或界定商业模式创新，揭示了商业模式创新的前因特征；同时又从导向视角来凸显商业模式创新的主动性市场导向特点，并且强调了企业在发掘潜在需求方面发挥主观能动性的重要性以及商业模式创新的双边市场特征。

四、商业模式学视角的商业模式创新概念

在技术创新学、战略学、营销学等传统管理学科越来越关心商业模式创新问题的同时，商业模式研究本身也逐渐发展成为一个新的管

理学交叉学科系组。商业模式研究学者主要从商业模式本身的特点出发来探讨商业模式创新问题，并且认为商业模式创新就是“商业模式变革”。具体而言，奥斯特瓦德把商业模式创新看作是一种基于价值主张，涵盖关乎资源、流程等的运营模式以及涉及收入、成本等的盈利模式的设计过程。

学者卓德和艾米特认为，商业模式创新就是企业通过重组其现有资源和合作伙伴来设计新的运营系统或者改良既有运营系统，因此并不需要在研发方面投入大量资源。他们还认为，商业模式创新就是企业通过跨越产权边界，从根本上改变与顾客、供应商和其他利益相关者进行交易的方式。黛米和雷高克把商业模式创新定义为“商业模式内部不同要素之间的互动引发新的选择，促使企业提出新的价值主张、创造新的资源组合，或者驱动组织系统演化，最终某一环节的变化对其他要素及其构成维度产生影响，进而引发有可能动摇整个行业根基的根本性创新”。学者卡萨德苏·马萨耐尔和瑞卡特把商业模式看作“企业的行为逻辑”，或者反映企业如何运营并为利益相关者创造价值的因果关系。因此，从本质上讲，商业模式创新就是企业遵循新的行为逻辑来为利益相关者创造和传递价值，并且主要侧重于探索新的收入模式，重新确定顾客、供应商和合作伙伴的价值主张。

由以上商业模式学视角对商业模式创新概念的阐述可以看出，商业模式学者对商业模式创新的认识具有以下几个共同点。首先，商业模式创新是企业对商业模式进行的创新，是企业内部对商业模式构成要素实施的变革。这一认识为商业模式创新明确了方向和实施路径。其次，商业模式创新是一种系统性创新，要求企业在顾客价值主张、运营模式、盈利模式、营销模式等多个环节上实现新的突破，最终对商业模式构成要素进行系统性变革。再者，实施商业模式创新的企业不再是一个封闭系统，而是一个开放的平台系统。商业模式创新企业也不再是产业链上的简单一环，而是社会网络中的一个核心结点，秉持“合作、共赢”的理念，把企业边界拓展到企业的利益关系和交易结构影响所及的全部利益相关者，最终组建以企业自身为核心的商业生态系统。最后，企业可通过商业模式创新来构建系统层次的竞争优势。学者们对竞争优势的认识先后经历了产品、产业和商业生态系统三个层次，企业实施总成本领先战略或者差异化竞争战略是把企业的竞争优势建立在产品层次上，实施多元化或者产业链一体化集团战略是把竞争优势建立在产业层次上，而实施商业模式创新则是把竞争优势建立在生态系统层次上，旨在构建一个以自己为核心的商业生态系统。竞争战略和集团战略等常规战略只能帮助企业构建企业或产业层次的竞争优势，而商业模式创新这种“核能”级别的战略则能帮助企业构建覆盖面更广的系统层次的竞争优势。

不过，目前商业模式研究学者对商业模式创新的认识仍存在一定的局限性。具体而言，他们忽略了“商业模式创新”概念的“创新”这个根本属性，从而混淆了“商业模式”和“商业模式创新”这两个截然不同的概念，甚至把“商业模式创新”等同于“商业模式”。商业模式学者大多没有注意到“商业模式”和“商业模式创新”在形式逻辑上的明显差异，以至于在研究中不加区分地混用这两个完全不同的概念。概念是反映一类事物本质属性的思维形式，一个完整的概念由“种差”和邻近的属概念所构成，从概念研究最基本的形式逻辑角度来看，“商业”是商业模式概念的“种差”，而“模式”是商业模式概念的“属”，商业模式是企业家和学者们对商业行为的一般本质特征的抽象和理性认识。而“商业模式”是商业模式创新概念的“种差”，“创新”是商业模式创新概念的“属”，商业模式创新描述的是一种以商业创新为特征的创新行为。

五、商业模式创新的核心特征

商业模式创新作为一个概念有过程性和行为性两个核心特征。

第一，商业模式创新概念具有过程性特征，不同视角下的商业模式创新概念描述了商业模式创新作为一个过程在不同阶段的特征。例如，营销学视角下的商业模式创新概念重点关注这一过程的前端，即对顾客和顾客价值主张的重新认识和定义；商业模式学视角下的商业模式创新概念则强调这一过程的中间阶段，将商业模式创新理解为商业模式内部构成要素及其相互关系发生变化的过程，在这一过程中企业实现了商业模式内部构成要素的系统性创新；战略学视角下的商业模式创新则聚焦在这一过程的后端。战略学者将商业模式创新理解为企业层级的一种变革过程，是企业实现战略更新的一种变革过程。技术创新学者和战略学者都注意到了商业模式创新特有的颠覆性特征，“根本性创新”则反映了商业模式创新的程度，即商业模式创新对企业所在市场是颠覆性的。

第二，商业模式创新概念具有行为性特征。它的行为性特征又可以细分为类别、层次、程度、形式四个子特征。首先，从类别上看，“创新”是“商业模式创新”概念的本质属性。商业模式创新是一种新的类别的创新，是一种不同于技术创新、产品创新、流程创新等传统创新类别的全新创新。技术创新学者把这种新类别创新视为思维范式创新、理念创新，而战略学者则把它理解为一种非常规的长期性特殊战略变革行为。其次，从层次上看，商业模式创新并不是产品层次或者业务单元层次的创新，而是企业层次的创新，是企业整体层次上的一种战略变革。再者，从程度上看，商业模式创新是一种极具颠覆性的激进式创新，通常会颠覆行业的基本假设和竞争规则。一旦取得成功，创新企业就能获得快速成长。最后，从表现形式看，商业模式创新是一种涉及企业商业模式内部构成要素诸多环节的系统创新行为，而绝不仅仅是商业模式内部构成要素某一环节的单一创新。

商业模式创新是指企业价值创造基本逻辑的变化，即把新的商业模式引入社会的生产体系，并为客户和自身创造价值。通俗地讲，商业模式创新就是指企业以新的有效方式赚钱。新引入的商业模式，既可能在构成要素方面不同于已有商业模式，也可能在要素间关系或者动力机制方面不同于已有商业模式。创新是商业模式与生俱来的本质。商业模式创新是继技术创新、产品创新、工艺创新、组织创新之后的一种新的创新类型。在成功的创新中一般认为有60%的创新是商业模式创新。

第二节 现代商业模式创新的必要性

如今商业环境变化越来越迅速，顾客正变得越来越强大，购买决策更复杂，并且他们的需求也在不断地发展变化。商业模式正是聚焦于利润的获取，促使企业抓住顾客的需求，利用一定的战略控制手段，帮助企业在竞争中取得优势。现在的竞争已经不单纯是某一个环节、某一项职能的竞争，而是作为整体的商业模式的竞争。商业模式建立在对外部环境、自身资源、能力的假设之上，因此没有一个商业模式适用于任何企业，也没有一个商业模式永不过时。行业内的企业出于对成功的相互模仿，往往会出现“趋同”现象，从产品同质化到战略趋同、商业模式趋同。面对“趋同”，企业需要对商业模式进行创新，改变当中的某些要素或者环节，甚至彻底地再造商业模式，以差异化经营获取超额利润。随着假设条件(主要是外部环境)的变化，原来运作良好的商业模式也有风光不再的时候，表现为顾客不断流失，盈利能力急剧下降，这时候也需要对商业模式进行创新。许多企业正是摒弃了行业常用的商业模式，创造出全新的商业模式，或者改造了企业原有的商业模式，才取得了巨大的成功。

商业模式的创新是企业最根本的创新，因此企业的更新换代以及发展极大地依赖商业模式的创新。如果没有商业模式的创新，其他的要素，诸如管理方面的创新、技术的创新都会失去发展的基础。商业模式创新需要一定的机缘和背景，一是宏观层面出现有关体制变动和技术变革等问题，这就给企业提供了良好的机遇；二是微观层面上存在的激烈市场竞争与生存压力，使得企业为了自身发展不断寻找更有利的利润源泉。商业模式创新的重要性主要有以下三个方面。①

一、企业提升自身竞争力的重要途径

商业模式创新是企业从整体出发，力图通过进行企业各个部分之间的强力整合，达到提升自身企业的价值，创造高效率和核心竞争力的目的。商业模式创新是站在有效利用企业现有资源、提升公司运作和各环节效率、为创造更高价值的高角度，充分考虑企业自身与外部的沟通借鉴学习问题。各类型企业可根据自身的特点创新，创新模式多而且复杂，一些企业可根据规模适度，组织结构规范，与市场的联系直接，运作灵活等优势侧重于商业方面的模式创新，也可根据客户最新需求的变化及时调整自身的商业模式，从而有效地创造价值，实现价值增加。商业模式创新有助于企业以较低成本实现自身竞争优势的蜕变。

二、企业参与市场竞争应具备的关键能力

商业模式是从整体评判一个企业具有的发展潜力。判断商业模式是否合适主要看企业是否有能力竞争生存。商业模式具有个性化的特点，企业不能简单照搬已经相对成熟的其他企业商业模式，而应根据自身条件选择符合自身特点的商业模式进行创新，不然商业模式就会有缺陷，仅靠战略管理，企业将无法实现自身预期的目标。在经济信息全球化的潮流中，企业应该围绕核心竞争力加大资源整合力度，根据内外部环境的变化不断调整商业模式。商业模式创新对于正处于转型期、上升期的企业将比技术创新体现更重要的价值。企业面对的是不断变化不断发展的巨大市场，技术水平的提高需要相当长的一段时间，而短期内市场需求却不断变化，创新现有商业模式，是企业

①刘彦蕊．商业模式创新的未来[M]．北京：知识产权出版社，2017.

参与市场竞争所必须具备的。

三、企业获取自身发展机会的首要条件

我国企业最初商业模式具有周期长、发展过程艰难的特点，企业只有具备了能够持续不断进行发展的资本才能成功，而部分企业通过对商业模式的成功研究和初步尝试，通过注入巨额资金取得了周期短、效果好的结果。把获利放在首要位置，不看重企业自身特点和承受能力，虽可以取得一定的成功，却浪费了资源。企业要寻找适合的商业模式，自身才具有发展的机会。当内外部经营环境发生变化时，进行商业模式创新是较好的选择。此外，经营者要对发展有信心，才能促进商业模式的创新。坚持进行商业模式创新，企业在不同的发展阶段，其创新的侧重点也不同，如成长期企业商业模式创新以客户价值为重点，成熟期企业商业模式创新以成本结构和利润保护模式为主要方向。商业模式创新还应具有可持续发展性，但在进行创新调整时，应坚持商业模式的内在本质。学者麦格瑞塔认为，一个成功的企业要谋求长远的发展，一种好的商业模式对它来说是至关重要的。因此，每个企业都必须不断创新以创造适合的商业模式。学者艾米特和卓德的研究表明商业模式创新所创造出的价值远远超过了企业相互之间的合作创造出的价值，也超过了企业通过对资源的合理配置和整合所创造的价值。学者米切尔和科尔斯认为，商业模式创新是企业获得核心竞争力的根本，它对企业市场份额的提高，利润的获取起到至关重要的作用。管理者必须对企业本身的商业模式有非常深刻的认识与了解，明确在哪些方面可以做到更多的创新，并且更容易成功，这样才能真正实现商业模式创新的价值。学者切萨布鲁夫和罗森布洛姆研究表明，技术创新是企业价值创造过程中的中介，商业模式通过在经济和技术领域之间的动态转移、选择及过滤，最后封装成一种新的结构来面向市场，为企业造福。

第三节 现代商业模式创新的方法

目前，商业模式已经成为创新驱动发展战略的重要组成部分。商业模式创新是一项复杂的系统工程，所以其创新的途径也多种多样。

一、商业模式创新路径研究

立足于实践，商业模式创新路径研究也备受关注。通过文献梳理，关于路径的研究主要集中在以下三类：一是基于组成要素的创新路径，也称作静态的创新路径；二是基于过程的创新路径，文献主要从阶段和动态两方面进行考察；三是基于价值链视角的创新路径。

（一）基于组成要素商业模式创新路径

奥斯特瓦德等将商业模式分为9个组成要素，阐述了价值创造、价值主张和价值获取的逻辑，指出创新可从这些要素做起。Huarng指出商业模式创新应分为概念模型和财务模型两方面，概念模型主要包括创新内容、市场定位、价值来源、资源整合4个要素，财务模型主要包括成本、收入和利润3个要素。

要素作为商业模式创新的重要出发点，具有较强的现实意义，因为商业模式创新是基于企业内部不同要素之间的重组和相互作用所带来的机会选择，为企业价值创造、资源整合、内部系统变更等方面提供新的思路，进而通过改变某一环节影响其他组成要素和维度，实现创新的可能性。但是每个要素在价值创造的过程中所起到的作用和要素之间的相互影响都是不同的，其重要性也有优先等级。有时改变单个要素就能引起企业的重大变革，有时又需要创新多要素来适应变化。所以企业要根据实际情况选择有效的创新路径。

（二）基于过程的商业模式创新路径

文献在探讨以过程为中心的创新路径时主要分为两类。一是创新过程所需的各类保障和驱动机制，主要从学习、能力、资源、环境等方面进行考察。如德米尔和Lecocq从外部视角指出商业模式创新是对环境变化不断适应的过程。Sosna等则结合组织学习理论指出，商业模式创新是一个不断试错学习的过程，经验学习在商业模式创新的探索和开发过程中都扮演了重要的角色。二是将创新过程分为几个阶段，具有动态性的特征。蒂斯从战略分析的角度指出，要实现可持续的商业模式要经历市场细分、为细分市场创造价值主张、设计和实施机制实现价值获取和设立“隔离机制”阻碍竞争对手模仿4个阶段。弗兰肯博格等对14个商业模式创新的案例分析指出，商业模式创新要经历启动（分析商业系统）、构思（产生新创意）、整合（建立新模式）和实施4个阶段。不足的是，现有文献对商业模式创新过程的分析并不够深入，如何把控好进度、如何整合好资源、如何将不确定降到最低都需要进一步的研究。

（三）基于价值链视角的商业模式创新路径

波特的价值链理论指出，价值链是企业相互关联的生产经营活动的集合，它包含支持性活动和生产性活动，是企业创造价值和传递价值的动态过程。同样，商业模式创新的过程除了需要对价值链和价值链组成要素的适度调整外，还涉及到价值链上合作伙伴的选取和对客户需求的把握，从而开展明确和针对性的价值创造活动。高闯和关鑫利用价值链创新的理论视角对商业模式创新的实现方式进行解释，指出商业模式创新是对价值链活动进行有效整合，并得出了5类商业模式创新路径。由此可见，通过对价值链上的增值环节和关键活动进行重组和改进，并聚焦于价值创造、价值传递和价值获取三个方面，能够有效的促进商业模式创新。但研究大都结合了具体的行业，没有通用的范式。

二、商业模式创新方法

一般而言，商业模式创新的方法有四种——改变收入模式、改变企业模式、改变产业模式和改变技术模式。[①]

(一)改变收入模式

改变收入模式就是改变一个企业的用户价值定义和相应的利润方程或收入模型。这就需要企业从确定用户的新需求入手。这并非是市场营销范畴中的寻找用户新需求,而是从更宏观的层面重新定义用户需求,即去深刻理解用户购买产品需要完成的任务或要实现的目标是什么。其实,用户要完成一项任务需要的不仅是产品,而是一个解决方案。一旦确认了此解决方案,也就确定了新的用户价值定义,并可依次进行商业模式创新。

国际知名电钻企业喜利得公司就从此角度找到用户新需求,并重新确认用户价值定义。喜利得一直以向建筑行业提供各类高端工业电钻著称,但近年来,全球激烈竞争使电钻成为低利标准产品。于是,喜利得通过专注于用户所需要完成的工作,意识到他们真正需要的不是电钻,而是在正确的时间和地点获得处于最佳状态的电钻。然而,用户缺乏对大量复杂电钻的综合管理能力,经常造成工期延误。因此,喜利得随即改动它的用户价值定义,不再出售而是出租电钻,并向用户提供电钻的库存、维修和保养等综合管理服务。为提供此用户价值定义,喜利得公司变革其商业模式,从硬件制造商变为服务提供商,并把制造向第三方转移,同时改变盈利模式。戴尔、沃尔玛、道康宁、Zara、Netflix和Ryanair等都进行了相似的商业模式创新。

(二)改变企业模式

改变企业模式就是改变一个企业在产业链的位置和充当的角色,也就是说,改变其价值定义中“造”和“买”的搭配,一部分由自身创造,其他由合作者提供。一般而言,企业的这种变化是通过垂直整合策略或出售及外包来实现。如谷歌在意识到大众对信息的获得已从桌面平台向移动平台转移,自身仅作为桌面平台搜索引擎会逐渐丧失竞争

①沈永言.商业模式理论与创新研究[D].北京:北京邮电大学,2011.

力，就实施垂直整合，大手笔收购摩托罗拉手机和安卓移动平台操作系统，进入移动平台领域，从而改变了自己在产业链中的位置及商业模式，由软变硬。IBM也是如此，它在20世纪90年代初期意识到个人电脑产业无利可图，即出售此业务，并进入IT服务和咨询业，同时扩展它的软件部门，一举改变了它在产业链中的位置和它原有的商业模式，由硬变软。

（三）改变产业模式

改变产业模式是激进的一种商业模式创新，它要求一个企业重新定义本产业，从而进入或创造一个新产业。如IBM通过推动智能星球计划和云计算，重新整合资源，进入新领域并创造新产业，如商业运营外包服务和综合商业变革服务等，力求成为企业总体商务运作的大管家。亚马逊就是一个成功的例子，它通过商业模式创新向产业链后方延伸，为各类商业用户提供如物流和信息技术管理的商务运作支持服务，并向他们开放自身的二十个全球货物配发中心，大力进入云计算领域，成为提供相关平台、软件和服务的领袖。其他公司如高盛、富士等都在进行这类的商业模式创新。

（四）改变技术模式

正如产品创新往往是商业模式创新的最主要驱动力，技术变革也是如此。当今，最具潜力的技术是云计算，它能够提供诸多崭新的用户价值，从而提供企业进行商业模式创新的契机；另一项重大的技术革新是3D打印技术。如果一旦成熟并能够商业化，它将帮助诸多企业进行深度商业模式创新。汽车企业可用此技术替代传统生产线来打印零件，甚至可采用戴尔的直销模式，让用户在网上订货，并在靠近用户的场所将所需汽车打印出来。

当然无论采取何种方式，商业模式创新需要企业对自身的经营方式、用户需求、产业特征及宏观技术环境具有深刻的理解和洞察。这才是成功进行商业模式创新的前提条件，也是比较困难的地方。

参考文献

[1]陈学猛.商业模式设计与领导力的关键作用研究[D].合肥:中国科学技术大学出版社,2014.

[2]窦宁宁,刘书慧,刘永江.会计成本与机会成本的明确认识[J].经济研究导刊,2016(04):102-103.

[3]惠云云.基于价值链的O2O电子商务商业模式评价研究[D].南京:南京邮电大学,2016.

[4]贾康.平衡总需求与总供给[J].资本市场,2016(Z3):14.

[5]姜宁.商业模式创新实践与展望[J].群众,2013(03):50-51.

[6]靖潇.平衡计分卡理论发展与研究综述[J].中国市场,2020(01):138-139.

[7]雷雄.O2O商业模式评价体系及其实证研究[D].北京:北京邮电大学出版社,2017.

[8]李波平.加快完善社会主义市场经济体制[J].学习月刊,2019(12):27.

[9]李鸿磊,柳谊生.商业模式理论发展及价值研究述评[J].经济管理,2016,38(09):186-199.

[10]李明.论利润最大化的原则[J].全国流通经济,2018(27):33-34.

[11]刘瑞佳,杨建君.控制类型、企业间竞合及知识创造关系研究[J].科技进步与对策,2018,35(17):83-90.

[12]刘石.管理决策的一种新方法[J].现代国企研究,2013(09):18-19.

[13]刘树杰.价格机制、价格形成机制及供求与价格的关系[J].中国物价,2013(07):69-73.

[14]刘鑫.新时代的宏观经济形势分析[J].中国管理信息化,2019,22(19):118-120.

[15]刘彦蕊.商业模式创新的未来[M].北京:知识产权出版社,2017.

[16]马俊,李志刚.金融市场中宏观经济政策的作用及其影响[J].山西农经,2020(01):28-29.

[17]祁文武.新时期企业经济管理的创新改革[J].现代工业经济和信息化,2019,9(08):25-26.

[18]邱栋.商业模式革新[M].北京:企业管理出版社,2018.

[19]曲鸥.区域经济发展战略分析[J].经贸实践,2018(03):169.

[20]沈永言.商业模式理论与创新研究[D].北京:北京邮电大学,2011.

[21]孙沁益.消费者偏好的无差异曲线分析[J].企业改革与管理,2014(06):16.

[22]田庆有.浅谈科学决策[J].黑龙江科学,2014,5(06):183.

[23]佟海威.科技创新创业企业的商业模式评价研究[D].天津:天津大学,2018.

[24]王福君,安甜甜,曲丽秋.经济管理基础知识[M].北京:北京理工大学出版社,2015.

[25]王水莲,常联伟.商业模式概念演进及创新途径研究综述[J].科技进步与对策,2014,31(07):154-160.

[26]王焮.探讨影响宏观经济发展的主要因素[J].现代营销(下旬刊),2019(01):26.

[27]王荧,陈豫浩,范一青."消费者均衡"理论的图示法解析[J].渭南师范学院学报,2013,28(08):68-71.

[28]王卓,李剑玲,丁杰.商业模式创新与评价研究[M].北京:知识产

权出版社,2015.

[29]危正龙,宋正权.商业模式突围[M].北京:中国经济出版社,2014.

[30]吴欢.生产函数思想发展的阶段性分析[J].现代经济信息,2017(08):396-397.

[31]许志花.通货膨胀对经济的影响[J].现代经济信息,2019(24):27.

[32]杨琳.共享经济下企业商业模式创新发展研究[J].价值工程,2019,38(34):23-24.

[33]张洪坤.循环经济与经济可持续发展分析[J].中国市场,2019(36):70-71.

[34]张军涛,常宇.现代市场体系的基本构成与特征[J].现代商业,2011(17):75.

[35]张正平.管理者须具备的四种技能[J].北京石油管理干部学院学报,2014,21(02):79-80.

[36]朱伏平,杨方燕.经济管理[M].成都:西南交通大学出版社,2018.